日本を揺るがした三巨頭

大下英治
Eiji Ohshita

黒幕・政商・宰相

さくら舎

はじめに　「巨悪」「巨善」を超えた三人のドン

「戦後最大の黒幕」児玉誉士夫

わたしがさまざまな事件を追及すると、ほとんどと言っていいほど突き当たる人物がいた。右翼の大立て者児玉誉士夫《こだまよしお》である。それも、政界、経済界、芸能界、マスコミ、右翼、総会屋、ヤクザ……ありとあらゆる世界で、児玉の名前が出てくる。多くの人がささやく。

「この事件は、児玉が、まちがいなくからんでいる」

しかし、深く追っていくと、まるで深い闇《やみ》の中をのぞきこんでいるような気持ちになる。

児玉は、戦後まもなく、鳩山《はとやま》（一郎《いちろう》）自由党に、戦前の上海《シャンハイ》での児玉機関の膨大な残り金やダイヤモンドを提供している。

あるいは、昭和三十五年（一九六〇年）の安保改定反対騒乱の前夜の、いわゆる「帝国ホテル光琳《こうりん》の間密約事件」にも、確実にからんでいる。岸信介《きしのぶすけ》総理が、国難を乗り切るため、「反岸」の大野伴睦《おおのばんぼく》、河野《こうの》一郎《いちろう》と「次の総理は、大野、その次は河野」と密約し、念書までつくったという事件である。大野、河野ら党人派をバックアップしていた児玉は、その密約の立会人になっている。

いっぽう、「東洋精糖事件」をはじめとする横井英樹《よこいひでき》のような乗っ取り屋がうごめく数々の経済事件では、フィクサーとして暗躍している。

わたしは、大宅《おおや》マスコミ塾の七期生であったが、その塾長である評論家の大宅壮一《そういち》は、児玉と何度も対談し、かつ、昭和三十六年に書いている。

《「私にとって彼は、現在日本人のなかで、もっとも実験的、解剖学的興味をそそる人格の一人であることを告白する。人間児玉誉士夫は、内容はさておいて、正味の〝実力者〟で、こんなのはそうざらにいるものではない」》

大宅は、さらに児玉のふしぎな性格についても、興味深い分析をしている。

《児玉誉士夫と膝をまじえて、ひと晩ゆっくりと語りあうことによって私がえた結論は、彼はこういった危機の求道者だということである。少年時代から今日まで彼が歩んできたあとをふりかえってみると、彼はいつでも自らの手で危機を設定し、ときには創造もしている。自分の身辺に絶えず小さな〝戦争〟をつくり出し、その中に自ら挺身隊として突入して行くことに最大な喜び、陶酔を感じているのだ。恐らく日本人の中で、その生涯において、彼くらい大量の危機をむさぼり、くぐりぬけてきたものは少ないであろう。いわば彼は〝危機中毒者〟である」

その「黒幕」の児玉も、宰相田中角栄《たなかかくえい》、田中にとって「刎頸《ふんけい》の友」といわれる「政商」の国際興業オーナーの小佐野賢治《おさのけんじ》とともに、昭和五十一年に発覚したロッキード事件で起訴される。児玉のそれまでの闇だった一部が白日の下に晒《さら》された。が、あくまでそれは一部にすぎず、いまだ謎に包まれたままである。

児玉は、ロッキード事件直後、児玉系の右翼である青年思想研究会の若者に語っている。

「もしおれが関わっていたすべてをぶちまければ、政界はもちろん、日本中がひっくり返ってしまうよ」

おそらく、児玉ほど政界、財界、ヤクザをはじめとする広い世界にまでまたがったスケールの巨《おお》きいフィクサーは、今後日本にあらわれまい。世の中がそれほどの闇を許さなくなったのだ。その意味で、児玉は、文字どおり「戦後最大の黒幕」「最後のフィクサー」と言えよう。

政・財・闇のすべてに繋がっていた小佐野賢治

右翼の大物で日本のモーターボートレース界の首領でもあった笹川良一《ささがわりょういち》は、つねづね息子の笹川堯《たかし》（元衆議院議員）に言っていた。

「田中も、児玉も、小佐野も、いずれカネでつまずくぞ」

笹川の予言は、ロッキード事件でピタリと当たることになる。

小佐野は、幼いときから食うや食わずの苦しさの中をのたうった。そのせいで、小学校を卒業すると、すぐに働かざるをえなかった。小佐野が山梨の田舎から上京するとき、文字も読めぬ父親の伊作は、小佐野を励ました。

「いいこんでも、悪いこんでもいいから、日本一になってこい」

小佐野は、故郷に錦を飾るため、人の何倍も体も頭脳も使い、ついに小佐野コンツェルンとまでいわれるほどの国際興業グループを創った。

そのためには、時の権力と巧妙に結びついている。

昭和十六年（一九四一年）、太平洋戦争のはじまる年に「第一自動車商会」を創立するや、それから軍に食いこみ、佐官待遇で軍需省の民間嘱託となった。戦争の拡大に合わせ、儲けていった。

昭和二十年八月の敗戦と同時に進駐軍が入ってくるや、米軍の指定商となった。軍にかわって米軍に食いこみ、稼ぎまくる。日本とアメリカの蜜月時代に、ピタリと歩調を合わせている。小佐野は、以後、ハワイ、ロサンゼルス、サンフランシスコのホテルを買収するなどして、アメリカを背景に儲けていく。

昭和二十五年六月二十五日、朝鮮戦争が勃発《ぼっぱつ》した。かつて太平洋戦争に乗じて財をなした小佐野が、朝鮮戦争を見逃すはずがなかった。すかさず、朝鮮半島に進出し、米軍基地内でバスを運行させた。

昭和四十年に、アメリカ軍の北爆開始によってベトナム戦争が全面拡大した。小佐野は、これまたチャンス到来、と暗躍する。国際興業は、南ベトナム最大の米軍基地・ロンビン基地内で、米軍将兵輸送用バスの貸し付けと、バスの修理事業をはじめた。

周りから「死の商人」と非難を受けようと、まったく平気、金儲けに徹している。

「金儲けは、慈善事業ではない。儲けのあるところに誰より早く食いこんで、なぜ悪い」

そういう考えに徹していた。

小佐野は、政界にも食いこんだ。特に〝刎頸の友〟田中角栄とは二人三脚で歩調を合わせて歩んだ。ついには、昭和四十七年七月、田中を総理大臣にまで押し上げる。

小佐野は、田中角栄のような政治家とのつきあいと同時に、右翼の大立て者児玉誉士夫をはじめとする闇の人物たちとのつきあいも深かった。田中角栄は、意外に思われるが、右翼ぎらいで、児玉との繋がりはほとんどなかった。そのかわりに、小佐野が、田中にかわって、児玉とのつきあいを引き受けていた。

つまり、小佐野は、政、財、闇の世界のすべてに繋がっていたわけである。

昭和六十四年一月七日、昭和は終わりを告げ、平成に入った。わたしは、激動の昭和史をつづる記録フィルムをテレビで観《み》ながら、あらためて思った。

〈小佐野の人生ほど、昭和史を語るのにふさわしいものはないのではあるまいか〉

小佐野を描くことは、昭和史を、政、財、闇のさまざまな角度から検証することにもなる。

時代状況に合わせ、闘いぬいていくであろう小佐野の武器は、なにより時代が何を要求しているかを読み取り、それをビジネス化することにあった。

わたしは、小佐野の取材を深めながら、小佐野の徹底した金の儲け方に、何度か感心させられた。それは、戦国時代の「梟雄《きょうゆう》」斎藤道三が、国を奪い取るために、あらゆる知恵、才覚をつかい、ついに思いを遂げ一国の城主となった姿を彷彿《ほうふつ》とさせた。その知恵、才覚には、たしかに学ぶことが多い。その半端ではない努力にも、頭が下がる。斎藤道三にならうなら「梟商」とも呼ぶべきか。

小佐野は、ロッキード事件の控訴審では懲役十ヵ月、執行猶予三年の有罪判決を受けていたが、国際興業コンツェルン内での小佐野の地位に、まったくの揺るぎはなかった。

いっぽう小佐野と二人三脚で総理にまでのぼりつめた田中角栄も、ロッキード事件で逮捕されたが、その後もなお「闇将軍」として政界で力をふるいつづけた。小佐野も田中も、修羅場《しゅらば》をくぐってきたゆえに、したたかさがちがった。

ただ、小佐野は、田中に比べると、人生があまりにも淋しすぎた。田中角栄には、ある意味の文化があった。教養もあった。そしてなにより、人が集まり、寄ってきた。

前にも後にもいない政治家田中角栄

小佐野や田中の対極にある学歴をもつ東大法学部出身の後藤田《ごとうだ》正晴《まさはる》をインタビューしたとき、当時官房長官の座にあった後藤田が、思わぬことを口にした。

「わたしの会った政治家で、田中角栄ほど天才的に頭のいい人物を見たことがない。どんなにむずかしい書体の掛け軸の文字でも、すらすらと読み、その意味を語った。わたしが会った政治家のなかで、それだけの教養をもった人物は、田中をのぞいて長崎選出の綱島正興しかいなかった」

田中角栄は、幼いころ作家志望であった。それだけに、『私の履歴書』の文章も自分で書いている。それも、じつに簡潔で、それでいて的確にイメージのわくみごとな文章である。

いっぽう小佐野には、あくなき金儲けへの執念はあった。金儲けの哲学は、たしかにあった。が、なんのために金を儲けるのか、お金を、なんのためにつかうか、についての哲学があったとは思えない。

そのうえ、田中角栄には、政治家という職業を超えて人が寄ってきた。金銭のためだけではなく、彼の人間的色気に魅《ひ》かれた者も多くいた。いまなお、政界が行き詰まれば、「もし角サンが生きていれば……」と角栄待望論が根強くある。

かつて『今太閤』ともてはやされた反面、金権政治家、ロッキード事件で逮捕された刑事被告人とののしられた人物が、今にいたって、何故こうまでもてはやされているのか。

歴史上の人物として振り返ると、小学校のみの卒業ながら、総理の座に上りつめた、現代版豊臣秀吉の『太閤記』と重ねられる波乱万丈のドラマの主人公として興味を惹《ひ》かれる。

それに、道路三法をはじめとする三十三本もの記録的な議員立法をつくっているアイデアマンである。リーマン・ショックをはじめ、日本に危機が訪れるたびに、「もし角さんがいたら、どのような大胆な政策を打ち出すだろうか」という田中角栄待望論が強まる。

不思議なことに、「吉田茂《よしだしげる》が生きていたら」とか、「岸信介が生きていたら」との声は起こらない。吉田も、岸も、戦後総理大臣のうちではナンバー1か2かと評価は高い。むしろ、田中角栄より、総理としての評価は高い。にもかかわらず、危機に際しては、田中角栄待望論が出てくるのである。

田中角栄の待望論について、田中角栄の秘蔵っ子といわれる小沢一郎《おざわいちろう》が語る。

「やっぱり、田中のオヤジの生い立ちと、性格と、イメージだな。だから、こういう、混乱ちゅうかな、不安定さを増してきたときに、なんか彼ならば、思い切ったようなことをやってくれるんじゃないか、という期待感が高まっているんじゃないかね。

吉田さんにしても、岸（信介）さんにしても、あるいは、佐藤栄作《さとうえいさく》さんにしても、福田赳夫《ふくだたけお》さんにしても、大平正芳《おおひらまさよし》さんにしても、みんな役人出身だから。オヤジは、その役人じゃないちゅうところが、何か大胆なことをやってくれるんじゃないかと、期待されたんだろうな。

オヤジは、理念型の政治家ではないけれど、人を扱う操縦術、あるいはつきあい、そういうのは抜群だね。官僚に対しても、誰よりも操縦術は巧みだった」

田中派「木曜クラブ」の事務局員を経て、昭和六十一年に国会議員となり、選挙区事情から中曽根《なかそね》（康《やす》弘《ひろ》）派入りした石破茂《いしばしげる》元幹事長は、これまでの人生のなかで、「この人は人間ではない」という印象を受けたのは、田中角栄だけであったと言う。

〈田中先生は、人ではない。魔神だ〉

その背景には、絶大なる権力があった。田中は、目白の私邸で豪語していた。

「みなさんネッ、日本の政治はネッ、永田町で決まるわけでも、霞が関で決まるわけでもない。ここで決まるんです、ここで。わたしが決めれば、なんでも決まるッ」

石破は、その話を耳にするたびに、全身が震えたものだ。

石破は強調する。

「『この人は、田中角栄の再来だ』と思える政治家は、一人もいない。田中先生が普通の人間であれば、一つでも二つでも真似ることはできる。が、田中先生はあくまで魔神だ。本質的に真似できることは一つもない」

小沢一郎は、「田中派」の強さについても語る。

「田中派は、最大で百四十一人ほどの所属議員を抱えていた。が、党内最大派閥といっても、自民党の全国会議員の三分の一程度の勢力だった。つまり、他派が一致結束すれば、三分の二の勢力になって、田中派に勝てる。しかし、他派は、そのような行動に出ることはなかった。

田中派の議員は、いろいろな批判を浴びながらも、なぜ団結できたのか、と言えば、それぞれの議員が、〝結束〟という言葉のもつ意味を、良くも悪くも、よく自覚していたからだ。

そして、組織を活かすため自己抑制ができた。それにくらべて他派の議員は、それぞれがバラバラな行動をとっていた。それではまとまりがなく、敵にあなどられてしまう。田中派は、自分本位の行動をしている他派の議員とくらべて、議員同士がたがいに面倒見がよかったんだ。権力を支えていくためには団結しなければいけない。組織を強くしないといけない。幹部以下、中堅・若手議員に至るまで、田中のオヤジから受けたその認識が徹底していた」

契機は、ロッキード事件だったという。

「派閥の領袖《りょうしゅう》が逮捕されれば、派閥はバラバラになるところ。が、田中派は逆に『バラバラだと他派にやられてしまう』とよけいに団結心を強めた。そして、あらゆる批判をしのいだ。そのことが、より団結心を強めることになった。烏合《うごう》の衆が、たとえ何万人、何百万人いたとしても、きちんと組織されたグループにはかなわない。その意味では、数の多い、少ないは問題ではないんだ。ただ寄せ集まり、数さえあればいいというわけではない。団結し、目的を同じくした数でなければ強くはならない」

やはり田中にかわいがられた羽田孜《はたつとむ》元総理がわたしに語ったところによると、財界人も、田中を高く評価していたという。

臨調（臨時行政調査会）の土光敏夫《どこうとしお》や、「昭和の参謀」といわれた瀬島龍三《せじまりゅうぞう》元伊藤忠会長も、田中に相談を持ち掛けていた。

あるとき、羽田は、瀬島に訊いた。

「田中のオヤジは、刑事被告人ですよ。そのもとを、政府の審議機関である臨調のお二人が訪ねる。おもしろいことですね」

瀬島は答えた。

「それは、そうです。他の方のところに行っても、しっかり頑張れと言うだけで、何の打開策も教えてくれない。しかし、田中さんは、『それは、やらなければだめだよ。ネックになるのは、この男だな。この男が中心になって反対するはずだから、この男を攻略したほうがいい』と、具体的に指示してくれるんですからね」

平成二十一年三月、『朝日新聞』がおこなった全国世論調査において、「昭和といえば、誰を思い浮かべますか」という問いに対し、三位以下を大きく引き離し、二一％を占め二位になったのが田中角栄であった。一位は、昭和天皇の三一％であった。戦後日本人の姿を象徴し、その欲望を体現、毀誉《きよ》褒貶《ほうへん》相半ばする七十五年の壮絶な生涯を生き抜いた、角栄の面目躍如である。

「巨善」と「巨悪」という二元論だけではとらえ切れないのが、田中角栄という戦後を代表する天才政治家である。大悪党でもありうる多面体田中角栄の魅力であり、稀有《けう》な才能を表出した人間の複雑さであろう。

【目次】日本を揺るがした三巨頭——黒幕・政商・宰相

第2章 底知れぬ欲望

第3章　首領・三つ巴

第4章　策動・共存共栄

第5章 権力奪取・金力

第6章　増賄収賄・陰謀

第7章　覇権・終焉のとき

日本を揺るがした三巨頭——黒幕・政商・宰相

第1章　昭和三国志・揺籃期

はやばやと反逆者としての道を歩む児玉誉士夫の生い立ち

「日本で最も怖い男」とみなされた右翼の大立て者の児玉誉士夫《こだまよしお》は、明治四十四年（一九一一年）二月十八日、福島県安達《あだち》郡本宮《もとみや》町（現・本宮市）に生まれた。

明治維新当時、二本松藩は、会津藩とともに、「賊軍」の汚名を着せられ、会津藩以上にひどい目に遭った。先祖は代々、二本松の槍術指南役であった。

父親の山田酉四郎《やまだとりしろう》は、若いときにおなじ二本松藩の御典医、児玉家から望まれて養子となった。児玉姓を名乗ることになった。酉四郎は、養家の業を継ぐために、仙台におもむいて医学の勉強をした。その学友のなかには、後藤新平《ごとうしんぺい》もいた。後藤は、のちに南満州鉄道（満鉄）総裁を経て、第二次桂太郎《かつらたろう》内閣の逓《てい》信《しん》相、さらに内相、外相、東京市長をつとめる。

酉四郎も、医業を捨てて、政界に身を投じた。明治新政府に対する不平不満の声は、東北地方ばかりでなく、燎原《りょうげん》の火のごとく、全国的に広がっていった。

福島自由党は、東北における自由党の中核であった。河野広中《こうのひろなか》が、これを牛耳っていた。河野は、板垣《いたがき》退助《たいすけ》、後藤象二郎《しょうじろう》、副島種臣《そえじまたねおみ》らとはかつて、国会の開設を提唱。反政府的な行動に生命を懸けていた酉四郎もまた、この福島自由党に入り、河野広中の門下として動きまわった。

その頃の政治家は、おおむね清貧に甘んじる気骨があった。いわゆる国士的な風格をそなえている人物が少なくなかった。そのせいで、政治に深入りすればするほど、私財を散じ、家産を傾け尽くす者もめずらしくはなかった。酉四郎も同様で、児玉が物心ついた時分には、もう家産らしいものは何一つ残っていなかったという。

児玉の自伝『悪政・銃声・乱世　風雲四十年の記録』によると、魚釣りのたいそう好きな酉四郎は、しばしば四男の誉士夫を連れて、近くの阿武隈川などへ釣りに出かけた。酉四郎は河べりで釣り糸をたれたまま、幼い誉士夫にいろいろな話をした。そして、最後のしめくくりは、いつも決まって維新の頃の苦い思い出話であったという。

「……おまえも、立派なサムライの子だ。この東北は、これまで中央政府から、ずっと継子《ままこ》あつかいされてきたことを、忘れてはならない。そして多くの人たちは、いずれも不遇のうちに死んでいった。これらの人々の霊を慰め、東北を差別待遇から救うには、若いおまえたちが社会に出て、うんと、えらくなることだ。えらい人物になるんだ」

このような郷土的伝統が、児玉を強く刺激し、はやばやと反逆者としての道を歩むことになる。

誉士夫は大正十二年（一九二三年）春、単身で東京に出た。亀戸の紡績工場で働いた。一ヵ月二円という安い給与であった。この待遇は、のちに児玉が何度も体験する刑務所よりひどかったという。

三ヵ月後、ついに我慢できず、工場を逃げ出し、新橋の叔母の家に駆け込んだ。

誉士夫は、大正十二年夏、朝鮮に渡った。仁川《インチョン》の鉄工所で働いた。

この年九月一日、関東大震災が起こった。誉士夫は、その大震災で東京に出ていた父親が亡くなった、という報《しら》せを受けた。母親はその四年前の大正八年に亡くなっていた。

誉士夫は、覚悟をあらたにした。

児玉誉士夫

〈とうとうこれでおれには、父も母もなくなってしまった。だからこれからは、誰にも頼ることなく、自力で生きてゆかねば……〉

誉士夫は、柔剣道の師範を兼ねる接骨師の道場に書生として住み込んだ。

まもなく、ソウルの善隣商業という学校に入れてもらった。ここで初めて、勉強に興味をおぼえた。が、そのうち、野心が頭をもたげてきた。

〈いつまで、こんな書生をしていたからとて、どうなるもんか。えらくなるには、やっぱり東京に行かねば……〉

矢も楯《たて》もたまらず、接骨師の家を飛び出した。旅費は、ちびちび姉にねだって貯めた十円ばかりのものがあった。

日本に帰り、上京すると、東京・向島の鉄工所で働いた。日給一円二十銭の見習工に採用され、兄の家から通った。

このような苦況の中で、本来なら左翼に走っても不思議はない。児玉誉士夫もある意味で左翼に共感はしている。『悪政・銃声・乱世　風雲四十年の記録』に書いてある。

《当時すでに、われわれの職場でも、小単位の労働組合ができていた。最下級の、見習工のわたしもまた、一組合員として加入していたのである。じぶんたちの立場が、みじめであればあるほど、そして労使の均衡があまりにも不釣あいであることを知りつくしているわたしだけに、労組の結成は賛成こそすれ、もちろんこれに反対するものでなかった。

われわれ労働者ひとりひとりの力は、ほとんど無力にひとしい。だが、弱者といえど多数が団結し一つの意思のかたまりとなって立ちむかえば、あるていどまでは、強権な資本家に対抗できなくはあるまい。そういう意味で、ただしい労組の活動は、きわめて有意義であるし必要と考えたのであった》

しかし、左翼にも批判の眼をそそぐようになった。

《争議のばあいなどに、なぜ赤旗を掲げ、「われらの祖国ソビエト」という、奇怪なスローガンを使わねばならないのか……これがわたしには、どう考えてもふしぎでならない。われわれ日本人の祖国は、もちろんソビエトでもなければまた、他の外国ではないはずだ。いうまでもなく、日本人の祖国は、この日本のくに以外にはありえない。しかもまた、ソ連をまねして、何がゆえに、赤旗をふらねばならないのか。

労働運動には、その国の実情に即した。だれにでも納得のできるやり方があるはずだ》
昭和四年（一九二九年）、誉士夫は、十八歳になった。おのれ自身が今後、どの方向に進むかについて、深く考えさせられたという。

〈おれみたいな男には、おれ独自の行くべき道があるはずだ。カネとか、肩書きとか、名誉とか、そういうもの以外に、人間としてやるべきことが、必ずあるはずだ。しかし、それは、いったい何だろう。勤労大衆の仲間として、労働者の味方となって、この身を捧げ、横暴な権力と闘っていくこと。これも一つの、行き方ではないか〉


誉士夫は、毎日のように工場の裏窓から、隅田川の流れを見つめては考えた。

〈左翼に走るべきか。それともまた、右翼に進むべきか〉

結論は、右の方向に走らせたのである。

その頃右翼には、大日本正義団、赤化防止団といった、多くの団体が生まれてはいた。が、その大半は、共産主義と社会主義に対抗することを、日常闘争の主眼としていた。

当時すでに、北一輝《きたいっき》の『日本改造法案大綱』という一部からはバイブル視されていた天皇主義に基づく国家改造の〝経典〟があった。一部の陸海軍将校、あるいは民間の右翼関係にも、その思想が広まっていた。が、時勢はそれを公然と、世の中に打ち出すまでにはいたっていなかった。

ちょうどこの頃、従来の右翼に比べて、ある点で異色的な団体が生まれていた。それは「建国会」といい、会長は日本有数の憲法学者として高名な、東大教授の上杉慎吉《うえすぎしんきち》であった。会の幹部には、国家社会主義者の津久井《つくい》竜雄《たつお》や、赤尾敏《あかおびん》など、当時としては非常に進歩的な考えをもった人々が名を連ねていた。

当時、建国会のスローガンの一つに、「天皇中心主義か！」「議会中心主義か！」とあったが、これは裏を返すと、ある意味では、金権的議会政治を否定するものであった。

建国会――この団体に入れば、自分は赤い旗を振らずに、財閥や腐敗した政治家どもを攻撃できるのだ……と、単純素朴な観念から、児玉は〝右〟に踏み切り、建国会に身を投じている。

天皇直訴での入獄で培われた児玉の教養

児玉誉士夫が入会した頃の建国会は、「二百万の失業者と、東北農民を救済せよ！」「赤色・新労農党の結成を粉砕すべし！」というスローガンを掲げて活動していた。が、何をどう政府に要求したところで、一時逃れの、ご都合主義の政治家からは、まったく反応がなかった。

誉士夫は、日本のこの差し迫った現状、つまり、絶望に近い経済危機と社会不安を打開し、あまりにも悲惨な失業者群と、東北の苦しむ農民を救うには、もはや天皇に訴えること以外、何の方法もないと考えた。

〈おれは、いま流行の赤の思想をもつ者ではない。ただ、不平等な、矛盾だらけの現代の世相と、でたらめな政治のやり方と、そして庶民大衆の苦難に満ちた生活の危機を思うと、眼をつむっていることができない〉

誉士夫は、思い詰めた。

「天皇に直訴する！」

が、この種の事件は、あとで背後関係が必ず問題になる。不必要な犠牲者をも生じやすい。

結局、誉士夫一人が単独でおこなうことにした。

『悪政・銃声・乱世』によると、昭和四年十一月三日、昭和天皇はこの日の昼前、東京・代々木の明治神宮に参拝するため、赤坂見附を通る予定になっていた。

その頃の慣例で、沿道は早朝からきれいに掃き清められ、警戒の私服や制服の警官が多数出動し、緊張した空気にあふれていた。

誉士夫が、この赤坂見附に姿をあらわしたのは、朝の九時頃であった。やがて、一、二時間ののち、天皇の鹵簿《ろぼ》（行幸・行啓の行列）に向かって飛び込まねばならないことを思うと、身のうちがゾクゾクッとして、なかなか落ちついた気分になれなかったという。

〈こんなふうでは、事前に警官たちに気づかれて、せっかくの目的も失敗するかもわからない〉

見附の交差点から花街寄りの少し入ったところに、一軒のそば屋があった。児玉はのれんをくぐった。しばらくすると、大通りのほうで、あわただしい群衆のざわめきが起こった。

〈頃合いよし〉

誉士夫は、ふたたびのれんをくぐって外へ出た。沿道の両側は、拝観の人の群れで、ぎっしりいっぱいだった。あご紐をかけた憲兵が、一定の間隔をおいて立ち並び、そのあいだを警官や在郷軍人たちが、ものものしい格好で並んでいる。

赤坂見附の角から少し青山寄りのところで、児玉は何気ないふうを装い、静かに鹵簿を待った。人垣はほとんど立錐《りっすい》の余地もなく、児玉はやっとのことで最前列に位置をとった。

まもなく、警官の合図で人々は帽子をとり、老人や子供たちは荒筵《あらむしろ》の上に土下座した。ときおり、群衆のなかから、咳払《せきばら》いが聞こえる。

麹町《こうじまち》平河町の坂のあたりに、警護のサイドカーが見えた。ゆっくりと見附に向かって降りてくる。まもなく、あずき色のお召し車が、誉士夫の視界に大きく入った。

誉士夫は、警官の列をくぐった。真一文字に、車に向かって突進した。とっさに、懐にしまっていた訴状を、右の手で捧げるようにして、一気に突き出した。お召し車の車体に、誉士夫の指先がさわった。その瞬間、誉士夫は背後から、だれかにむんずと抱きつかれた。車は、何事もなかったように、ゆるやかなスピードで大通りの坂をのぼっていった。

すべてが夢中で、しかも瞬間の出来事であった。群衆も、あまりの意外さと驚きに、呆然として声も出なかったらしい。児玉自身もまた、「陛下ッ、これをッ」あるいは「ご覧ください！」などと、はたして叫んだかどうか、記憶が定かでない。
四、五人の憲兵と警官に手取り足取りされた誉士夫は、いったん、最寄りの表町署（現・赤坂署）に引き立てられた。だが、捕まった誉士夫は、すでに覚悟ができていた。むしろ決行前よりもはるかに冷静で、気分的にも落ちついていたという。
〈おれは国民の一人として、じかに陛下に訴えることは違法であっても、べつに不敬とは思えない。国民の不幸と哀しみは、陛下にとってもまた、哀しみとせられるであろうから……〉

だが、当時の天皇は、今日の〝人間天皇〟ではなくて、いわゆる現人神《あらひとがみ》として神格化され、雲上に崇《あが》められていた。それだけに直訴などということは極度に不敬事とみなされ、大罪人とされていたのである。

裁判が終わって、懲役六ヵ月の判決が下されたのは、あくる昭和五年の二月末であった。いっさいを観念した、というよりは、むしろ不服を申し立てる気持ちになれない誉士夫は、いさぎよく服役の覚悟を決めた。

誉士夫は、市谷の未決監から、囚人用の編み笠をかむり、青い服を着せられたまま、そぼ降る雪の中を、群馬県前橋の刑務所へ引かれていった。

誉士夫が、刑務所で一番うれしかったことは、自分の好きな書物がふんだんに読めたことだった。とりわけ、宗教的なものや哲学的なものが多かった。自然とそういう書物に興味をおぼえ、空き腹に飯を掻き込むように、時間を惜しみながらむさぼり読んだ。

共産主義や社会主義の思想の輪郭も、ある程度までは知ることができたかに思えた。さらに誉士夫のもつ、いわゆる日本主義的な考え方との相違点を、なんとかしてはっきり摑み取ろうと努めた。誉士夫の教養は、その後も何度か入ることになる刑務所のなかで培われたものである。

井上準之助蔵相への「短刀事件」で再入獄

児玉誉士夫は「天皇直訴事件」で六ヵ月の刑を終えた昭和五年十一月、思うところあって建国会を去った。より進歩的な急進愛国党に入った。主宰者は、津久井竜雄であった。誉士夫は、津久井家に身を寄せた。

誉士夫は、ただちに黒竜会の内田良平《うちだりょうへい》を訪ねた。若輩のくせに、天下に名だたる右翼活動家の内田の前で、国家の大勢などをぶった。内田は、いやな顔もしないで、「ほーう、ほーう」と、まるで孫の話でも聞くふうにうなずいていたという。

ちょうどそこへ、書生の一人が騒々しげに飛び込んできて、いきなり告げた。

「浜口《はまぐち》首相が、東京駅で撃たれました！」

「なにッ、浜口が⁉　どこを、撃たれた？」

「おなかのようです」

「そうか、クソぶくろを撃たれては、浜口も助からんタイ！」

内田は、わずかに一言発すると、爛々《らんらん》たる眼を、さらに大きく見張った。

誉士夫はそばにいて、異常なものを感じた。それはあたかも、おのれの頭の頂《いただき》から背筋にかけて、一瞬、稲妻が走ったようにピリピリッとしたという。

〈いよいよもって、ものすごい大嵐がやってくるぞッ〉

『浜口雄幸《おさち》首相狙撃さる！』街に出てみると、鈴をけたたましく鳴らした号外売りが、右に左に駆けていた。号外には、愛国社の党員、佐郷屋留雄《さごうやとめお》の名が、狙撃犯として大きな活字で刻まれていた。

その頃になると、世相は急角度で悪くなった。とくに庶民の生活は目立って苦しくなった。ことに浜口内閣の大番頭、井上準之助《いのうえじゅんのすけ》蔵相は、金の輸出禁止を解き、為替相場を安定させ金本位制に復帰させる、いわゆる「金解禁」を断行。そのために、国内経済は大変な動揺をきたしていた。

井上準之助

昭和六年五月二日、井上蔵相の邸宅に、何者かがダイナマイトを放り込むという騒ぎが起こった。この事件は、政教社の党員である高畠正と、愛国社の大沢武三郎らが起こしたことだが、とうの井上は、「これしきのこと、屁《へ》とも思わぬ」と豪語したのだった。

誉士夫は、井上の傲岸《ごうがん》とさえ思える態度に、憤懣《ふんまん》やるかたないものを感じた。民衆の怒りの声に、少しも耳を傾けようとせず、むしろ世論を黙殺し嘲笑するかのような態度に対し、一矢むくいて反省をうながすことにした。ただちに、井上に、手紙を書いた。

《天下騒然たるの折、短刀ひと振り進呈仕り候《そうろう》。――護身用たると、切腹用たると、御自由に使用され度《た》く候》

そういう文面を添えて、短刀の小包を送った。

翌日の夕方、神田美土代町の急進愛国党本部にいた児玉は、田中近蔵らとともに警視庁に引っ張られた。「短刀事件」は裁判の結果、児玉には懲役五ヵ月、田中近蔵がおなじく三ヵ月、そして津久井竜雄は、執行猶予つきの三ヵ月という判決が下った。

誉士夫は、昭和七年二月九日、刑期を終えて巣鴨刑務所を出た。その日、政財界の有力者を一人一殺主義で手にかけようとする右翼テロリスト集団「血盟団」の団員小沼正《おぬましょう》によって、井上準之助前蔵相が、ついに射殺された。二ヵ月後の三月五日には、やはり血盟団員の菱沼五郎《ひしぬまごろう》によって三井合名理事長團琢磨《だんたくま》が射殺された。いわゆる「血盟団事件」である。

その間の三月一日、満州国は、建国を宣言。首都は新京《しんきょう》（長春《ちょうしゅん》）に置き、執政・溥儀《ふぎ》の下に、年号を大同と定め、日・満・漢・蒙《もう》・鮮（日本人・満州族・漢民族・蒙古族・朝鮮族）の「五族協和」をあらわす五色旗が国旗に採用された。

いじめられっ子から変転していく田中角栄の幼少期

大宰相となる田中角栄《たなかかくえい》は、大正七年（一九一八年）五月四日、新潟県刈羽《かりわ》郡二田《ふただ》村（現・柏崎市西山《にしやま》町）に生まれた。角栄は、児玉より七歳年下であった。

上には兄一人、姉二人がいた。が、兄の角一が六歳で早世したため、角栄は、実質長男のようにして育った。

田中家は、四、五年前に開村した二田村坂田の十八戸の一軒としてつづいてきた古い農家であった。八、九反《たん》の田があった。しかし、田中家は、農村にはめずらしく農業が本業ではなかった。父親の角次《かくじ》は、牛馬商を営んでいた。いわゆる馬喰《ばくろう》であった。

田中角栄

角栄は、二歳のとき、ジフテリアにかかった。高熱を発し、生死不明になった。その大病がもとで、どもりになった。人生の初めから、大きなハンディを背負うことになる。

どもりがひどいため、内気になった。近所の子供たちのように、外に出て飛びはねることもなかった。あまり外出しないで、家のなかで遊ぶことが多かった。

たまに外へ出ると、近所の子供たちからいじめられた。

〈こんちくしょう!〉

いじめる子供たちに口答えしようとした。が、どもりのため、うまく口がまわらない。口をモグモグさせているうちに、言葉で表現することがもどかしくなった。つい拳骨《げんこつ》をふりあげた。弱いくせに、手だけは早かった。

角栄は、大正十四年四月、二田尋常小学校に入学した。

先生の草間《くさま》道之輔《みちのすけ》が教えた。

「人間の脳とは、数多いモーターの集まりである。普通の人間は、そのなかの十個か十五個のモーターをまわしておれば生きてゆける。しかしこの脳中のモーターは、努力しさえすれば、何百個も、何千個も動かすことも可能だ。脳中のモーターの四分の一動けば、天才である。半分動いたら、エジソンになる。モーターが、全部動くとお釈迦《しゃか》さんになる。それには勉強することであり、数多く暗記することである」

角栄は、眼を輝かして聞き入った。

草間は、さらに教えた。

「われわれ人間の頭脳の中は、数限りない印画紙の倉庫となっている。自分が強く感ずれば、印画紙は強く感光するし、弱く感ずれば、露出される映像もまた模糊《もこ》たるものとなる。自分の姓名さえも書くことのできない文盲の老婆も、真剣に経文《きょうもん》を教われば忘れることもない。しかして脳中の印画紙は、無数であり、しかも一度露出された映像は死ぬそのときまで消えることがない。難解なものと取り組んでわれわれは苦悩する。すべてを暗記するには、数はきわめて多すぎる。しかしそんなときも脳中のモーターは回り、印画紙に対する感光は継続して、休むことがない」

この二つの言葉は、のちの角栄の人生に、いつまでも響きつづけ、励ましつづけた。角栄は、草間を、生涯の師と思っている。

五年生の秋、学芸会がおこなわれた。『弁慶安宅の関《べんけいあたかのせき》』が出し物であった。角栄は、みずから弁慶の役を志願した。

セリフに節をつけて歌うようにしゃべったり、伴奏をつけてもらったりと、工夫したおかげで、最後までどもらずにすんだ。それどころか、満場、割れんばかりの拍手喝采《かっさい》であった。角栄は、その弁慶役の成功により、すっかりどもりの克服への自信をつけた。どもりの克服だけでなく、角栄なりの考え方を身につけた。

〈人生、何事も逃げねぇで真正面から立ち向かっていけば、どんな苦しみも乗り越えていけるんだ〉

角栄は、五年生を終えたとき、先生から言われた。

「おまえは、五年修了で柏崎の中学校に行ける。どうするか」

当時は、成績が優秀な者は、六年生を一年飛ばして、すぐに中学校へ進めた。しかし、角栄の父角次は、ホルスタイン種の輸入に失敗し、大牧場に賭けた夢は消えはて、財産の大半を失っていた。さらに、起死回生を狙って手を出した養鯉業にもしくじっていた。母親のフメは、女手一つで田畑に出、耕していた。

母親の苦労を思うと、とても中学には進む気にならなかった。

「先生、おら高等科に進みます」

昭和八年三月、二田尋常高等小学校の卒業式がおこなわれた。角栄は、総代として答辞を読むことに決まった。角栄は、その文面に凝りに凝った。

当時、新潮社が雑誌『日の出』を創刊するにあたり、懸賞小説を募集した。角栄は、「三十年一日の如し」という小説を投稿した。

一等入選の夢こそ破れたが、佳作の下に入り、五円の賞金をもらっていた。

ひそかに、

〈おらは、小説家になれるかもしれねえ〉

と考えていたくらいであったから、文章はうまかった。

練りに練った文章を手にし、卒業式の日に答辞を読んだ。

「残雪はなお軒下に堆《うずたか》く、いまだ冬の名残りも去りがたけれども、わが二田の里にも、甦生《そせい》の春が訪れようとしています」

朗々と読みあげた。かつてどもりで悩んだのが、嘘《うそ》のようであった。

高等小学校を卒業した田中に、すぐに仕事はなかった。この四年前の昭和四年十月二十四日、ニューヨーク市ウォール街にはじまった世界大恐慌の嵐は、一週間もたたないうちに日本の農村へ押し寄せていた。

新潟県は、国の補助を得て、救農土木工事をはじめていた。家の前を通る道路の坂の部分を切り下げる工事に、二田村の者は、老人も若者も、女性までも出た。

角栄は、両親に申し出た。

「おらも、トロ（トロッコ）を押しに出るぞ」

角栄は、小学校に上がる前から体が弱かった。田畑に出て働いたことは、ただの一度もなかった。

生まれて初めての本格的労働であった。母親は、角栄のために地下足袋《じかたび》を買ってくれた。田中はその新しい地下足袋をはき、七月一日から、土方《どかた》の一人として働いた。

毎日、朝の五時半から夕方の六時半頃まで、トロッコやネコ車という小さな車で、土や石ころを懸命に運んだ。

現場に、おもしろい爺さんがいた。泥まみれになっている角栄に言った。

「土方、土方というが、土方は、いちばんでけえ芸術家だ。パナマ運河で、太平洋と大西洋をつないだり、スエズ運河で、地中海と紅海を結んだのも、みんな土方だ」

角栄は、鋭い眼を輝かせてその爺さんの言うことに聞き入った。

爺さんは、角栄の肩に手を置いて言った。

「土方は、つまり地球の彫刻家だ」

角栄は、爺さんの言うとおりだ、と感心した。

角栄は、次の日から、いっそう気を入れ、泥にまみれて働いた。トロッコを押しながら、お経の文句のように呟《つぶや》きつづけた。

「人間は、働がなくちゃいかん。人間は、働がなくちゃいかん」

角栄は、天地の燃えるような七月の暑いさなか、三十一日間、一日も休まず働いた。一日五十銭ずつの三十一日分、十五円五十銭を受け取った。懸賞小説で五円稼いでいらいの、角栄にとって生涯で二度目の稼ぎであった。

角栄は、この土方仕事と、おもしろい爺さんに出会ったことにより、すっかり人間が変わっていた。このときいらい、絶えず働いていないと気がすまないほどの働き者になった。

昭和九年三月、隣村の村役場の土木場の土木係をしていた土田という老人が、田中のつとめる柏崎土木派遣所に駆けこんできた。

「角栄、きみは、望みどおり、東京に勉強に行けるぞ！」

角栄は、土田老人に夢を語っていた。

「いつか、山を越えて東京に出、勉強したい」

土田老人は、角栄を土木派遣所から外へ連れ出して言った。

「先日、大河内《おおこうち》先生にお会いした。きみの向学の希望を述べたところ、先生は、いいだろう、と引き受けてくださった。きみは、大河内邸の書生として、学校へ通える」

当時、子爵である大河内正敏《まさとし》が唱える農村工業の尖兵《せんぺい》工場として、ピストンリング、自転車、電線などをつくる理化学研究所（理研）の工場が柏崎に進出していた。

角栄は、その夜、上京の話を切り出した。

母親は、息子の上京計画を心からよろこんでくれた。母親は、ただ、送り出す子に三つの戒めを噛んでふくめるようにして言った。

「人間は、休養が必要だよ。しかし、休んでから働くか、働いてから休むか二つのうち、働いてから休むほうがいいよ。悪いことをしでかさねば住めねえようになったらば、郷里へ早々に帰ってこい。金を貸した人の名前は忘れても、借りた人の名前は、絶対に忘れてはなんねえよ」

角栄は、その言葉を、胸の奥深くに宝物のようにしまいこんだ。その言葉は、角栄にとって、生涯の指針となった。

角栄は、昭和九年三月二十七日午前九時、柏崎駅から上野に向かった……。

「戸のない家」の貧苦から出発する小佐野賢治

田中角栄と「刎頸《ふんけい》の友」といわれる小佐野賢治《おさのけんじ》は、大正六年（一九一七年）二月十五日、山梨県東山梨郡山村で、小佐野伊作《いさく》、ひらのの長男として生まれた。いまは、そこは勝沼町山区となっている。田中より一歳年下であった。

小佐野賢治が生まれた頃の山区、つまり東山梨郡山村は、戸数百二十軒、人口八百六十三人の寒村であった。その頃の山村、そして勝沼一帯をささえていたのは、現在のようにぶどうではなかった。八割方が養蚕であった。ぶどう畑のかわりに、桑畑が広がっていた。

田畑もあるにはあったが、それを握っていたのは一部の上層農家、地主たちであった。

生家は、わずか八畳一間と土間があるだけの、藁《わら》ぶき屋根の粗末な小屋であった。それも賢治が生まれた頃、ようやくその小屋ができ、落ちついたのである。

近隣の子供たちは、「戸のない家」と小佐野の家のことを呼んだ。玄関というには名ばかりの小さな小屋の入口には、筵《むしろ》がかかっているだけであった。小屋の中に便所や風呂などない。便所は小屋の前の地面に穴を掘り、四方にムシロを張りめぐらしただけのもの。風呂は、近所にもらい風呂に行った。

それまでは、村内にある日蓮宗安国山立正寺の軒先で雨露を凌《しの》いだり、地主の物置に住んだ。あるいは、いまは公民館の建っているところにあった小さなお堂に身を寄せたり、空家に留守番のかっこうで住んだりと、村内を転々としていたのであった。

賢治が生まれる前に、女児が二人生まれたが、父伊作、母ひらのは二人の女児をかかえ、そのように生きてきた。

むろん、農地など持てる身分ではない。伊作は、物置を借りて住んだことのある地主の辻《つじ》家から、五反歩ばかりの桑畑を借り受けて、小作をしていた。

山村には、三軒の辻家が堀をはさんで並んでいた。いずれも地主で、人々は、「三軒大名」と呼んでいた。

小佐野賢治

八畳一間の家は、蚕棚で占領され、一家八人の小佐野家の人々は、その脇に重なりあうように眠る日々。

蚕は、日本の農村では「お蚕様」と呼ばれ、農民たちにとって貴重な収入源であった。人間よりも、大切なものだったのである。

蚕の繭《まゆ》を鍋で煮、糸をつむぐ。その生糸を、母のひらのが織った。織りあがった絹織物を伊作が行商して売り歩いた。わずか五反歩ばかりの小作人である。

絹織物は、それだけでは足りなかった。伊作が農家を回って、繭を買い集めてくる。それも上等なものではない。下繭と呼ばれる、製糸工場に納めた残りの粗悪な代物であった。それを煮て、糸をつむぎ、機を織った。

そのような絹織物は、「うち織り」と呼ばれた。製糸工場でなく、家の中で織るからである。ひらのの織った「うち織り」を、伊作が行商して歩く。ひらのの「うち織り」は、素材は粗悪なものであったが、厚手の頑丈なもので、人々からよろこばれた。

伊作の行商の範囲は、南都留《みなみつる》郡など「郡内」と呼ばれる富士山周辺の地方を中心に、勝沼もその中にふくまれる甲府盆地を中心とした「国中」と呼ばれる山梨県中央部にもわたっていた。ときには、東京にも出かけた。

さまざまな土地を行商して歩き、さまざまな情報を伊作は得た。それが行商に役立った。山村の中でも、たとえば地主の辻家に行き、二時間でも茶飲み話をする。伊作の話は、誰もがおもしろがった。

伊作はなかば自分のつくり話をまじえ、話の幅を広げて人々をよろこばせるのが好きであった。

村の人たちは、伊作が話しはじめると、言いあった。

「また伊作やんのホラ話がはじまったずら」

背丈は一メートル七五センチはある。大男で両手両足が蜘蛛《くも》のように長いので「山蜘蛛」と呼ばれていた。顔立ちは細おもての男前。大男なので、少々猫背であった。そこが長じて賢治が伊作と似る大きな点である。

その伊作が大きな手をひろげて、さも得意気に、楽しそうに話す。明るいというタイプの人間ではなく、一見威張るというか、おれは負けないぞという気持ちを、その言動から感じさせる人物であった。

どちらかといえば、話に熱中するほうで、仕事は二の次になってしまう。勝沼地方では、愉快な人物として名物男であった。

それゆえ、たびたび、しっかりもののひらのに、たしなめられた。

ひらのは、ふくよかで、器量よしであった。山村では温厚な人情家と評判であった。人あたりがよく、受けた恩はかならず返す人であった。

「実体な人じゃ」

と人々は、ひらののことを言った。律儀で、まちがいのない人物のことを、この土地ではそう呼ぶのである。

貧しいなかでも子は増えつづけ、賢治が生まれたあと、大正十二年一月二日に栄、十四年八月二十日に定彦《さだひこ》、昭和三年九月九日にのちの国際興業社長の政邦《まさくに》が生まれ、一家八人となった。一家は、小屋の中の八畳間にある蚕棚のわきに、重なりあうように寝る毎日であった。

賢治は、餓鬼大将であった。なにしろ、クラスで一番の体の大きさであった。同級生より一歳上に思われた。体つきは父親に似たのである。

当時は、みんな絣《かすり》の着物に下駄《げた》ばきであった。

賢治は、いつも、五、六人の子分をしたがえていた。特別な親友はいなくて、まんべんなく友達とつきあっていた。

賢治は、勉強はしなかったが、頭はよかった。四十七人中、十番以内には入っていた。得意な科目は、算術であった。物事を、先に先に考えていた。

体育もよかった。特に徒競走が速かった。学校の代表として郡大会や県大会に出ていた。相撲も強かった。

同級生は、上級生にいじめられたとき、みんな賢治のところに泣きこんだ。

「よし」

賢治は、相手がどんなに強い上級生であろうと、かまわず向かっていき、やっつけていた。相手が教師であろうと、理屈に合わないと思えば、飛びかかっていった。

六年生のとき、農業実習で学校菜園に肥桶《こえおけ》を担いで運んでいた。肥桶は、二人で棒を肩に担ぐものだが、あいにく、賢治の相棒は片足が悪かった。

相棒がよろけて躓《つまず》き、校庭に肥をこぼしてしまった。それを見た体育の先生が、理由も聞かずに、いきなり賢治の頬《ほお》に往復ビンタをあびせた。賢治は、猛然と体育の先生に飛びかかっていき、組み伏せてしまった。

さすがにそれ以上は攻撃できない。腹の虫がおさまらない賢治は、学校菜園の大根をことごとく下駄で踏んづけて回った。

賢治はこの頃からアイデアマンであった。山区に、奨学団という子供たちの組織があった。担任の河村《かわむら》義昌《よしあき》先生によると、賢治は五年生のとき、こう申し出たという。

「先生、団旗をつくりましょう」

「金は、どうする」

「任せておいてください」

賢治は、同級生たちから「ラッパ」と渾名《あだな》されていた。頭のてっぺんからラッパのようなかん高い声を出すうえ、父親に似て大きなことをいうところからきていた。

賢治は、団員四人を引き連れ、塩山《えんざん》の新聞販売店へ乗りこんだ。

じつは、彼は、小学校四年生のときから、新聞配達をしていた。新聞一部について、月十銭をもらえた。賢治の村で八十部新聞をとっていた。賢治は、月八円稼いでいた。

賢治は、塩山の新聞販売店の主人にかけあった。

「この近辺の新聞を、おれたちに配達させてください」

賢治らは、その翌日から、そろって朝の三時に起きた。待ち合わせて、一里の道を塩山まで歩いた。塩山駅から新聞屋まで、新聞を運んだ。そこで『東京日日新聞』を何部、『時事新報』を何部、『山梨日日新聞』を何部と帳面につけてもらって配達した。

それから家に帰って朝飯を食べて学校に行った。毎朝、往復二里は歩いた。

賢治らは、新聞配達により百三十円ばかりの金をつくった。その金に加え、近所から寄付も募って甲府へ行き、団旗をつくらせた。「ラッパ」は、大きなことをいいもするが、きちんと実行もした。

ところが、費用があまってしまった。せっかく寄付してくれた家に、いちいち返すわけにはいかない。

賢治は、河村先生に申し出た。

「わしに、任せてください」

賢治は、その金で、塩山の菓子屋に大きなコッペパンをつくらせた。そのパンを、寄付を募った家に配って歩いた。

賢治は、昭和四年三月に尋常科を卒業すると、四月に高等科へ進んだ。高等科での成績は、つねに四十七人中五位以内であった。が、優等賞はもらえなかった。

担任の上矢《かみや》富重《とみしげ》先生によると、賢治に優等賞をあたえるよう強く推したが「操行《そうこう》よろしからず」ということで、職員会議の賛成が得られなかったという。

賢治は、二年後の昭和六年三月、卒業することになった。

彼は、高等科を卒業してしばらくのあいだは農業をしていた。

昭和六年九月十八日、関東軍が、奉天《ほうてん》郊外柳条湖《りゅうじょうこ》の満鉄線を爆破した。本庄繁《ほんじょうしげる》関東軍司令官は、これを中国軍のしわざとして、総攻撃を命令、翌日、奉天を占領、満州事変が開始された。

賢治は、満州事変が勃発《ぼっぱつ》するや、父親の伊作にせがんだ。

「百姓なんて、やれんずら。このまんま、甲斐《かい》の山猿で終わらんぞ。満州へ行かせてくれ。満州が駄目なら、東京に行かせてくれ」

「よし。それほどまでにいうなら、辻さんが東京でやっている『本郷商会』へ行け。おれから頼んでやる」

「本郷商会」は、辻家の長男辻昇一《しょういち》が昭和四年に文京区本郷一丁目に興した自動車のパーツと、ガソリンを扱う店であった。

辻家は、伊作が小作をつとめる大地主であり、軒先に捨てられていた賢治の母方の祖母を育ててくれた家である。その縁から、本郷商会を興したとき、伊作が、勝沼から店員を十二人集める世話をしていた。

伊作は、昭和八年賢治が上京するとき、賢治を励ました。

「いいこんでも、悪いこんでもいいから、日本一になってこい」

九死に一生となった児玉の「帝都暗黒化事件」と中国への旅立ち

アジア主義者の巨頭で玄洋社の総帥である頭山満《とうやまみつる》の三男である秀三《ひでぞう》が、昭和六年二月に東亜民族の提携と武道精神を普及させるためにつくった天行会道場に、「血盟団事件」が起きた頃から国家改造を志す愛国の士が集まっていた。

昭和十年に入り、児玉誉士夫も、天行会道場に参集して、頭山秀三を中心にたびたび論議をかわした。

「ここで一番、もう一押しして事を起こせば、軍部の有志たちも立ち上がって協力せざるをえなくなるだろう」

「そうすれば、現在の政党政治はいやでも潰《つい》えさり、国家機構の改造は達成できる」

さて、それには、いったいどうすればよいか。

「まず第一に、戒厳令を敷かしめるような事態を起こそう。それには、政党、財閥の巨頭、重臣ら二、三を襲撃して殺害しよう。その屋敷に、火を放とう。東京に通じる鬼怒川および猪苗代発電所の送電線を爆破して、帝都の暗黒化をはかろう。いっぽう、市街で、爆竹を鳴らし混乱に陥れよう」

計画と準備は、着々と進んだ。決行の日取りは、十一月十一日に関西地方でおこなわれる陸軍大演習を機会に摑もうというのだった。大演習は必ず天皇が統監するので、東京は警察当局もかなり手薄になるからであった。この大演習のため関西に向かう内大臣の牧野伸顕《まきののぶあき》、宮内《くない》大臣の一木喜徳郎《いっききとくろう》を暗殺しようと企んでいたという。

だが、警察当局に気づかれた。その結果、アジトに踏み込まれ、児玉ら関係者は一人残らず検挙されてしまった。計画は、不発に終わったわけである。

特高（特別高等警察）が、二、三人、いきなり児玉に飛びかかってきた。児玉は、必死になってそれをはねのけ、真っ暗な外にのがれようとした。しかしながら、相手は多勢、児玉は、組み敷かれた。児玉はもがきながら、「えいッ、どうなるもんか、いっそ死んでくれよう！」と、不自由な手で、銃口をおのれの心臓部に当てて引き金を引いた。

児玉が気がついたときは、翌朝の、東大塩田外科のベッドの上だった。病室には、特高が一人と、制服警官が一人、静かに看視していた。

「さっき手術が終わったんだが、心臓スレスレで、助かってけっこうだったね」

昭和十年の四月、いわゆる「帝都暗黒化事件」に連座した児玉らに対する「爆発物罰則取締法違反」「殺人予備罪」この二つの罪名による判決が確定した。児玉は、四年六ヵ月を言い渡された。

児玉は、控訴権を放棄して数日後、東京郊外にある府中刑務所に移されていった。この刑務所内でも、むさぼるように書物を読んだ。

児玉は、昭和十二年四月二十九日、仮出獄する。

昭和十二年七月七日夜、中国・北京郊外の盧溝橋《ろこうきょう》で日本軍が夜間演習中、〝謎の発砲〟がきっかけとなり、中国第二十九軍と衝突、いわゆる「盧溝橋事件」が起こった。戦火は日増しに拡大して、日中戦争となった。

昭和十二年十月、児玉は、何かと面倒をみてくれていた外務省情報部長河相達夫《かわいたつお》をたずねた。河相は、時局を心配して語った。

「きみたちはこの際、ぜひ中国大陸へ行ってみて、あちらの実情というものを、じっくり確かめてくる必要があると思う。現地へ行けばすぐにわかることだが、軍部、とくに陸軍のやり方が、いかに乱脈で、でたらめで、皇軍の名に反しているかという事実なのだ。

かつて明治大帝は、大義名分ということをやかましくおっしゃった。また、これを遵法することが、日本軍隊の誇りであり、比類のない強味でもあった。もちろん、日清および日露の両戦役の頃とは時代も違っているが、それにしても今次事変における軍部のそれは、あまりにもひどすぎるように思えてならない」

河相部長の発言の内容は、当時としてはずいぶん大胆で思い切ったものだった。憲兵や特高が随所に眼を光らせ、「軍人でなければ人にあらず」といったこの時代に、いかに親しい間柄とはいえ、政府高官の身でこれだけのことがきっぱり言えたことは、河相部長が単なる官僚でない一つのあらわれでもあった。

児玉は、河相部長から必要な費用を出してもらって、その暮れ、東京を発った。

児玉は、満州から中国北部、さらに中ソ相接する奥地へ入りこみ眼にした日本軍を、『悪政・銃声・乱世』で嘆いている。

《この眸、この聴覚によってとらえた日本軍の実体は……まさに百鬼昼行、奇々怪々であった。占領地のいずれにおいても、だいいちに注目されるのは、日本内地とまったくかわることない柳暗花明で、（中略）夜のふけるまで絃歌《げんか》おおいにさんざめくのだった。そこにはもちろん、軍あるいは軍かんけいの車が白昼かまわず横づけされ、高級の日本酒や山海の珍味が提供されていた。上《かみ》、これを行なうときは、下《しも》またこれに倣うのが世の常で、上級者から下級の将校にいたる者までが、享楽にうつつをぬかし、わが世の春を存分に満喫していたのである。

ときすでに、日本軍としての真面目、そして厳正なるべき軍規はうしなわれ、あるものはただ泡沫のような痴者の勝利感だった。

わたしはあまりの極端さと醜悪さに、じぶんの眼を、耳をうたがい、「これが生死を賭けての、日本民族の興廃浮沈を決定する聖戦か」と、あきれもし失望しないではいられなかった。しかしながら、急斜面をおどろくべきスピードで転落しつつあった日本は、少数の良識ぐらいでは止めようもなかった》

こうして児玉は、翌十三年二月、激しい絶望感とやりきれない思いを抱いて、日本へ帰ってきた。

日本軍は、昭和十二年十二月、南京《ナンキン》占領。十三年十月、広東《カントン》と武漢三鎮《ぶかんさんちん》を、十四年二月、海南《かいなん》島をそれぞれ攻略、手中におさめた。が、戦争の長期化にともない、その背後に米英の勢力が強く影響し、戦局の前途容易ならずの感が深まった。

昭和十四年三月初旬、児玉は、外務省の情報部長河相達夫に誘われた。

「今度、上海《シャンハイ》と漢口《かんこう》を視察に行くが、いっしょに行かんか」

児玉は、よろこんで随行した。

児玉らは、戦火の跡もなまなましい現地の無残な姿を、目のあたりに見ることができた。上海はもちろん、奥地の漢口にしても、一部市街を除くと廃墟さながらの様相だった。

街の外に一歩出ると、ちょっとしたクリーク（水路）の中にも、草むらにも、おびただしい中国兵の死体が、あちらこちらに散らばっていた。それを見た児玉は、いまさらながら、聖戦の字句に微妙な疑念を抱かずにいられなかった。

〈なにゆえに、こういう戦争をせねばならんのか〉

上海で、河相部長から「役人らしくない人物を紹介しよう」といって、副領事の岩井英一《いわいえいいち》に引き合わされた。岩井は、上司の河相部長からとくに信頼されており、上海にある日本の経営している東亜同文書院出の、中国通の一人であった。当時、岩井の身分は副領事とはいえ、外務省情報部と直結する、「特別調査班」という上海の出先機関の指導者でもあった。

児玉一行は一年以上も上海に滞在し、臨時特別調査班に在籍し、何かと働いた。

昭和十三年一月十六日、時の近衛文麿《このえふみまろ》首相が、「蔣介石《しょうかいせき》の国民政府はこれを対手《あいて》とせず」のいわゆる対華声明を発していた。それ以来、国民政府の日本に対する感情悪化はいよいよ高まり、事変解決の見通しもまた、まったくつかなくなっていた。

人生の修羅場をくぐるたび角栄が聞く「腰だ!」の声

田中角栄は、昭和九年三月二十七日午前九時、柏崎駅から上野に向かった。

大河内正敏子爵の書生になるためであった。

ところが、大河内邸を訪ねると、

「理化学研究所に殿さまを訪ねてください」

こう突っぱねられ、会うこともできず、大河内邸の書生になることをあきらめた。

田中は、その翌日から、日本橋本石町にあった土建会社、井上工業東京支店で住みこみで働きはじめた。

東京支店長は、田中が柏崎土木派遣所で働いていたとき知りあった人の義弟であった。

朝は、五時に起き、六時までには掃除もすませた。それから、工事現場に飛び出していった。

当時、月島の水産試験場新築工事、堀切橋の架け替え工事、上野のプール工事などを手がけていた。朝から夕方の五時までは、みっちり現場の手伝いをした。

井上工業の材料倉庫は、深川の木場にあった。建築用材を取り壊した古材や仮設器材、機械器具などが、ぎっしりと積みこまれていた。

ある日、荒縄で縛った新しい瓦《かわら》が、舟で木場の倉庫に着いた。遠州瓦の産地・浜松から送られてきたものであった。

瓦の荷揚げ人夫の手配は、あらかじめ田中がしていた。が、その日に、あてにしていた人夫が集まらなかった。田中は、仲間の入内島金一《いりうちじまきんいち》に言った。

「仕方がない。二人でやってみるか」

入内島と二人、生まれて初めて沖仲仕をやることにした。

入内島は、大正五年生まれで、田中より二歳年上であった。群馬県群馬郡古巻村（現・渋川市）で生まれ、古巻高等小学校を卒業して十八歳のとき勉学のため上京し、井上工業東京支店につとめていた。

井上工業東京支店といっても、従業員は田中と入内島の二人きりであった。二人は、境遇が似ていたせいもあり、ウマが合った。徹夜で一升酒を飲み、そのまま いっしょに風呂に入ったりしていた。

入内島は、田中角栄がのちに小佐野賢治と同様に、「刎頸の友」と呼んではばからない男となる。「刎頸の友」とは、「生死をともにし、首を斬られるのも悔いないほどの親しい交わり」のことである。

小舟と倉庫のあいだには、厚さ三寸、約一〇センチほどの松板が渡してある。瓦は、何枚かずつ荒縄で束ねてある。それを肩に、倉庫まで運びこむ。が、踏み板が、ゆさゆさ動く。まかりまちがうと、水の中へ飛びこむことになる。足腰がよほど柔軟でないとやれない。

田中と入内島の二人は、瓦を肩に担ぎ、揺れる踏み板の上を運びつづけた。踏み板はひどく揺れる。田中は、および腰になった。冷や汗が出てくる。

そのとき、遠くから見ていたその道の大将らしいオヤジが、大声で怒鳴った。

「おーい、若いの。腰だ、腰だ！」

うまく渡るためには、足でなく腰を十分に使ってやれ、という意味であった。田中は、言われたとおりに腰を使って運んだ。今度は、うまく運べた。田中は、感心していた。

〈なるほど……〉

田中は、このときの大将の言葉が、のちのちまで耳底に焼きついていた。何度か、人生の修羅場《しゅらば》をくぐるとき、その大将の怒鳴り声がどこからともなく聞こえてきたものである。

「おーい、腰だ、腰だ！」

人生は、小手先だけでなく、本腰で勝負するのだ……と自分に言い聞かせ、腰を入れなおしたものであった。

田中は、夕方の五時に仕事を終えると、入内島といっしょに自転車に飛び乗り、神田中猿楽町にあった私立中央工学校に急いだ。

入内島も中央工学校の夜間部に通っていた。田中は土木科で、入内島は建築科であった。始業時間は、六時からで、二人はいつもギリギリに教室に飛びこんだ。

六時から九時までの三時間、田中は疲れきっていたが、全身を耳にして先生の講義に聞き入った。

小学生のとき、草間道之輔先生から言われていた。

「人間は、二十歳までに教わるものは、一〇〇パーセントも覚えられる。が、二十歳以後になると、覚えが悪くなる。四十歳を過ぎると、覚えるより忘れるものが多くなる」

田中は、覚えるのは若いときしかない、と必死であった。しかしあまりに疲れていた。いかに気力をふりしぼっても、ついウトウトすることがあった。

田中は、おのれを恥じた。鞄《かばん》の中にしまっていた千枚通しをそっと取り出し、手のひらに当てていた。ついこくりとなると、千枚通しが手のひらを刺す。はっとして眼を覚ました。

授業が終わると、田中は、校門の前で入内島と待ちあわせていた。暗い中を二人は自転車を並べ、住みこんでいた井上工業に帰った。

田中は、その後、新聞広告を見て、雑誌『保険評論』の記者になった。アメリカからスチールウールや高級カットグラス製品を輸入している高砂商会にもつとめた。

やがて、深川の古鉄屋の下請けをしている男と知りあいになった。その友人は、機械を据えつけるための基礎の図面や、再生機械を組み立てる図面などのトレースで苦しんでいた。田中は、高砂商会をやめ、その友人の仕事を手伝いはじめた。

月々の収入の不自由がなくなったので、働くのは夜にし、昼間の学校に通うようになった。

神田三崎町の研数学館、藤森良蔵の日土講習会、正則英語学校、やがて錦城商業学校の四年生に編入した。

田中は、すさまじい勢いで勉強した。英語のリーダーは、神田《かんだ》乃武《ないぶ》の『ニュー・クラウン・リーダー』が主であったが、女子学習用の『スター』や『ダイヤモンド』にも手をひろげ、可能な限り勉強した。

田中は、小学校時代の草間先生の言葉のとおり、覚えなければいけないものは、すべて暗記した。『広辞林』の一枚を破りとり、つねにポケットにしのばせていた。トイレの時間でもそれを覚えた。

覚え終わると、その一枚を捨て、また新たな一枚を破ってポケットにしのばせた。

英和辞典だけでなく、和英辞典の「コンサイス」も破っては覚えた。

大河内正敏

〈おれは、人の十倍燃えてみせる!〉田中角栄の滾る想い

田中は海軍兵学校に入ろうと考えたこともあったが、母親が病気になり断念した。

方向転換し、専門学校か大学へ進むことにした。その腰掛けとして、駒込千駄木町の中村設計事務所につとめはじめた。設計事務所といっても、仕舞屋《しもたや》の二階で、しかも六畳の部屋の畳の上に四脚の机があるだけだった。その事務所には、経営者の中村勇吉と、設計技師が二、三人いるだけであった。

田中は、その事務所で働きはじめると、中村勇吉から説明を受けた。

「田中君、じつは、うちのほとんどの仕事は、理化学研究所で研究発明、開発した新技術を実用化するための手伝いなんだよ」

田中は、理化学研究所と聞き、運命の不思議さに驚いた。

二年前、田中が上京してきたのは、理化学研究所所長である大河内正敏子爵の書生になるためであった。が、大河内にはついに会うことができず、書生になることをあきらめた。それから職場を転々としていまに至っていたのである。

田中は、その後、理化学研究所の子会社、理化学興業のある日比谷交差点角の美松ビルを訪ねることが多くなった。そのビルの五階の企画設計課に、用事があったのである。

ある朝、田中は、美松ビルでエレベーターを待っていた。理化学興業の社員たちも、四、五人待っている。

田中は、急いでいた。エレベーターが開くや、飛びこむようにして乗った。そこに、老紳士が落ちつきはらって乗りこんできた。不思議なことに、それまで待っていた他の社員たちは乗らない。見ると、その老紳士は、理化学興業の会長をしている大河内正敏子爵ではないか。中村勇吉社長から見せてもらった写真で、記憶に焼きついていた。

他の社員たちが乗らなかったのは、大河内会長に対する礼儀であり、畏敬のためであった。

田中は、大河内会長と、なぜか前世からの縁で結ばれている気がし、胸が熱くなった。

それから一週間後、田中は、美松ビルのエレベーター前で、ふたたび大河内会長といっしょになった。

「きみも乗りたまえ」

大河内会長は、眼鏡の奥の眼にやさしい光をたたえ、田中に話しかけてくれた。そして、田中のこれまでの経緯も聞いてくれた。

話を聞き終わると、訊いた。

「柏崎は、農村工業の発祥の地で、わたしの一番好きなところだ。理研にも、これから柏崎工場につづき、全国に工場が生まれるが、きみは、いまでも理研に入りたいのか」

田中は、あまりに突然の誘いにとまどった。

「わたしは、いまつとめているところがありますので、考えがまとまりしだい、指示をいただきにまいります」

大河内会長は、田中を包みこむような口調で言った。

「勉強は、しておきなさいよ」

田中にとって、大河内会長との縁は、その後の人生に大きなプラスになっていく。

田中は、その三ヵ月後、設計事務所をやめ、一本立ちすることにした。

〈どこまで一人でやれるかわからぬが、やるだけはやってみよう！〉

田中角栄、十九歳であった。

田中は、神田錦町三丁目の角にある鉄筋コンクリート五階建てのアパートの一室を借り、そこを事務所とした。角栄の栄の字をとり、共栄建築事務所という看板を掲げた。

田中は、廊下に出、何度も看板を見ながら、よろこびに顔を火照らせた。小なりといえども、自分の城をもつことができたのである。

田中は、周りの友人たちにつねづね言っていた。

「織田信長、豊臣秀吉、徳川家康の三人の武将のうちでは、おれは、信長のような生き方をしたい！」

短くともいい、激しく燃え尽きたかった。

田中の兄は、幼いとき死んでいる。自分も、どうせ長くは生きまい、と覚悟していた。幼いときから、体もあまり丈夫ではなかった。それゆえまわりの者にも言っていた。

「おれは、四十までに死んでもよい。ただし、それだけのことはやって死ぬ！」

田中に、いよいよ、昭和の信長として生きるための旗揚げの時期がきたのだ。

共栄建築事務所の仕事は、機械の製図や、機械基礎の計算であった。墨田区本所に日本特殊機械という会社があった。その社の新工場と、寮の新築や材料置場の設置、重機械の据えつけなど一連の仕事がもらえた。

その社の仕事だけでなく、つぎつぎに注文をとっていった。建築や設計にまったくのど素人であったが、まさに怖いもの知らずであった。

田中は、測量から試案の作成、設計、計算、仕様書の作成、工事業者の選定、工事監督と、何から何まで自分一人でやれるようになった。死にもの狂いで生きよう、と決めていた。苦しくはなかった。

市電に乗るのも、一停留所間だと利用するが、二停留所間になると、利用しなかった。

のんびり市電に乗っている時間に、もっとたくさんの仕事ができる。田中は、金がなくても、仕事を早くすませるため、タクシーに乗った。タクシー代は、けっして惜しまなかった。普通の者が三日かかる仕事は、二日ですませた。

得意先の玄関に、相手に見えるようにタクシーを横づけにするのも田中の手であった。いま扱っている仕事は、こんなに金をかけているんだぞ……という相手へのデモンストレーションであった。若いが、相手の心理を読むのには長《た》けていた。

独立して半年後、田中は、理化学興業のある美松ビルのすきやき屋に友人と二人で出かけた。その帰り、偶然にも大河内会長と出会った。田中は、中村設計事務所をやめて以来、理化学興業にも出入りせず、大河内会長にも会わずじまいであった。

大河内会長は、相変わらずやさしい眼差《まなざ》しで田中を見て言った。

「うちの社には籍を置かなくてもいいから、建築計画などについては、勉強に顔を出しなさい」

田中は、それを機会に、大河内会長の庇護《ひご》のもと、理研関係の社の仕事をはじめるようになった。

田中にとって、より運が開けることになった。田中は、上京といい、独立してからの仕事といい、すべて大河内会長との縁に結ばれていることに心から感謝していた。

〈人の一生というものは、やはり運だ。実力がある、といくら自分が自負しても、うまくいかないものは、うまくいかない。努力と根気と勉強……それがあってこそ、運をとらえるきっかけができたんだ〉

田中は、共栄建築事務所の社長として、死にもの狂いで働いた。朝は五時か六時に必ず起き、寝床を這《は》い出して出社した。掃除、雑巾《ぞうきん》がけは、自分でやった。

昼間は、大河内会長の世話で親しくなった理研の各会社をまわり、注文の打ちあわせをした。

夜になると、神田錦町三丁目の共栄建築事務所に行き、内職の技師たちや、月給八十五円で雇った早稲田大学出身の工学士木村清四郎といっしょに設計をはじめた。

田中は、昼間会社まわりをする合間を縫って、設計に必要な工事規模や仕様の概略を書いたメモを用意しておき、そのメモを彼らに渡し、設計をしてもらっていた。

もちろん、田中も、彼らといっしょに製図板に向かった。彼らとともに、夜の十一時、十二時まで図面を引いた。さらに、強度計算から、工事仕様書、工事入札要領の作成までやった。

田中は、自分に厳しく言い聞かせていた。

〈社長でございといって、椅子にふんぞり返ってちゃあ、社員は動きはしめえ。人を動かそうと思ったら、一番に自分が働くことだ〉

仕事が終わると、田中は、前もって買ってきておいたヤミ酒をみんなと車座になって飲んだ。分けへだてのない経営者であった。みんないっしょに燃えてくれた。仕事は忙しく、協力者も日曜も祭日もなかったが、愚痴の一つも言わなかった。

田中の収入は、五百円を超える月もあった。もし彼が建築事務所に正式に雇われていれば、月給三十五円から四十五円にすぎない。

田中は、うれしかった。

〈おれは、人の十倍、燃えてみせる!〉

田中は、昭和十二年十一月なかば、理研に呼ばれ、まるまる工場一つ分の設計図と仕様書をつくるという大口の注文を受けた。

「よろこんでやらせていただきます」

その日から、毎日のように徹夜の連続であった。

十二月二十八日午前十一時、理研本社で、田中は、千六百円もの設計料の内払いとして、千円を超す小切手を受け取った。

田中は、一つ大きく息をして、大河内会長にあらためて感謝し、おのれに言い聞かせた。

〈おれがこうした幸運を摑めたのも、やっぱり、おれが、死にもの狂いで努力したからだ〉

銀行・暴力団……経営にからむ軋轢対処を貪欲に吸収する小佐野

小佐野賢治が上京してつとめた「本郷商会」の主な取引先は、トラック会社とタクシー会社だった。

本郷商会の関係者によると、小佐野は、他のどの店員よりも、一所懸命働いた。

小佐野ら店員たちの仕事は、自動車部品の配達だった。配達は、自転車でやっていた。

雪が激しく降る寒い日だった。四キロも遠くの客に、自動車部品を配達しなければならなかった。店員たちは、そろっていやな顔をし、行くそぶりを見せない。が、小佐野は、自分からすすんで申し出た。

「おれが、行きます！」

大雪の中を配達に行った。

朝は一番早く出勤し、夜も一番遅くまで働いた。まじめを絵に描いたような仕事ぶりであった。が、これには、小佐野の〝ケチ〟ぶりが、じつは色濃く反映していた。

本郷商会に入って一、二年たった頃、小佐野は住み込みをやめ、中野に下宿しはじめた。その頃には、営業のトラックで配達するようになっていた。小佐野は下宿には帰らず、そのトラックを新宿御苑あたりに止め、その中でよく寝泊まりするようになった。

「そうすりゃ、電気代も水道代もかからなくていいや」

同僚たちによくそう言っていた。

そのためのトラックを持ち出すために、朝は誰よりも早く、夜は誰よりも遅くなった、というところもあったのである。

電気や水道代すら無駄金とみる徹底したケチぶりは、本郷商会でも有名だった。

ただ、その仕事熱心さとケチぶりは、小佐野にとっては純粋な気持ちの発露の結果でもあった。小佐野は、よく同僚たちに、こう言っていた。

「なんとか親兄弟に、楽させてやりたいんずら。そのためだったら、なんでもするさ」

小佐野は、丸坊主で、ハキハキして元気がよかった。

本郷商会での服装は作業衣で、色は茶系統の黒に近い色だった。

小佐野には、なんでも貪欲《どんよく》に吸収しようという姿勢が満ち満ちていた。

社長の母親の従兄で、一高、東大を卒業し、法政大学の教授をやっている斎藤という人物がいた。その斎藤教授は、よく「本郷商会」にやってきて、帳場にすわっている社長と話し込んだ。

本郷にある第一銀行の支店長もやってきて、帳場にすわっている社長と話をする。他の店員たちは、客と応対している。ところが、小佐野は、そういうときになると、帳場の近くまでやってきた。

そうして、第一銀行の支店長の会話が聞こえる距離までくると、仕事をするふりをして、じっと聞き耳をたてていた。

支店長は、頼んでいる。

「ぜひ、うちの銀行に預金してください。同じ地区のよその銀行に負けては、わたしの顔が立たないんです」

ある日、業界の組合幹部が、社長の辻昇一のもとへ怒鳴りこんできた。本郷商会があまりにも安売りをつづけ、客を独占しているので、文句を言いにきたのだ。

小佐野は、このときも、じっと聞き耳をたてた。

「いいかげんに、安売りはやめてくれ。よその店が、これじゃやってけねえって頭をかかえてるんだ」

組合の幹部にそういわれても、辻昇一は、けっして「やめる」とはいわなかった。

しびれを切らした相手が、

「それなら、こっちにも考えがある。じつは、もう手は打ってあるんだ」

と前置きして、ドスをきかせた声を辻に放った。

「そのスジのモンを、こちらへ差し向けてもいいんだぞ。まあ、どうなるかなあ。この店を潰すのに、そう時間はかかんねえだろう」

組合幹部は、にやりと笑った。が、辻昇一は平然と返した。

「ぜひ、潰してくれ。ただ、それを写真に撮らせてもらって、お客に配らせてもらいますよ。こっちは安売りしてみなさんによろこばれているのに、組合にヤクザを差し向けられて潰された、と言ってまわったら、どうなりますかね」

相手は絶句した。文字どおり、声すら出ない。恨みがましそうな視線を辻昇一に送ると、すごすごと引き上げていった。小佐野は、見て見ぬふりをしていた。

辻昇一は、慶應大学の法科を出ていた。法律を勉強していたせいか、そのような切り返しを、じつにみごとにやってのけたのである。

後日、暴力団はもちろん、その組合幹部も、二度と本郷商会に姿をあらわさなかった。

経営というものに、どうしてもからんでくるそのような軋轢《あつれき》と、経営者の対応の仕方を、小佐野は驚きといっしょに胸に刻みこんだのであった。

他の店員が、客相手に忙しく働いているときに、小佐野は仕事はうわの空で、じっと話に耳を傾けている。周りの者には、小佐野が、やがて自分で一旗あげようとしている気持ちが、ありありとわかった。

三年後の昭和十一年、小佐野は、その働きに目をつけられ、浅草の自動車部品会社「商工社」にスカウトされた。本郷商会とおなじ業種で、ガソリンも扱っていた。

小佐野は、辻社長から懸命に引き止められた。

が、小佐野は、頑として聞かなかった。

彼は、三年間で、自動車部品に関すること、経理に関することは、すべて学びつくしていた。本郷商会にいて、それ以上学ぶことはないと判断したのであった。

小佐野は、スカウトされるとき、「店のいっさいを任せる」と言われていた。

商工社の社長は、東大出の、日本郵船の課長をつとめあげた斎藤という人物であった。

斎藤社長は、大会社につとめていたうえ、東大出だから、やり方がお役所的であった。

朝、二十分か三十分店に出ると帰ってしまう。

「サボってはいかんぞ」とか、「タバコは吸っちゃいかんぞ」といった管理訓を言うだけの人物だった。

斎藤は、小佐野に、店のいっさいを任せたのである。

小佐野には、思いどおりに事が運べた。誰よりも働き者の小佐野が店の采配をふるえば、鬼に金棒である。

店は、繁栄すると誰もが思った。

現実に、そうなった。本郷商会の関係者は、つぎのように証言する。

「本郷商会では、自動車部品の通信販売もしていた。それも、本州はもとより、北海道、四国、九州にまで広範囲な通信販売をした。広告を出し、注文を受け、部品を送るというシステムです。小佐野は、商工社に移ると、全国を歩き、本郷商会の得意先を自分のものにしていったのです。ヤリ口は簡単です。本郷商会よりも、安く売ったのです。それだけ、仕入れも安く、うまくやったんでしょう」

ところが、一年後、この会社は、謎の倒産をしたのである。不思議なのは、それからのちの小佐野の動きであった……。

内地帰還への小佐野の執念「本人苦痛を訴えるも、所見なし」

昭和十二年十一月、塩山の日下部小学校で二十歳の徴兵検査がおこなわれた。そこに、ハイヤーで乗りつけた男がいた。そのあたりでは、ほとんどの者が自動車など見たこともなかった。花嫁の嫁入りさえ、人力車であった。

ハイヤーから、颯爽《さっそう》と降り立ったのは、なんと小佐野賢治ではないか。小佐野の同級生たちは、小佐野の見ちがえるような羽振りのよさにおどろいた。

講堂に入り、軍医の前に、全員一列にならんだ。小佐野は、みんなより頭一つ分だけ大きかった。当時一メートル八〇センチ近い大男は、珍しかった。

やはり塩山出身の小沢初も、物珍しさから小佐野をジロジロ見ていた。そのうち、小佐野と目が合った。小佐野は、小心者のようにおどおどしていて、すぐに目を外した。

小佐野は、立派に甲種合格をはたした。

近所の者が、おどろいたことがある。小佐野は、

「出征すれば、生きて帰れるかどうか、わからんずら。死ぬ前に、親の家くれえ建てておかねえと」

と、両親のために、家を建てた。

それまでの藁ぶき屋根で、八畳一間に二畳ばかりのお勝手だけの粗末な家とは天と地の差のある立派な家であった。瓦屋根の木造二階建ての家で、建坪が平屋部分で四十坪。二階を入れると、六十坪ぐらいの家であった。

近所の者たちは、小佐野にまるで錬金術でも見せられているような気持ちになり、ささやきあった。

「東京の勤め先は潰れたけんど、どうしてあの若さであんなにゼニがあるずらか」

「噂によると、店を計画倒産させ、その資金を処分し、自分のものにしたそうだよ」

「店の主人が死に、未亡人とねんごろになり、そのうえでの計画倒産らしい。金は、そのときたっぷりと手に入れたらしいぞ」

立派な家が建っただけでなく、小佐野の父親伊作の身なりも、見ちがえるほどきれいなものになった。

近所の者は、伊作に声をかけた。

「伊作やんも、せがれが成功して、よかったな……」

伊作も、自慢そうに胸を張って歩くようになった。

小佐野は、支那駐屯《しなちゅうとん》歩兵第一連隊第七中隊に配属されることに決まった。

昭和十三年二月十九日、小佐野は徴兵検査に合格した他の四人の仲間と塩山駅に集合し、下関に出発した。

小佐野は、輸送船の中で、仲間にひそかにささやいた。

「お国のために死ぬなんて、馬鹿げたことじゃん。おれは、必ず内地へ帰ってみせる」

が、軍隊の恐ろしさを知らない小佐野に、地獄が待っていた。

三月一日、北京に到着し、そこから汽車で二時間ばかり奥に入った南口鎮《なんこうちん》の兵舎に着いた。小佐野は、歩兵二等兵として、三ヵ月の教育を受けた。

彼は、最初は軽機関銃班に配属された。部隊の最前列にいて、敵と銃を撃ち合う班である。一番、死ぬ確率の高い班だ。

小佐野は、初日からぶん殴られた。

五月一日から、小佐野の所属する支那駐屯歩兵第一連隊第七中隊は、徐州作戦に参加した。

小佐野は、このときにはすでに兵隊としての能力がないと判断され、軽機関銃班から担架兵に回された。戦闘には加わらず、負傷した兵士を運ぶ役目である。

兵隊の間では、「ズベラ担架にバカ靴男」と担架兵のことを嘲笑していた。

小佐野は、十一月七日、突然、訴えはじめた、

「胸が痛え。胸が痛え」

小佐野は、湖北《こほく》省洋新《ようしん》野戦病院に入院した。

小佐野の行状にあきれていた坂本馬城という軍医は、ついに小佐野の訴えるとおり、「急性気管支炎」という診断書を書き、内地へ送り返すことにした。

ただし、その診断書には、

「本人苦痛を訴えるも、所見なし」

という一行が加えられていた。

小佐野は、それ以後は、病院を転々とする。

十一月十日、九江第十五兵站《へいたん》病院に護送、十一月十五日、南京《ナンキン》野戦病院に入院、十一月二十五日、上海第七兵站病院に入院、十二月十二日には、ついに内地送還のため上海湾出帆、十二月十五日に宇品《うじな》港に上陸した。

「お国のために死ぬなんて、馬鹿げたことじゃん。おれは、必ず内地へ帰ってみせる」

そううそぶいて日本を発った小佐野の執念どおりになったのである。

東条英機・石原莞爾角逐の風雲下での児玉の恋

石原莞爾

児玉誉士夫は、昭和十五年（一九四〇年）当時、辻政信《つじまさのぶ》少佐との連絡役をつとめていた。

岩井英一が、自著の『回想の上海』に書いている。

《当時支那派遣軍総司令部には占領地区及び重慶政権に対する思想工作指導のため、総司令部内別館に思想班が特設されており、その責任者は、ノモンハン事件で大敗の責任を問われ、参謀肩章をはずされた辻政信少佐であった。文化思想運動として再出発した興建運動も日本軍占領地内での活動はこの辻少佐の管制下におかれる。従って運動を支障なく進めるためには、この辻少佐と緊密に連絡し友好関係を維持してゆくことが不可欠の前提条件だった。（中略）いずれにせよ児玉の起用は、興建運動と辻との友好関係をつくるにはプラスだった》

昭和十六年五月、児玉は突然、陸軍参謀本部の命令で、日本へ呼び戻された。出発前に、南京総軍の今《いま》井《い》武夫《たけお》大佐が、言いにくそうに語った。

「きみが〝東亜連盟〟のことで、石原莞爾《いしわらかんじ》将軍と通謀し、連絡していたのが問題となった。東条《とうじょう》（英機《ひでき》）陸相が、きみを、この際辞めさせようとの考えらしい」

石原は、昭和三年十月、関東軍作戦主任参謀として満州事変を計画、実行した。当時日本に戻っていたが、辻政信中佐や重慶側との折衝工作に重要な役割をつとめた中国人の繆斌《ぼくひん》らと提携し、大陸の「東亜連盟」の運動を積極的に展開しつつあった。児玉が、石原とのいろいろな連絡にあたっていたことも事実であった。

東亜連盟は、石原の提唱する「世界最終戦」思想を根幹にしていた。それはアジアの諸国は、お互いがその主権を認めあい、政治の独立性を強調した点に特色があった。長いあいだ西欧の帝国主義的な圧力に支配されてきたアジアの諸民族は、この東亜連盟の呼びかけに対して、強い関心を寄せていた。

児玉らは、すなわち、日本軍の帝国主義的な行動を戒めることに努めたわけである。が、東条ら本国の軍首脳はこの考えに反対であった。辻政信も、台湾軍に追いやられてしまっていた。

今井大佐から因果を含められた児玉は、即座に言いきった。

「けっこうです、辞めましょう」

児玉には、東条陸相の内命ということは、少し筋違いのようにも思えたが、辞めろと言われれば、いささかの未練もなかった。総軍はもとより、参謀本部の嘱託も、いさぎよく返上したのだった。

東条と〝犬猿の仲〟である石原に接近していた児玉は、東条からみると、「坊主憎けりゃ袈裟《けさ》まで」の譬《たと》えのとおり、好ましからぬ人物の一人であったこともうなずけた。

児玉は軍の仕事を辞め、民政党の永井《ながい》柳太郎《りゅうたろう》の口ききで、「興亜同盟」という国策団体に入った。おもに中国方面を担当する委員に選ばれた。

その頃児玉は、激しい恋に燃え、しかも最高潮に達していたという。児玉は、回想録『悪政・銃声・乱世』に書いている。

《もちろん、木石ならぬじぶんは、それまでも気のあった友人たちと廓《くるわ》にも足をはこび、待合茶屋にあそんだこともしばしばあった。だが、異性にたいして真剣な愛情を感じ、しん底からうちこんだことは、一度もなかった。また、それほどこのましい相手にもぶつからなかったのである。したがって、恥ずかしいことのようだが、ほんとうの恋とは、愛情とは、どんなものであるかも、まるで知らないじぶんだった。

そのわたしが、はじめて異性に眼をひらき、切実に感じとり、ある種の悟りをえたことは、つぎのことであった。

つまり、ほんとうの恋愛でないばあいは、すぐに手が出、そこに異性間の交渉がはじまるわけだが、真実の恋のばあいは、肉体的なことなど枝葉末節で、おたがいが顔をみ、なんとはなしに語りあうだけで、もう満足なのであった。こんなことをいうと、いかにもじぶんらしくない、惚気ばなしのように聞こえるかもしれぬが、それが真剣であり、まじめであるほど、相手の女性はあまりにも気高くおもわれ、容易に手出しなど、できるわけのものではない。

さて、このじぶんが、はじめて恋を感じた相手というのは、すぐる三十五年の六月、交通事故の奇禍に遭遇して、四十の若さで亡くなった妻の安都子であった。

歌人・与謝野鉄幹《よさのてっかん》のうたえる、「妻をめとらば才長けて、みめうるわしく情けあり……」の、この歌を愛唱しつづけたじぶんの胸の片隅には、いずれはおのれが妻となるべき女性の映像が、いつとはなしに形づけられていたらしい。

とうの安都子は、わたしにとって、まさしく理想の女であり、妻たるにふさわしかった。その意味において、じぶんは最上の幸福者であった》

児玉は、自伝にはひとことも触れていないが、じつは、昭和十五年五月三十日、最初の妻キミと結婚している。キミは、富山出身で、大正二年生まれ。叔母を頼って山梨県下部温泉で暮らしているときに、たまたま療養にきた児玉と結ばれ、三年ほどの同棲ののち、入籍している。

児玉は、それでいて、芸者ともつきあっていた。この芸者との子が、昭和十六年十一月二十日生まれの義昭である。この芸者は、児玉がてっきり独身だと思い込んで入れ込んでいたらしい。

本妻のキミがこの秘密を知り、大騒動になった。

その争いのつづく最中だというのに、児玉は近所に住む安都子に惚れてしまったのである。安都子は、大正八年生まれ。帝国ホテルのレジ係だった。児玉と彼女のあいだを取り持ったのは、のちに児玉機関幹部となる藤吉男《ふじよしお》だといわれている。なお、安都子とのあいだには、昭和十七年二月二十七日生まれの博隆。昭和十八年五月十七日生まれの安弘。昭和二十一年三月一日生まれの雅世の三人の子供をもうけている。

資材調達の「児玉機関」の発足と上海での活躍

第二次近衛内閣が退陣し、これに代わって昭和十六年十月十八日に、東条英機内閣が出現した。

陰険な日米関係が、刻一刻と緊張しつつあった昭和十六年十一月末、児玉がかねて昵懇《じっこん》にしていた国粋大衆党の笹川良一《ささかわりょういち》総裁から、話があった。

「海軍航空本部（航本）の山縣《やまがた》（正郷《まさくに》）さんが、何かきみに頼みたいことがあるらしい。山縣さんは山本《やまもと》五十六《いそろく》大将の股肱《ここう》で、肚《はら》のできた人なのだ。すぐ会ってはどうか」

戦後、児玉とならんで右翼の二大巨頭と目される笹川良一は、明治三十二年（一八九九年）五月四日、大阪府三島郡豊川村に生まれた。若い頃、日本では数少ない曲乗り飛行士であった。大正十四年、大阪府三島郡豊川村村会議員に当選。この頃から大阪・堂島で商品取り引きをはじめ、巨富を得る。

昭和二年、月刊誌『国防』を創刊し、右翼運動に身を投じた。昭和六年三月、国家改造を求める右翼的結社国粋大衆党を結成し、総裁に就任した。昭和七年五月、国粋義勇飛行隊を創立し、隊長に就任。大阪に日本最初の防空飛行隊を建設し、陸軍に献納。

昭和十年三月、国粋大衆党関東本部挺身隊《ていしんたい》藤吉男らが、一木喜徳郎枢密院議員宅を、天皇機関説を支持していることを理由に、居合刀を持って襲撃。一木は、天皇を国家法人の最高機関とし、立憲は国家にあるとする天皇機関説を唱えた美濃部《みのべ》達吉《たつきち》の先輩である。

藤らは逮捕され、懲役刑に処せられた。笹川良一総裁以下国粋大衆党幹部九人は、この襲撃事件にからんだとされ、この年八月、恐喝容疑で大阪拘置所に収容された。なお、この容疑は、笹川良一とかかわりないこととわかり、笹川は、昭和十六年に無罪となる。

笹川は、日本、ドイツ、イタリアの三国同盟の支持者となる。昭和十四年十二月、純国産機「大和号」でイタリアに飛び訪問。日伊親善のために、ファシスト運動の創始者であるムッソリーニ首相と会った。それから、ドイツに向け飛んでいる。

また、右翼からは敵視されていた山本五十六大将を心から尊敬し、親しかった。

児玉は、さっそく山縣正郷中将に会った。山縣中将が、話を持ちかけた。

「これからの戦争は、艦船第一主義はもう時代遅れだ。航空第一主義でいかなくてはだめだ。ところが現在、海軍で割り当てられている軍需資材の大半は、海軍艦政本部に取られてしまっている。そのためわが海軍航本は、必需資材の不足に頭を悩ましきっている。こんな状態では、一朝もし有事の場合は、手も足も出ないことになる。そこで、国内生産だけではとても間に合わないから、さっそく上海その他の外地で、わが航本の必要とする物資資材を、しかもできるだけ大量に獲得したい。その業務いっさいを、ぜひ引き受けてもらえまいか」

アメリカとの決戦を想定すると、航空本部用の物資資材は不足すると予想された。しかも、その頃の海軍当局は、バルチック艦隊を撃滅した日露戦争当時の感覚から一歩も脱けきらなかった。いまだに艦艇中心主義をとり、大艦巨砲主義を唱えていた。そのために、資材や物資の大半は艦政本部にもっていかれ、航空本部には十分な資材、物資がまわってこなかった。

昭和十六年十二月一日、山縣中将は上海まで出向き、現地のトップたちと、今度の機関設置についてそれぞれ協議し協力体制をととのえた。

児玉は、さっそく上海の「上海大廈《だいか》」に、児玉機関の本拠をもうけた。

児玉によれば「開戦前、海軍航空本部が一年間の必要量として政府の物動計画に要求した電気銅は、約四〇〇〇トンであった。開戦当時には、航空本部にあった電気銅のストックは、わずか七千数百トンにすぎなかった。数年にして、底をつくことは眼に見えていた。実際、開戦の翌年には八〇〇〇トン、二年目には一万五〇〇〇トンを必要とすることになる」

じつは、児玉機関のような仕事は、以前には、万和通商という会社が請け負っていた。

それを、児玉が政治的に動いたことで、児玉機関を海軍直系機関にした。児玉機関の主要メンバーは、児玉のほかに吉田彦太郎、高原重吉、奥戸足百、藤吉男、それに別格の岩田幸雄の六人であった。

十二月八日、日本軍はハワイ真珠湾を奇襲攻撃し、太平洋戦争が開始された。

児玉機関は、十二月八日の開戦いらい、文字どおり昼夜兼行で、ほんの数ヵ月のあいだに、上海にある必需物資を、大半は買いつけてしまった。

三井・三菱などの有力商社でも、まとまった物資を買いつける場合は、いちいち本社の了解を得てから取り引きする。が、児玉機関はすべて現場における即決主義をとった。それゆえ、利益を本位とするこれらの商社が、児玉機関と太刀打ちできるはずがない。児玉機関は、たちまちにして予期以上の成果をおさめた。

児玉は日頃私淑している外務省の河相達夫から、厳しく釘を刺されていた。

「中国人は昔から、とくに面子《メンツ》を重んじる民族だ。いやしくも彼らに対して特権意識をふりかざすとか、優越感をもつようなことがあってはならぬ。あくまで日中両国の結合融和をはかり、いわゆる兄弟愛を基調としてあたらぬことには、いかなる仕事も成功しないと思わねばならぬ」

児玉は、河相の忠告をそのまま実地に生かすよう、部下を指揮督励し、行動させることに全力をそそいだ。そのせいか、辺境の奥地においてすらも、機関員と中国民衆のあいだに、ただの一度もトラブルらしいものは起こらなかった。四年間の全期にわたって、ほとんど無事故のうちに終始することになる。

肺炎・胸膜炎併発での危篤状態からの角栄の奇跡の生還

田中角栄は、昭和十四年三月、徴集兵として盛岡騎兵第三旅団第二十四連隊第一中隊に入隊した。ただちに、北満州（現・中国東北部）の富錦に送られた。その年の六月中旬から八月末まで、満州国とソ連の友好国であるモンゴル人民共和国との国境ノモンハンでの、第二次衝突が終結してまもなくのことであった。

田中は、昭和十五年十一月の終わり、ソ・満国境陣地の最先端にあった金剛台守備隊の営内酒保勤務の最中、営庭で突然、目眩《めまい》を覚え、ぶっ倒れた。

田中は、そのまま担架で入院させられた。アンペラ張りの野戦病院であった。

田中は、病気に対し、高をくくっていた。

〈なーに、一日か二日入院すれば、すぐに治るにちがいない〉

ところが、医師は、厳しい表情で言った。

「クルップ性肺炎に、右乾性胸膜炎を併発している」

田中は、それから三ヵ月間病院を転々とし、ついに翌十六年の二月末、大連港から大阪天保山港に着き、天王寺の日赤病院に入った。

その間、四十度近い熱がつづいていた。

田中は、やがて仙台陸軍病院宮城野原分院に移された。しかも、重病人専用の個室に入れられた。

熱は、四十一度と目盛りいっぱいに上がったままであった。

さらに、その夜、熱に浮かされている田中のところに、電報が届いた。

『トシエ　シス』

とあった。数え年十九になったばかりの妹のトシ江が、肺病で死んだとの報《しら》せであった。

〈トシ江……〉

田中は、この朝、宮城野原分院に運ばれてきたときの担架から見上げた、青く美しく澄んだ空を想い浮かべた。

〈あの空へ、妹の魂も逝ってしまったんだな〉

人間のはかなさを、あらためて思った。同時に、天井を見上げ、歯を食いしばった。自分をこの世に送り出してきた大いなるものに訴えた。

〈いつまでも、のんべんだらりと生かしてくれとは言いません！　これまで言いつづけてきたように、四十歳まででいい。おれに、男として仕事をさせてください！　精一杯仕事をして、この世から去りたい〉

田中角栄、二十二歳であった。

それから二週間あまり、危篤状態がつづいた。

その間、北大医学部からも医師が来た。ついには、軍医が衛生兵を連れてきて、財布の中の有り金を数えた。紙幣の番号も記録させた。最後には、時計の番号まで記録した。

時計や札の番号の記録は、患者が死亡後、遺品の措置をするための準備であることは、誰でもわかることであった。そのような扱いを受けた患者は、ほとんどが一週間後くらいには、裏門から、棺に入れられて送り出されることになっていた。

田中は、おのれを鼓舞した。

〈おれは、絶対に生き抜いて、病院の正門から出てみせる！　裏門からは、けっして出んぞ！〉

田中は、次の日から、猛然と食いはじめた。鮭の缶詰を食べられるだけ食った。

〈生きるんだ。なんとしてでも生きてやる！〉

おもしろいもので、生きよう、と燃えれば、若い体力もついてきてくれる。

二週間後、田中は、奇跡的に一命をとりとめた。

田中は、大いなるものに誓った。

〈おれは、四十歳までのこれからの十八年間、燃え尽きるように生ききってみせる！〉

小佐野の除隊帰国からの再始動に大きく寄与した太平洋戦争

小佐野は、昭和十五年に再上京した。

十六年四月には、東京の芝区（現・港区）田村町に、資本金十五万円の自動車部品会社「第一商会」を設立した。わずか二十三歳の若さであった。七歳ちがいの実弟の三男定彦と、本格的に自動車業界に進出したのである。

かつて浅草の部品会社に勤めていたときの得意先を中心に商売をはじめた。

小佐野にとってさいわいだったのは、昭和十六年十二月八日に、太平洋戦争がはじまったことである。みずから兵隊として戦うことは二度とごめんであったが、儲けるには、戦争は絶好の機会であった。

自動車部品が軍需品に指定されると、小佐野は、政友会の代議士田邊七六《たなべしちろく》を訪ねた。

田邊は、郷土塩山出身で、政友会幹事長までつとめた大物である。田邊代議士の異母兄は、商工大臣をつとめた小林一三《こばやしいちぞう》である。

小佐野は、田邊代議士に後見人になってもらい、軍需省に食いこんだ。

昭和十八年には、佐官待遇で、軍需省機材課の民間嘱託となった。高等官二等で、中佐相当である。小佐野の仕事は、海軍関係の自動車部品の購入と、その他の相談に応じることであった。

彼は、無給嘱託の肩書きのおかげで、ふたたび戦場に駆り出されることはなかった。

ただひたすら、儲けに熱中できた。

週に三度、虎ノ門の軍需省に車を乗りつけ、軍人との深いコネをつくった。

当時、小佐野と親しかった仲間によると、小佐野は、トラックいっぱいにネジなどの自動車部品を積んで納めていた。その商法たるや、あくどいものであったという。

小佐野は、陸軍省内部の人物に賄賂を贈り、親密な仲になった。そうすることにより、トラックで一回陸軍省に品物を納めると、三回も納めたように判をもらい、請求書を出した。

故郷では、父親の伊作が、近所の者に自慢そうに吹聴していた。

「賢治は、陸軍の大佐だか中佐だかと親しくなって、その人たちに家まで建ててやったずら」

小佐野は、終戦の数ヵ月前、山崎証券の山崎種二《やまざきたねじ》の所有していた「国際自動車」の株をすべて引き受け、乗り込んだ。

小佐野にとってさらに幸運だったことは、戦時下、議会が軍需注文に関する前渡金制度を決めたことだ。政府は、軍需会社に発注と同時に、発注額の四分の三まで前渡しをしてもよい、という制度である。

この頃は、臨時軍事費いわゆる「臨軍」と呼ばれた軍票等も関わる「別建て軍事予算」があった。陸・海軍を合わせて多い年には、一般国家予算中の軍事費に匹敵するほどであった。しかも、使途をいっさい公表しなくてもいいのである。中佐クラスの切る伝票で、いくらでも支出できた。

小佐野の父親の伊作が、「賢治は、陸軍の大佐だか中佐だかと親しくなって、その人たちの家まで建ててやったずら」と吹聴《ふいちょう》していたことが、あらためて意味を持ってくる。

小佐野は、臨軍で前渡ししてもらった百円札を、リュックサックにぎっしり詰めこみ、大阪に出かけた。

当時、自動車部品の製造は、大阪が中心であった。小佐野は、製造工場から買い集めた大阪市内の問屋に出かけ、百円札にものいわせて、買い叩いた。

小佐野は、戦後の二十三年九月、米軍に偽証罪とガソリンの不正使用で、重労働一年、罰金七万四千二百五十円の判決を受ける。そのときのGHQ（連合国軍最高司令官総司令部）の秘密文書が、昭和六十三年八月に明るみに出された。その文書の中で、小佐野は、自動車部品の買いつけに関し、こう答えている。

「わたしは、約十二円で仕入れた商品を、小売価格二十五円で売ります。大阪に行って納品のときに現金で支払えば、二十五円で売れる品物を十二円で買うことができました。わたしは三万個、四万個単位で買います。たとえば、わたしはベアリングを八円五十銭で買い、十四円五十銭で売ります。わたしはそのベアリングを一万個単位で買います。わたしは大きな商売をしておりました。しかし、多くの人は誤解してわたしが暴利をむさぼったと考えています。そのようにして大規模に買い付けることによって、わたしはお金をつくりました。一ヵ月数百万円にのぼる売上高の事業をおこない、約五〇パーセントの利益をあげていました」

つまり、この頃一ヵ月二百万円近く儲けたというのだ。海の向こうでは、同胞が次々に戦い死んでいた。このとき、小佐野は、濡れ手に粟の儲けをしていた。笑いが止まらなかったろう。

小佐野は、それらの部品を軍に売るだけでなく、満州にも流していた。

中国匪賊「紅槍会」と提携する児玉誉士夫の画策

ある日、児玉誉士夫は直属の航空本部から指令を受けた。

「雲母《マイカ》を、即刻、海軍の徴用機に積めるだけ積んで、長崎県大村の海軍工廠《こうしょう》に運べ」

雲母は、電気絶縁体として、航空機に不可欠の重要物資であった。折悪しく、この日はすさまじい風雨であった。平常ならどんな優秀機でも、絶対に飛べる天候ではなかった。

だが、緊迫した事態は、一刻の猶予も許さない。そこで、命令どおり、積めるだけ積み、輸送員は責任の重大性から、児玉機関の幹部をあてることとした。岡村吾一《おかむらごいち》と、藤吉男の両者が乗りこんだ。

岡村は、明治四十年（一九〇七年）六月十一日、東京に生まれた。昭和二年、任侠系の鉄血社に加盟。六年には大化会に入会。藤吉男は、明治三十九年三月十一日、福岡県に生まれた。昭和六年、笹川良一らと国粋大衆党を創立。十六年、児玉らと八月会を結成。十七年には児玉といっしょに中国に渡り、児玉機関を中心に活躍していた。

軍用飛行場の滑走路は、顔も向けられないほどの、すさまじい雨風が吹きまくり、上空はまるで夜のように真っ暗だった。しかも、積み荷は制限重量をはるかにオーバーし、機体はなかなか地上を離れることができない。それでも、ようやく本滑走路ぎりぎりの線で離陸し、雨雲厚く立ちこめる空のかなたに姿を没した。

ところが、その後、いくら待っても到着の連絡がない。児玉は、さすがに不安になった。

〈このぶんでは、あるいは途中で墜ちたのではなかろうか……〉

大連からの無電で、「天候ますます険悪のため、同地に不時着した」との通報があった。

これはほんの一つの例で、海上輸送が困難となってからは、あえて危険を冒してまで、空からの輸送を何十回となく繰り返すほかなかった。

当時、中国には「紅槍会《こうそう》」という有名な匪賊《ひぞく》の大集団があった。彼らは、表面的には一種の宗教的集団とみなされたが、事実は、かなりの武器を装備していた。戦闘力にも長じていた。鉄道線路を破壊したり、軍需品の貨物車を襲ったりすることにかけては、中国軍の、平服で敵地に潜入し襲撃するいわゆる「便衣《べんい》隊」よりも、より激しかった。

彼らと日本軍は、各所でたびたび戦ってきた。彼らが、奇妙なおまじないのような紙の札を呑み、青竜刀を振りかざし、紅い布切れのついた槍をしごいて突撃してくるときは、神がかりじみた、壮絶な気魄《きはく》に満ちあふれていた。機関銃でどんなに撃ちまくっても、少しもひるむことがない。もちろん、児玉機関の輸送隊も、これにはしばしば被害を受け、悩みの種となっていた。

ところが、あるとき、前線で児玉機関員が、数名の紅槍会匪をたまたま捕えた。憲兵隊に引き渡せば、その場で処刑される。が、児玉は考えた。

〈どうかして、彼らを、役立てたい〉

児玉は、頭目に対する児玉の書状を彼らに持たせて、ひそかに逃がしてやった。

これが一つのきっかけとなって、彼らは、それからまもなく、「条件いかんで帰順してもいい」と条件を提示してきた。

「食塩、綿布その他の生活物資と交換に、われわれの所有する銅幣《どうへい》を、あなたたちに差し出す。それに付随して今後鉄路の破壊など、妨害行為はいっさいやらぬ」

このような取り決めは、もちろん児玉の独断ではいかない。さっそく現地の海軍首脳部、陸軍側幹部と打ち合わせた。猛烈な反対論が出た。

「そういうことをすると、大切な物資が、彼らの手から、国民政府軍に渡ってしまわないか」

考えてみるまでもなく、もっともな説であった。しかし、児玉は、強く主張した。

「今旧の段階にあって、よしんばその物資が敵側に回っていったとしても、大局を左右するものではない。このくらいのものをやったとて、勝つ戦いなら敗《ま》けもすまい。敗けるべき戦いなら、何をしても勝てもしまい」

児玉は、最後まで自説を曲げなかった。

「もしまた、軍の首脳部がおそれるようなことが生じたと仮定しても、鉄路の安全を確保できたなら、それだけでけっこうではないか」

結局は、やってよろしいということに決まった。あらかじめ先方と連絡をつけておき、徐州で紅槍会の帰順式をおこなう段どりとなった。

昭和十九年四月の初め、児玉は拳銃すら持たず、軍刀一振りの軽装で、吉田彦太郎と二人だけで、めざす徐州に乗りこんだ。ここはかつて、日中両軍が運命を懸け、死力を尽くして戦った大会戦の場である。このときは、すでに日本軍の手にあった。

児玉と吉田が約束の徐州公園へおもむいたときは、二万に近い紅槍会の大集団が、勢ぞろいして、静かに待機していた。各自の武器と兵器はまちまちだが、整然と立ち並ぶ雄姿は、さすが百戦錬磨の強者だけあると感じた。

児玉は、統率の頭目や副頭目といっしょに、その会場にしつらえてある高台に登った。

彼らとの盟約について語りあった。つづいて頭目が台上に立って、今回の趣旨を述べた。それが終わると、彼らはいっせいに歓声を放った。紅槍を空に向かって上げ、青竜刀をも高くかざした。頭目の意に応えたわけである。

この式場で児玉らは、かねて準備していた食糧や綿布などの品々を、引き出物として、大量に彼らへ提供した。頭目もまたこれに対し、彼らが遠くから曳《ひ》いてきた二門の大砲を、盟約の記念に寄こした。かなり旧式のものであったが、その真心と好意に、児玉は、なにかしら眼頭の熱くなるのをおぼえた。児玉の、生命を賭けた大博打はみごとに成功したのである。

その後の紅槍会は、児玉機関との誓約にしたがった。児玉機関の使命とする物資資材の収集について、少しも骨惜しみすることなく、全面的に協力してくれた。当時、なかなか見当たらなかった銅幣にしても、いったいどこからこれほど集めてくるのか、と思えるくらい大量のものを、児玉機関に提供して寄こした。

両者の緊密な提携関係は、終戦の日まで円滑につづけられた。

児玉の〝任侠の世界〟との接触と大西瀧治郎中将との最後

大西瀧治郎

それからまもなく、児玉機関の生みの親ともいうべき山縣中将が、航空本部長の要職から、南方のアンボン島方面の司令官として転出することに決まった。後任には、海軍航空の権威であり推進論者として名のある大西瀧治郎《おおにしたきじろう》中将が就任した。

児玉には、大西中将は、その風貌《ふうぼう》も、そして人格も、明治維新の元勲西郷隆盛と、非常に似かよった点があるように思われた。本部長の椅子につく以前から、児玉をよく理解してくれ、児玉機関の育成に関しては、山縣中将とともに、たいそう力になってくれてもいた。

また、大西中将はかねがね、海軍部内の主流をなす大艦巨砲主義の人々と、真っ向から対立していた。「航空戦力をもってする以外に、戦いの勝算はない」という持論にしたがって、日本の航空戦力の改革充実に、全力をそそいでいた。したがって、当時、海軍航空の必需資材の大半をまかなっていた児玉機関に対しては、格別深い関心と信頼を寄せ、全面的に支持し活用していた。

だが、大西中将が着任の頃は、資材の海上輸送はすでに至難となっていた。タングステンやその他の鋼材にしても、貧弱な国内資源を開発することにより、わずかでも補給しなければならない窮境に立っていた。

まもなく児玉機関は、航空本部の命令で、国内にある二、三のタングステン鉱山を開発することになり、それに従事した。

大西は、第一航空艦隊司令長官として、昭和十九年十月、フィリピン沖海戦で初めて特攻攻撃を指揮した。

が、フィリピンの大半を攻略した米軍は、昭和二十年四月一日、さらに勢いを得て、沖縄本島にも上陸した。

この頃、日本本土では、敵を水際まで引きつけて、最後の決戦をおこなおうと、国民の戦意昂揚につとめた。が、すでに南方と中国沿岸、中国と日本との海上輸送は絶望視され、戦況はいよいよ末期的症状を呈していた。国内のあらゆる軍需資材は枯渇したため、国土に埋蔵する鉱物資源を開発するしかなかった。どんな貧鉱でも、これを採掘して資材化することが、政府、軍部の方針となった。

昭和二十年四月十九日に軍令部次長に親補されていた大西から命令を受けた児玉は、東京へ帰った。児玉は、大西に命じられた。

「電気銅の不足で、魚雷をつくることができない。緊急に都内の焼け跡から、電線などの銅製品を回収してもらいたい」

児玉は考えた。

働ける人間は軍務につくとか、各工場に徴用されて、残る者は老人や子供や、婦人ばかりだった。

〈このような非常の場合、残された唯一の手段と方法は、意地と義と、そして男一匹を看板とする〝任俠の世界〟の人々の協力を得るだけだ〉

関東屈指の顔役である関根《せきね》組の関根賢《まさる》組長を訪ねた。事情を話し、懇願した。

関根組長は、二つ返事で引き受けた。

「お国の役に立つことなら、おやすい御用です」

関根組長は、さっそく、何百人もの手勢を動員し、国のため海軍のために協力してくれた。児玉は、心から感じ入った。

〈さすがに関根組長は、大親分だ〉

大西の夫人は空襲で家を焼かれ、児玉邸に住んでいた。一方、大西は軍令部次長の官舎に住んで別居していた。

児玉機関の副機関長の吉田彦太郎が、大西の身を案じて申し入れた。

「週に一度は、奥さんの家庭料理を食べてはどうですか」

大西は言下に断った。

「きみ、家庭料理どころか、特攻隊員は家庭生活も知らないで死んでいったんだよ。六百十四人もだ」

大西は、はっきりと言った。

「六百十四人だ。おれと握手していったのが六百十四人いるんだ」

それから眼にいっぱいの涙をためた。

昭和二十年八月十日、降伏を決定した御前会議がおこなわれた。その当日の夕刻、突然、大西が、東京の「児玉機関」本部のあるビルに立ち寄った。大西は、静かな口調で言った。

「長いあいだ、まことにご苦労であった。しかし事態は、もうどうにもならない。本日、御前会議で、陛下にも、米内《よない》（光政《みつまさ》）海軍大臣にも、いま一度、ぜひ、やらせていただくようお願いしたが、駄目であった。ことに陛下には、たいそうご心配をおかけして、申し訳ないということを、お詫び申し上げた。これはみな、われわれの責任である。だが、もう一度だけ、終戦についてお考えなおしいただきたいと、願ってみた。しかし陛下は、お聞きにならなかった。これはじつに、自分らがいたらなかったためで、なんともあいすまぬことである」

低い声で、こう語る大西の顔は、涙に濡れていた。児玉をはじめ、席にいた機関の幹部たちも、ひたすら粛然として、うなだれるほかはなかったという。

大西は、児玉の贈った軍刀二振りと洗面道具を抱えて出ていった。

　児玉は思った。

〈死ぬ気だな……〉

　昭和二十年八月十六日の早朝のことだった。大西瀧治郎中将の車の運転手が、児玉の家に、血相を変えて飛び込んできた。

　にわかに不吉なものを感じた児玉は、声をかけた。

「どうした、何かあったのか？」

「閣下が、あのッ」

　運転手の唇が、土気色になり、わなわなと震えている。児玉は、一瞬、大西の自決をさとった。

「閣下は、やっぱり、自決されたのか」

　児玉は、念を押すように言った。

　大西は、割腹したあと、「児玉を呼んでこい」と言ったとのことだった。

　息はまだ、絶えていないという。

　児玉は、すぐ大西のいる海軍軍令部次長の官舎に車を飛ばした。

　児玉の贈った軍刀の切っ先は、大西の心臓部を刺し、さらに喉もとをもえぐり、作法どおり腹を十文字に搔《か》き切っていた。

　駆けつけた軍医は、児玉を別間に呼んで告げた。

「この傷では、どうにも処置ありません。だが、非常に心臓がお強いから、あと二時間ぐらいはもつでしょう。これだけ切られて、まったく奇跡です」

　児玉はもとの座に戻った。大西は、児玉が来たことに気づいたと見え、わずかに瞼《まぶた》を開いた。

　大西は、しっかりした口調で言った。

「きさまがくれた刀が切れぬものだから、また、きさまと会えた。きさまに特別頼みたいことがある。厚木の海軍を抑えてくれ。小園安名《こぞのやすな》大佐に軽挙妄動をつつしめと、大西がそう言っていたと伝えてくれ」

海軍第三〇二航空隊司令の小園大佐は、玉音放送後も配下の厚木航空隊に徹底抗戦を命じた。厚木基地は数日間、反乱状態となり、小園大佐は軍法会議にかけられる。敗戦時に起こった「厚木事件」である。

児玉は、大西の耳もとで、低くささやいた。

「閣下、わたくしもお供します」

「馬鹿な。何をいう。若い者は、ここで死んではならん。これからの日本は、いよいよつらい立場に置かれて、みんなが、苦しくなるばかりだ。ここ十年、十五年のあいだは、日本はおそらく、奴隷化されるにちがいあるまい。しかし、その苦しみに耐え、生き抜いてこそ、明るさと希望が持てよう」

その声音は、肺腑《はいふ》をしぼるようで、一言いっては、大きく息を吐いた。

「じつは、きみにはもう、会えないと思って、ここに遺言を書いておいた。あとで、よく読んでくれ」

大西の額には、脂汗がべっとりとにじみ出て、日焦《ひや》けしたたくましい面上にも、死の影がありありと浮かんで見えた。

突然、かすかに唇を動かして、「そこに、句をつくっておいたよ」と、微笑んだ。

見ると、机上に一葉の便箋《びんせん》が置かれ、書かれていた。

「すがすがし嵐のあとの月清し」

大西夫人は、その頃児玉邸を出、群馬県の沼田へ疎開していた。児玉は夫人を、疎開先へ迎えにいくことを決めた。大西の耳もとで、訊いた。

「閣下、もしできれば、奥さんをお迎えしてきたいのですが、会ってあげて、いただけますか？」

「馬鹿いうな！　軍人が腹を切って、女房が駆けつけるまで、我慢して生きている奴がどこにいる」

大西は、かすかに言い、児玉にはちょっと苦笑したように見えた。

が、児玉は、夫人を連れにいった。

大西のもとに戻ってきたときには、夜になっていた。時すでに遅く、この日の夕暮れ頃、とうとう息を引き取っていた。

あとで聞くと、臨終に際し、からくも床上に起き上がって、空の一角を睨《にら》むがごとく、「何くそッ！」と、絶叫したという。その死は、いかにも武人にふさわしい立派さで、みごとな最期であった。

田中角栄・坂本はなの結婚と朝鮮進出

田中角栄は、宮城野原分院を退院すると、出征前に仕事を手伝ってもらっていた中西正光を訪ねた。

大正元年（一九一二年）生まれで田中より六歳年長の中西は、田中が満州に渡っているあいだ、警視庁の衛生技師をやめ、建築の請負をやりながら、早稲田大学の専門部へ通っていた。

中西は、中島飛行機や横河電機、さらに早稲田大学の仕事を請け負っていた。その仕事の一部を、田中にまわしてくれた。

そのうち、中西の懇意にしていた早稲田大学建築科の加藤清作教授から、中西に話があった。

「飯田橋の坂本組の事務所があいている。経営者の坂本木平さんが今年の春亡くなり、女所帯だから、家賃はどうとでも折りあいがつく。ぜひ使ってくれ、と言ってきている」

中西は、田中に、その事務所を譲ることにした。

中西は、田中を連れて、中央線飯田橋駅近くの飯田町二丁目の坂本家に出かけた。

応対に出たのは、六十歳近い、坂本木平未亡人と、娘のはなであった。田中にとっては、はなとの出会いは、運命の出会いであった。

はなは、美人というほどではなかったが、愛嬌のある、やさしさに満ちた女性であった。

はなは無口であったが、よく気もつき、田中にやさしくしてくれた。

そのうち、はなが十年前に一度、婿をもらったこともわかってきた。その人とのあいだに子供が一人いたが離婚し、いまだ一人だという。

はなは、田中より八歳年上で、当時三十一歳であった。

〈はなさんなら、おれがもらってもいい〉

田中には、いま一つ、はなといっしょになる得もあった。

前年の昭和十六年十二月八日、太平洋戦争が勃発した。企業整備令や資金調整法が施行され、中小会社は事業運営が困難になっていた。それに見合わない中小会社は、経営をつづけるわけにはいかなかった。

田中が土建業を営むには、法人を組織し一年間に五十万円以上の工事を請け負った実績が、三年間にわたって必要である。その実績により、資本金も決定された。

もちろん、田中にはその実績はない。田中は、それなりの計算もした。

〈坂本組は、内務省出入りの古い経歴をもった土木建築業者だ。この閉鎖されている坂本組を受け継ぎ、新しい会社を起こそう〉

坂本家の親戚の者から、二人の結婚に反対の声もあがった。しかし、二人の気持ちは強く固まっていた。

昭和十七年三月三日、桃の節句の日、田中角栄と坂本はなは、華燭《かしょく》の典をあげた。

その夜、いつもは無口なはなが、田中に三つの誓いをさせた。

「けっして、出ていけ、と言わないでください」

「わたしを、足げにしないでください」

「将来、あなたが二重橋を渡る日があったら、わたしを、かならず同伴してください」

はなは、そう言うと、田中の眼をまっすぐに見て誓った。

「その三つを守ってくださるなら、それ以外のことについては、どんなつらいことにも、耐えてついていきます」

田中はその三つを誓う約束をした。

田中は、結婚を機に、飯田橋九番地の、日本医大病院の真向かいにあった池田という材木屋の店と倉庫を買いとった。間口二十間で、電車通りに面していた。それまでの事務所から、そこに事務所を移した。

翌十八年十二月、坂本組の業務を引き継ぎ、田中土建工業を起こした。

中西も、田中と競うかのように中西建設工業を起こした。田中土建工業は、資本金十四万円、中西建設は、資本金十五万円であった。田中は、社の力以上の仕事をとった。

従業員に、発破をかけた。

「十日かかるものは、五日でやれ！　たくさん稼げば、給料も、二倍、三倍と払う！」

従業員に発破をかけるだけでなく、自分が率先して働いた。

〈おれのように若い社長がふんぞりかえっていては、従業員がついてくるわけがない〉

田中土建工業は、年間施工実績で、全国で五十位にランクされるまでにのしあがった。

田中角栄は、昭和二十年二月、会社の幹部六名を引き連れ、朝鮮の大田市《テジョン》に出かけた。

戦火が激しくなったため、陸軍航空本部の命令で、理研工業の東京王子神谷町にあったピストンリングの工場設備を、大田市に移設する全工事を請け負ったのであった。

機械だけでも五百台はあった。彼の受け持った工事費総額だけでも、二千四百万円の大工事であった。現在の金に換算すると、百五十億円は超える。それでも、大手の会社をふくめ、引き受け手がなかった。鉄道が寸断されていて使えないことなどの事情もあった。その当時、東海道線は寸断されて使えなかった。

田中は、上越線を使って機器を新潟へ送り、そこから船を利用して大田市に送ろうと企てた。問題は、その船の調達である。田中は、新潟港に停泊中の駆逐艦の艦長を酒で懐柔し、駆逐艦を大田市近くまで走らせた。

この工事所要人夫の延べ人員は、三十七万五千人にも達した。その金は軍の命令で、日本興業銀行の窓口から支払われた。

田中は、突貫工事のための木材集めに、現金を懐に、単身で朝鮮の新義州《しんぎしゅう》からトラックで水豊《すいほう》ダムまで、さらに水の上を碧撞《へきどう》まで駆けまわった。

昭和十七年の十一月に、長男の正法《まさのり》が、十九年の一月には、長女の眞紀子《まきこ》が生まれていた。田中は、仕事にいっそう情熱をそそいでいた。

田中は、ソウルでソ連軍の満州、朝鮮への侵入を知らされた。

そして、八月十五日、日本の敗戦を知った。田中は、二十年の十一月までに完成予定であった工事を即座に中断した。釜山《プサン》で海防艦を五万円で買い、工場長以下赤子まで一人残らず、東京へ送り届けた。

田中も五日後の八月二十日には、釜山から引き揚げた。青森に上陸、二十五日には東京に着いた。

第2章　底知れぬ欲望

小佐野賢治と五島慶太との出会いにはじまる国際興業の発展

小佐野賢治が、彼の運命を変えることになる東急グループ総帥の五島慶太《ごとうけいた》に会えたのは、田邊七六《たなべしちろく》代議士によってであった。

田邊代議士は、五島慶太から愚痴を聞いていた。

「組合が、越年資金をよこせ、とストライキをやって騒いで困っている。しかし、おいそれ金を出せ、と言われても、すぐにそれだけの資金を集めるわけにはいかんのだよ」

東急グループ傘下の東京急行は、昭和二十年（一九四五年）十二月十日、従業員組合を結成した。そこで歳末生活資金の要求が突きつけられた。現金で五百万円が必要であった。当時の五百万円は、現在の金額にして、約三十一億円である。

会社の幹部は、労組員に怒鳴りまくられていた。

五島は、組合対策資金を捻り出すための具体案を打ち明けた。

「ついては、強羅《ごうら》ホテルを売りたい。あんたの知っている人で、誰か買ってくれそうな人を世話してくれんかね」

田邊代議士は、すぐに小佐野のことが脳裡に浮かんだ。小佐野は、これまでことあるごとに田邊に言っていた。

「わたしは、いくらか金を儲けて持っている。その金をなにに使ったら一番効果的か、使い途《みち》を探しているんです。先生、ぜひご意見を聞かせてください」

田邊代議士は、さっそく小佐野に話を持ちかけた。

「小佐野さん、あんた強羅ホテルを買うか」

「ぜひ、買わせてください」

強羅ホテルは、昭和十三年に、箱根の強羅にオープンした。が、太平洋戦争下では、外交官の滞在所、とくに敵対するソビエトの臨時大使館として使用され、一般営業はできなかった。

五島は、粗末な背広で世田谷区上野毛《かみのげ》の五島邸にやってきたあまりにも若い小佐野に半信半疑でたずね

「きみが、強羅ホテルを買うのか」
「はい、売ってください」
「五百万円以下では売らないよ。ただし、現金でだ」
「結構です」
「金は、急ぐんだ。明日までに、用意できるか」
「用意してみせます」

小佐野は、大見得を切ったとおりに、翌日、五島の眼の前に、トランクから取り出した札束を積みあげて見せた。そのときの小佐野のセリフが、ふるっている。

「わたしのような若造が、大それたことを、とお叱りを受けるかもしれませんが、天下の五島さんが強羅ホテルを手放される、ということは、よほど金が大変だったのでしょう。ついては、五百五十万円で買わせてください。わたしのご挨拶の手みやげ代わりです」

ふつうの若者なら、いくら相手が天下の五島といえども、足元を見て値切る。小佐野は、それを相手のいい値の五百万円に、さらに一割の五十万円を上乗せし、五百五十万円を出したのである。

小佐野は、ここぞ、と思うときには金を惜しまず注ぎこむ。そのあたりの

田邊七六

読みは、ひときわすぐれている。

昭和二十年十二月二十五日、強羅ホテルの売買契約の調印がすまされた。

なお、小佐野は、この強羅ホテルを、すかさず米軍に提供した。

「強羅ホテルは、最初からわたしの財産だったものではないので、ＧＨＱ（連合国軍最高司令官総司令部）に無料で提供しましょう」

小佐野は、たっぷりと媚《こび》を売った。

「ここで、アメリカ兵さんたちには、十分休息してもらって、よりよい日本国づくりに専念してもらいたい」

戦争中は、さんざん日本軍でうまい汁を吸っておいて、アメリカ軍の天下になれば、百八十度態度を変える。利のあるほうにつく、という政商ぶりをいかんなく発揮した。

年の明けた昭和二十一年の春、五島は、小佐野を連れて世田谷区上野毛の自宅を出、近所を散歩していた。

散歩の途中、上野毛三丁目九番地にある邸宅の前に立ち止まった。

五島は、小佐野に言った。

「小佐野君、きみ、この土地は五千坪近くある。買ったらどうだ。百万円で、どうかね」

小佐野は、強羅ホテルを五百五十万円で買ったほか、郷土の大先輩である東武鉄道の根津嘉一郎《ねづかいちろう》会長から熱海ホテルを三百万円で買収、さらに精養軒から山中湖ホテルを八十万円で買収していた。

小佐野は聞いた。

「ここ、五島さんの家ですか」

「いや、小林中《こばやしあたる》君の家だ」

小林中は、小佐野とおなじ山梨県の出身者で、昭和二十一年三月から、公職追放された五島に代わって東京急行電鉄の社長をつとめていた。

小佐野は、思わず言った。

「いくら五島さんでも、まさか人の家を売るわけにはいかんでしょう」

「いや、任されているからいいんだ」

「でも、高いなあ。それに、ぼくは、土地にはそれほど興味はないですから……」

が、土地の買い占めでならした五島は、土地の重要性を強調した。

「いや、きみは、必ず、将来ぼくに感謝することになるよ。悪いことはいわないから、買っときなさい。富士山が眺められて、多摩川を見晴らせる高台なんて、こんないい土地はめったにあるもんじゃないよ」

小佐野は、五島の熱心なすすめに折れた。

「じゃあ、まけてください」

「よし、九十万円にしとこう」

この四千九百五十六坪の土地に、小佐野は昭和四十九年、七億円もかけ、いわゆる「小佐野御殿」を建てる。

五島は、伝記執筆のために当時しばしば訪ねてきていた経済評論家の三鬼《みき》陽之《ようの》助《すけ》に、小佐野について感嘆した。

「大正六年（一九一七年）生まれというから、おれのせがれの昇より一つ若い。山梨の子だくさんの百姓の長男だというが、打てば響くといったとにかく珍しい男だ。学問はないが、妙に折り目が正しい。自分の思ったことは、是が非でも通すという面が強いが、いつも筋が通っている。太閤秀吉、いや

五島慶太

木下藤吉郎の生まれ変わってきたような男だな」

小佐野に五島を紹介した田邊代議士は、その後、自分のほうから、小佐野のところにしょっちゅう出向くようになる。小佐野が、必ずや大物になると見越し、暇《ひま》さえあれば、若い小佐野を教えた。

小佐野は、のち、おりに触れ語った。

「国際興業が大きくなるときに世話になった恩人は、三人いる。田邊七六、五島慶太、弁護士の正木亮《まさきあきら》の三人です。そのなかで一人に絞れ、と言われれば、田邊先生です。五島慶太に会えたのも、田邊先生がいたからこそです」

五島は、小佐野に対して、事業面でも多大な便宜をはかった。

五島は、小佐野を呼んでいった。

「これから、バス事業は伸びていくと思う。ひとつ、おれのやっている潰れかかった小さなバス会社があるから、やってみないか。やる気があるなら、譲ってあげるよ」

「ぜひ、やらせていただきます」

「よし、一日一万五千円の売り上げだが、八百万円にまけてやる」

五島の譲ってくれたバス会社は、「東都乗合自動車」であった。潰れかかってはいても、バス路線の認可を持っていた。赤羽－志村－鳩ケ谷に路線があった。ただし、木炭バスがわずか二十三台しかなかった。

東都乗合自動車は、昭和二十一年十一月から小佐野の手に移った。

この東都乗合自動車が、国際興業のバス事業としての出発となったわけである。

小佐野は、バスをつかって、米軍にも食いこんだ。

当時、米軍は、米兵が休日にキャンプから出て街をほっつき歩いて遊んで風紀が乱れることを心配していた。しかも、日本人にいつ襲われるかもしれない。

そこで、米兵たちに、どのホテルに行きたいかの希望をつのり、ホテルで遊ばせた。

米兵をキャンプからホテルまで運ぶバスを、小佐野が出した。

当時は、小佐野の所有している熱海ホテルのように日本中のホテルが米軍に接収されていた。

国際興業の米兵を運ぶためのバスは、初めのうちは十台であった。

それらのホテルを基地に、米兵を乗せ、今日は箱根、明日は鎌倉、と案内した。

そのバスは、戦時中の軍のトラックのシャーシーでつくった。ボディーは、ベニヤ板でつくった。部品は、小佐野の専門だから、全国から掻《か》き集めた。

ベニヤのバスだから、雨が降るとふくれた。窓ガラスも、自動車用でなく、一般の建物に使うものを使った。

栃木の小山にあった米軍キャンプ「バリュー」、埼玉県熊谷にあった「ウェリントン」が中心になった。

東久邇総理・マッカーサー元帥会談の仲介に動いた児玉の策謀

敗戦後初代の総理である東久邇稔彦《ひがしくになるひこ》は、「皇族総理」であった。東久邇総理は、昭和二十年九月五日、児玉誉士夫を、作家の大佛次郎《おさらぎじろう》、キリスト教社会運動家の賀川豊彦《かがわとよひこ》らと内閣参与事務嘱託に任命した。

八月三十日午後二時五分、連合国最高司令官のダグラス・マッカーサー元帥が、神奈川県の厚木飛行場に降り立った。

東久邇総理は、マッカーサー元帥が厚木飛行場に到着したとき、出迎えようと考えていた。しかし、マッカーサー元帥は、日本人の出迎えを断ってきた。ここで、やむなく中止になった。

児玉は、『悪政・銃声・乱世』に書いている。

《そのころのマ元帥は、横浜のホテル・ニューグランドにいて、まだ皇居お濠端の第一生命館には入っていなかった。そんなせいもあってか、せっかく混乱処理の大役をおびた内閣ができていても、首班の宮さまは、まだ一度も、同元帥とは会見の機会をもたなかった。この緊急しかも重大時にあたり、連合国軍の総司令官との連絡が、終戦連絡事務局という機関を通じて交渉しているようなことでは、先方の意思を十分知ることもできないし、またこちらの考えをそのまま伝えることも不十分で、隔靴掻痒の感をまぬかれない》

これはまずい、こんなことではいかぬ、と、児玉はおなじ参与であった太田《おおた》照彦《てるひこ》たちと相談して、総理とマッカーサー元帥を、一日も早く会わせることを考えた。このとき、児玉の肚《はら》では、こう判断した。

〈思いきってこの際、ひと芝居打ってやれ！　両者を会わせてしまえば、そこにはきっと、何かしら意思疎通のきっかけが生まれるにちがいない〉

そこで、児玉は一計を案じた。まず、東久邇総理に進言した。

「ある筋からの話だと、マッカーサー元帥は、総理にぜひとも早く会いたがっていられるとのことです」

いっぽう、太田も、いろいろ画策して、マッカーサー元帥側にうながした。

「東久邇総理が、元帥に至急会いたがっています」

計略が図にあたったのか、マッカーサー元帥は、「すぐにでも会おう」となった。

児玉らは、しめたッ、と思って、かさねて総理に告げた。

「マッカーサー元帥は、明日の午後、総司令部でお待ちしているそうです」

東久邇総理も、それなら、と、当日はいっさいの報道関係には内密にして、横浜へ車を飛ばした。

すると、副総理格の近衛文麿が、「正式の申し入れをしていないにかかわらず、無断で押しかけていくのは、軽率至極である」と、総理の車を、神奈川県庁のそばまで追いかけてきた。わざわざあとを追って、引き留めにかかったわけである。しかし総理は、心配無用！　と、これを振りきってマッカーサー元帥と会見した。

「案ずるより産むがやすし」のとおりであった。会見の結果は意外によく、ここに初めて、日本政府責任者と、総司令官マッカーサー元帥との連絡がじかにつき、双方の意思が通じるパイプができあがったのである。

児玉は書いている。

《こういうイチかバチかの非常手段は、戦場における駆け引きとおなじで、ふつう政治家とか官僚人の常識論では通用しそうもないことだし、コチコチの頭では、おそらく考えられもしないとおもう。だから、非常のばあいには、やはり、非常に対応するだけの当意即妙的なやり方が必要で、学問と知識にのみ依存したのでは、クソの役にも立たんことは事実である》

児玉が鳩山一郎に接近、出資した理由とは

日本は、ポツダム宣言を受諾し、事実上、無条件降伏した。とはいえ、もっとも肝心な「天皇制」の問題については、ポツダム宣言にしめす内容事項を、一方的な甘い考えで有利に解釈しているにとどまっている。今後はたしてそれが、どうあらわれるかは、すべて占領軍の最高司令官たる、マッカーサー元帥の〝胸三寸〟にあった。

児玉は、東久邇総理に、大胆率直にも天皇退位を進言している。

「占領軍に少しでも〝天皇を有名無実な存在〟とするか、あるいは〝天皇制そのものを廃止〟する気配が見てとれたなら、正式の指令がある前に、陛下には、一歩先んじて皇太子に譲位され、ご退位という処断をおとりいただく。それが、天皇制を守りぬく、最善とまではいかなくとも、一つの方法ではないでしょうか」

だが、東久邇内閣は、昭和二十年十月五日、総辞職した。わずか五十日の短命内閣であった。

さて、児玉機関の残された資産はどうなったのであろうか。児玉は敗戦後の十月、児玉機関の全資産の目録をつくらせ、退任前の米内光政海相のところへ持参した。

米内大臣に、申し出た。

「これだけのモノが残っていますから、全部を海軍で収納していただくように」

「それを受け取る海軍は、もうこの日本にいなくなった。むしろこの際、多数のきみの旧部下が路頭に迷わぬよう、生活の面倒をみてやってほしい。もしも残る幾分かがあれば、何か国のためになることに使ってもらいたい」

それから数日後、辻嘉六《つじかろく》が、児玉を訪ねてきた。辻は、日満実業（のち日本化学産業）を創立。また、児玉源太郎《こだまげんたろう》、原敬《はらたかし》らの知遇を得、政友会系の大物政治家と密接な関係を持ちつづけていた。

児玉に辻を引き合わせたのは、大化会会長の岩田富美夫《いわたふみお》であった。昭和十九年、何かのことで児玉と辻を引き合わせ、児玉にいった。

「辻嘉六という人は、なかなかの傑物だ。きみも、そのことをよくふくんでおいてほしい」

児玉は、その後何度か、辻に資金的な援助をしていた。

辻は、話を切り出した。

「わしが聞くところによると、きみは海軍大臣から、児玉機関の資産の全部を、〝何か国家のために使え〟と、もらい受けたそうではないか。ところで、ひとつ、おれの希望も、ぜひ聞いてはもらえんだろうか」

児玉は、肚の中で思った。

〈この老人はこれから何を言い出すのか知らんが、さすがに抜け目のない人物だ〉

辻は、さらにかさねて言った。

「きみはどう思っているか知らんが、政党の再建、そして政党の中心人物として、わしが一番に適当と思えるのは、やはり鳩山一郎《はとやまいちろう》だ。彼こそは、これからの政治の舞台で、主役を演じるにふさわしい、格好の人物であるような気がする」

鳩山は、昭和六年、犬養毅《いぬかいつよし》内閣の文相に就任。七年、斎藤実《さいとうまこと》内閣でも文相に。九年には、大蔵省疑獄事件に連座。政友会分裂の際には久原房之助《くはらふさのすけ》派の中核となった。

「鳩山は、戦時中もあれほど鼻息の荒かった軍隊にへつらわず、またむやみと与《くみ》することもしなかった。だから、当時は、彼に対する風当たりもきわめて強かったし、〝要注意〟のリストにも載っていたくらいである。それだけにまた、自由主義者としての鳩山は視野も広く、識見もなかなか豊かである。で、将来の、それも近い日に政局を担当する主役の人物は、まずこの男をおいて他にはない」

しかし、児玉の胸中には、それまでの腐敗し堕落しきった政党、財閥や権力と手をむすび、私服を肥やすことにのみ没頭した悪徳政治家たちに対する極度の不信と侮蔑の思いが、強く深く焼きつけられていた。そういうおのれの考えをひるがえし、ここで急に、辻老人の意見をそのまま額面どおり受け取り、要求を容《い》れる気持ちには容易になれなかった。

〈鳩山さんといえど、あの腐りきった既成政党の一員だったはずだ。それに保守勢力内の領袖《りょうしゅう》とまで言われた人物ではないか。いっぽう、立場を変えて鳩山さん側からわれわれを見たら、とくに自分などは、「憎むべき急進的な国家主義者」ぐらいにしか思えぬであろう〉

鳩山一郎

その頃、鳩山は、東京麻布にあるブリヂストン創業者の石橋正二郎《いしばししょうじろう》邸に住んでいた。

児玉は、辻の案内で石橋邸に鳩山を訪ねた。鳩山と辻との三人で会談に入った。鳩山の態度は、きわめて謙虚で、忌憚《きたん》のない正直な話しぶりだった。

「きみの好意は、本当にありがたい。しかしきみが、これだけのことをしてくれるについては、何か特別の条件があると思う。……だが、その条件によっては、ぼくとしてはきみの、せっかくの好意を受けられぬかもしれん。その点をひとつ、率直にいってもらいたい」

児玉は、即座に答えた。

「個人としての条件は、何一つありません。ただ一つ、いかなる圧迫があろうと、絶対天皇制を護持してください。それだけです」

鳩山の童顔からは、涙があふれ、そして強い語調で、「それは絶対、そうせねばならない」と言いきった。

「七千万で党をつくりなさい」

児玉は、その理由について、『悪政・銃声・乱世』に書いている。

《連合国は、ことにアメリカは、日本の天皇をどう考え、どう処遇し、今後いかなる扱いをするであろうか？　それらの点がいずれも明確性を欠き、まったく疑問にたえなかった。したがって、占領軍の立場が改められ、つぎの日本の政権を実質的に担当する者——すなわち、やがて出現する事実上の総理大臣が、この天皇問題をどう処理するかについて、じぶんはすくなからぬ不安を抱き、おおいに悩んでもいたわけである。

さきにも述べておいたが、天皇制を永遠のものとして護り抜くためじぶんは、なみだをのんで聖上のご退位ということを、東久邇宮に進言したほどであったのだ。しかしながら、ご退位ということは、あくまで天皇制を護持するための、ひとつの手段にすぎなくて、これを絶対不可分の問題であると考えるのは、思い違いもはなはだしいわけである。それゆえ、もちろんじぶんは、日本国土のあるかぎり、天皇制はどこまでも守護しつづけねばならぬと信じて疑わなかった》

児玉は、鳩山に、はたしていくらのカネを提供したのか。大森実の『戦後秘史1』の「大森実の直撃インタビュー」で、打ち明けている。

《児玉　当時のカネで、鳩山さんに出したカネが七千万です。
大森　七千万ですか、当時のカネで。そうしたら今だと何千億になりますな。
児玉　それはもちろんです。それとダイヤモンドですね。ダイヤモンド、プラチナ……。（中略）それで、私がシンガポールからもってきたやつ、三貫目から集めたやつですが、いまたぶん、日本銀行の地下室にあるんじゃないでしょうか。
大森　何カラットぐらいですか。
児玉　さあ、とにかくね、カマスに一つ半くらいあったでしょう。
大森　それは大きな話ですな。
児玉　全部こういう箱（ミカン箱ぐらい）に入ってましたけどね。それからプラチナ。（中略）
大森　この白金（プラチナ）は献納《けんのう》の白金ですか。
児玉　いや、全部買ったものです。
大森　どこで？　中国とか……
児玉　シナで、シンガポールも……
大森　これ、何トンぐらいですか。
児玉　これがね、たいへんなものだったわ。そうですね、あんな箱（みかん箱ぐらいのダンボール箱を指す）に二十くらいありましたからなあ。
大森　はあ、こんなたいした話はない。
児玉　いやいや、そうでもないですよ。二十なんてそんなものじゃなかったな。やはりこの部屋（十畳

くらいの部屋）に半分くらいはあったでしょうか。（中略）
私が（戦犯として）巣鴨へ行くとき、全部、辻嘉六に「ここへ置いとくから、これで党を作りなさい。それは長くかかるぞ。カネはこのとおり、みんな渡しておくから自由に」と。
大森　七千万円ですね。
児玉　合計七千万。それで私が……
大森　辻嘉六さんが預かったわけですね。それで鳩山（一郎、自由党主）さんに渡した。
児玉　鳩山さんの前で私はいったんです。「これだけ（七千万円）渡す。それからこれ（ダイヤ）も渡す」と。で、後日、巣鴨から帰ってしばらくしたら河野（一郎）さんが「おい、おれは選挙中、きみのダイヤモンドで往生したよ」と。
大森　はあ、河野一郎がね。
児玉「ダイヤモンドとプラチナを売って党のカネにしたいが売るところがない。それでおれは考えて、当時米をもってる米の配給、米を扱うやつが一番カネをもってると思ったからおれが売って歩いた」と》

児玉に出されたA級戦犯容疑の逮捕命令と巣鴨拘置所入り

昭和二十年十二月二日、突然、皇族の一員である梨本宮守正王《なしもとのみやもりまさおう》をはじめ、戦時中における各界の指導者たち五十九人に、A級戦犯容疑者としての逮捕命令が出された。さらに六日には、近衛文麿ほか九人が同様に追加指名となった。しかも、児玉を驚かせたのは、十二月一日付の指名のなかに、児玉の名があげられていたことであった。

児玉は、いよいよ巣鴨拘置所（巣鴨プリズン）に出頭するという前日の昭和二十一年一月二十四日、妻の安都子に言った。

「今度の裁判は、一種の政治裁判なのだから、彼らの意向次第で、われわれを殺そうと思えば、どうにでも理由がつくはずだ。もしそうと決まって、鶏でもひねるようにやられたら、死んでも浮かばれない。どうせ殺されるのなら、いっそ散り際よく、自分の手で生命を断ったほうがましだ。それにだいいち、これからの日本は、どうなっていくかもわからない。おそらく今後何年かは、日本中の男も女も、奴隷のようにみじめな境遇におかれ、白人によって完全支配されるだろう。そんな空気の中で生きながらえることよりは、むしろ、このへんでさっぱりと失礼したほうが、よさそうに思えてならない」

すると、安都子は、ひと膝すすめて、きっと児玉を視《み》たという。

「そのお気持ちは、よくわかるような気がいたします。そして、大西（瀧治郎）閣下も、あれほどご立派な亡くなり方をなさったのですから、あなたにしても、むざむざ敵の手で絞首刑にされるよりは、自決なさったほうが、かえってあなたらしくもあり、また男らしくてよいと思います。しかし、世間ではあなたのお気持ちどおり、受け取ってくれますでしょうか。もしかすると、戦犯で巣鴨に行くのが怖くて、そのためにとうとう死んでしまった――と、世間は案外そう思い、お笑い草にならないともかぎりません」

すべてを割りきり、悟りきっていたつもりの児玉であったが、妻の言葉を聞いているうち、何か別な、新しい壁に突きあたったような気がした。

安都子は、さらに言った。

「たとえ、あなたのおっしゃるように、縛り首になってぶら下げられようと、されまいにしても、それは実際にそういう羽目になってでないと、ここではなんともいえますまい。ですからまず、大手をふって堂々と巣鴨へ行かれて、裁判をお受けになってはいかがです。……もしもあなたが、いよいよ絞首刑と決まりましたら、わたしはすぐ面会に出むいて、金網越しに必ず、あなたの眉間《みけん》を、拳銃で立派に撃ってさし上げます。もちろんわたしも、その場で死にましょう。あなたが死なれるのは、そのときでもけっして、遅くはございますまい」

最後に妻からこう言われたとき、児玉は心から感心せざるをえなかった。

〈これは女房のほうが、おれよりも出来物だわい〉

その翌朝、「それでは万一のとき、よろしく頼む」と言って、実弾を詰めた拳銃を妻の安都子に手渡して、晴ればれした気持で巣鴨拘置所に入った。

昭和十七年四月の翼賛選挙で衆議院議員に当選していた笹川良一もA級戦犯となった。笹川は、終戦後、議員を辞職しようとした。が、議会事務局が受理しなかった。重光葵《しげみつまもる》外相の相談相手となり、敗戦のときの「玉音放送」の文案を添削した漢学者の安岡正篤《やすおかまさひろ》と連絡して新党樹立もねらった。

昭和二十年十二月十一日、A級戦犯として巣鴨拘置所に入獄した。笹川良一は、むしろA級戦犯として逮捕されるのを自ら志願したと、のち衆議院議員になる息子の笹川尭《たかし》に話している。

「戦犯に指定された人たちは、多くの国民を入獄させた経験はあっても、みずから入るのは初めての人ばかりだ。下手にしゃべって、天皇陛下に累を及ぼすことが危惧《きぐ》された。そこで、以前に三年間の獄中生活をしたことがある自分なら、連合国に日本の立場を堂々と主張し、戦犯たちを技術指導できる」

田中角栄の衆院選初出馬までの裏側

田中角栄は、昭和二十年十一月の下旬、大麻唯男《おおあさただお》に呼ばれた。新橋の料亭、秀花に出かけた。

大麻は、昭和十八年から田中土建工業の顧問をしていた。大物政治家でもあった。元民政党の町田忠治《まちだちゅうじ》の側近であったが、政党解散後、大日本政治会の長老として東条英機内閣の国務大臣にまでなった人物である。〝寝わざ師〟の異名をもつ策士でもあった。

敗戦とともに、旧政友会系は、鳩山一郎を中心に日本自由党を結成した。日本自由党に対抗して、旧民政党系は、この十一月十六日に、日本進歩党を結成した。その結成の根まわし役が、大麻であった。

田中は、秀花の一室に案内された。洋間の奥の椅子に、大麻は腰かけていた。部屋のなかは、火の気も、道具も、絨毯《じゅうたん》さえもなかった。寒々としていた。敗戦の混乱の中で、店をたたんでいたのである。

大麻は、板の間に座りこんだ田中に、出身地の熊本弁でしゃべった。

「こん十二月三十一日の大晦日にゃ、占領軍の命令で、衆議院が解散さるる。来年の一月三十日にゃ、投票がおこなわれる予定ばい。選挙に間に合うように、新しい政党として日本進歩党を結成したばってん、党首問題で困っとる。元陸軍大将の宇垣《うがき》一成《かずしげ》と、元民政党総裁の町田忠治の二人が、総裁の候補ばってんが、二人とも、どうしても譲らんとたい。そこでだ」

大麻は、椅子から身を乗り出し、田中に顔をくっつけるようにして言った。

「選挙も目の前だけん、早う三百万円つくってくれたほうを総裁にする、とおれが提案したったい」

人一倍早い頭の回転の田中は、訊いた。

「大麻さんは、どちらを推しているんですか」

「町田たい」

つまりは、大麻は、「きみ、町田のために、なんぼか資金を出してくれんか」と遠まわしに頼んでいるのであった。

大麻唯男

田中は、ためらうことなく申し出た。

「その三百万円、全部出させていただきましょう！」

当時、山手線の一区間の乗車料金が二十銭であった。現在は、百三十円（＋税）で、六百五十倍である。この計算からすると、当時の三百万円は、現在の十九億五千万円に相当する。いかに大金であったかがわかる。それだけの大金を、当時二十七歳であった田中が、ポンと出そうというのである。

田中には、敗戦直前、理研工業の工場を朝鮮大田市に移す大仕事で手に入れた大金があった。そのうえ、汗を流して仕事に精を出せば、そのくらいの金はすぐにつくれる、という自信もあった。

〈進歩党は、幣原喜重郎《しではらきじゅうろう》内閣の与党だ。資金を出した以上の見返りは、必ずあるはずだ〉

田中は、何事も、まず自分が金を出して損をし、あとからゆっくりと見返りを求めればよい、という主義であった。

ところが、年の明けた昭和二十一年の一月初旬、田中は、大麻の事務所に呼び出された。

大麻は、田中に言った。

「あんたは、資金を出して政治家を助けるよりは、ぜひ、自分で政治家になんなさい。政治家に向いとる」

この年の一月四日、連合国軍最高司令官総司令部、いわゆるＧＨＱが、「公職追放令」を発し、戦争中枢要ポストにいた政、財、官界人、言論人を戦争責任のため追放した。今後いっさい、公職に就くことあいならぬ、という厳しいものであった。

自由党は、四十二名の議員中、松野《まつの》鶴平《つるへい》をはじめ三十名も失った。進歩党も、二百七十四名中、二百六十名を失い、残るはわずか十四名となった。

大麻自身も、追放される身であった。大麻は、進歩党をなんとしてでも解散させないために、若い田中にまで白羽の矢を立てたのである。

田中は、土建業界を牛耳ろうと考えてはいたが、政界に打って出ようとは、まったく考えていなかった。だが、出馬を執拗《しつよう》に誘われた。

田中は、しぶしぶ訊いた。

「選挙を戦うには、いったいいくらの金が必要ですか」

「十五万円出して、あとは黙って一ヵ月間、お神輿《みこし》に乗っとけばよか。かならず当選させてみせるたい」

田中は、その一言に決心した。

〈よし、そこまで言われるなら、勝負してみよう。なにも、土建業界だけに生きるのが、男ではない！〉

田中は、大麻と、その側近たちに頭を下げた。

「不肖田中角栄、進歩党の恥にならぬよう、全力をあげて戦わせていただきます」

田中は、進歩党公認候補として、選挙に初出馬することになった。

田中は、飯田橋の田中土建工業の事務所に、中西正光を呼んで、立候補宣言をした。

「おれは、これから塚田《つかだ》さんを参謀役にして、選挙に出る！」

塚田十一郎《じゅういちろう》は当時鹿島組を辞め、田中土建工業の監査役になっていた。

田中は、その翌日から塚田をともなって新潟入りした。二人で選挙運動に歩いた。

ところが、三月十一日の告示の日、思わぬことが起こった。選挙参謀と頼りにしていた塚田が、突然、おなじ新潟三区から自由党公認候補として出馬したのだ。まったく寝耳に水であった。塚田の口から立候補のことは一言も聞いていなかった。

田中は、さすがに息巻いた。

「塚田さん、それはねえでしょう」

塚田十一郎

が、あとの祭りであった。田中は、政界は裏切りと権謀術数の渦巻く世界と聞いていたが、しょっぱなから裏切りにあうとは思ってもいなかった。

〈政界へ出るのは、やめようか〉

田中は、四日間迷いに迷った。その挙げ句、

〈せっかく運動もしてきたんだから、今回だけは全力で戦ってみよう。それ

でだめなら、もう政治はやめよう〉

田中は、ふるいたった。ポスターには、「若き血の叫び」の文句を大書し、村々を演説して歩いた。

その年は、何十年ぶりかの大雪であった。連日の吹雪の中を、田中は歩きつづけた。目も口も開けておられない吹雪の中を、声の限り演説をぶって歩いた。

初戦落選も佐藤昭と出会い「越山会」が形成されていく

昭和二十一年二月二十三日、元柏崎警察署長であった岡部友平が、新潟県柏崎町大字枇杷島町《おおあざびわじま》（現・柏崎市）の佐藤昭《さとうあき》（のちに昭子《あきこ》と改名）の家にやってきた。叔母から、岡部が今度の選挙に立候補する人を連れてくると、あらかじめ聞かされていたのである。その候補者は、年齢が二十七歳だという。政治家としては、若い。

〈どんな人かしら〉

佐藤昭は、ひそかに興味を抱いた。

岡部は、連れの男を紹介した。

「今度の選挙で、立候補される田中さんです」

岡部の横にいた男が、一歩前に進み出た。立候補するという男は、茶色のカシミヤのコートに、茶色のマフラーを首に巻いている。長靴を履いていた。さすがに立候補を決意するだけはある。二十七という歳にはおよそ似合わない、威風堂々とした貫禄を持ちあわせていた。その顔には、チョビ髭《ひげ》が、まるでとってつけたようにちょこんと乗っている。

紹介された男は、だみ声で挨拶した。

「田中角栄と申します。どうぞ、よろしくお願いします」

佐藤昭は、田中を一目見ると、正直なところびっくりした。

〈本当に、この人、二十七歳なの？　歳をごまかしているんじゃないかしら〉

田中は、髪が黒々とさえしていなければ、五十歳と言っても通ってしまう。

会う前に思い浮かべていた潑剌《はつらつ》とした青年政治家の印象とは、ほど遠い。まさか、この眼の前にいる男がやがては総理大臣にまでなり、秘書として彼と歩みをともにする自分が「越山会の女王」と呼ばれるまでになろうとは、夢にも思わなかった。

田中は、明るい調子で話しはじめた。

佐藤昭は、少し思い直した。

〈話してみると、なかなか気さくでおもしろい方だわ〉

岡部が、佐藤昭に相談を持ちかけた。

「誰か、いい弁士はいないかな。田中さんは東京にずっとおられたので、地盤が固まっていないんだ。応援は、多ければ多いほどいいのだが」

田中は、無名のうえ、東京から急に新潟県にもどって選挙に立った。そのために、地元の人たちからは〝落下傘候補〟と皮肉られていた。そのハンディをおぎなうことが必要だった。

応援演説の柱として、草間道之輔と星野一也の二人を頼んでいた。草間は、田中の小学校時代の先生で、終世の恩師である。星野は、当時、地元にある理研農工の社長をしていた。

田中は地元で、自分の手足となって働いてくれる者が欲しかったのである。

佐藤昭は、はずんだ声を出した。

「いますわ」

同人誌『久《く》遠《おん》の誓《ちかい》』の主宰者の青年である。青年は県立柏崎商業高校では弁論部に所属し、主将をつとめたこともある。弁舌はお手のものだった。

数日後、田中はその青年と会った。田中は、青年と強く手を握りあった。

「よろしく、お願いします」

青年は、田中に会った直後、佐藤昭に熱っぽく語った。

「田中という人は、凄い男だ。きっと、のちのち、どでかいことをやってのけるにちがいない」

彼の田中への肩入れは、並々ならぬものがあった。

彼は、田中の選挙運動に、柏崎市内で古着屋を営んでいる本間《ほんま》幸一《こういち》も仲間に引きこんだ。本間は、〝古着屋のコーちゃん〟と呼ばれ、町の人たちから親しまれていた。秀才というわけではなかったが、細かいところによく気がつく。文学青年で、映画のシナリオをよく読んでいた。選挙の手伝いには、うってつけと思われた。本間はのちに「越山会」の新潟における総支配人となり、「国家老《くにがろう》」とまで呼ばれるようになる。

夜になると、選挙の運動員たちは、メガホン片手に街中を歩きまわった。

理研は、軍需産業であった。当時、柏崎の人口は、四万人強であった。そのうち、一万五千人が、理研関係者であった。いうなれば、一万五千人が、星野一也が工場長をしていた時代の部下であった。また、柏崎周辺の理研関係者は、総勢で七万人はいた。田中は、星野を通じてそれらの票を狙ったのである。星野には、演説で、田中がいかに理研と関係が深いか、を強調してもらった。

しかし、四月十日の選挙では、田中の必死の運動もむなしく、三万四千六十票しかとれなかった。十一位に終わり、落選してしまった。

田中にとって、なにより悔しかったのは、田中を裏切って立候補した塚田十一郎が、五万八千八百十二票もとり、四位で当選していたことである。

パージされた鳩山一郎が吉田茂を登場させる

東久邇内閣のあとをうけた幣原喜重郎内閣は、昭和二十一年四月二十二日、総辞職。その月の三十日、自由党総裁鳩山一郎の名で、単独内閣を声明した。五月二日、幣原進歩党総裁は、宮中へ参内し、鳩山一郎を内閣首班に奏請した。

ところが、五月四日、総司令部は突如、鳩山を公職追放令該当者として、日本政府へ覚書を突きつけた。

しばらくして、鳩山は、幣原内閣の外相であった吉田茂《よしだしげる》のいる外相官邸に吉田を訪ねた。鳩山は、吉田に頼んだ。

「吉田君、きみがぼくにかわって、自由党の総裁になってくれんか」

昭和二十一年四月十日におこなわれていた総選挙では、日本自由党は第一党となり、鳩山は、新内閣のリストまでつくっていた。そこへ総司令部からの追放指令である。

日本自由党総裁を引き受ける肚を固めた吉田茂は、外相官邸に鳩山一郎にきてもらい、最後の詰めに入った。吉田は、鳩山に総裁を引き受けるに際しての条件を突きつけた。

「おれは、ご存じのように、カネはないし、カネづくりもできない。カネの心配は、きみのほうでやってくれなきゃ困る」

吉田茂

吉田は、二つ目の条件を出した。

「おれは、政党のことはまったく関係がなくてわからん。政党の人事については、いっさいきみがやってくれなきゃ困る。政党はいっさいきみの力で押さえてくれ。ただし……」

吉田は、釘を刺すことを忘れなかった。

「内閣の人事については、干渉してくれるな」

吉田は一服して、また条件を出した。

「それから、いやになったら、いつでも投げ出す」

なんともわがままな条件だが、鳩山はそれを呑んだ。

「いいでしょう」

吉田は、長く総裁をする気などさらさらなかった。鳩山に、軽い気持ちで言った。

「きみのパージ（追放）が解けたら、すぐにきみにやってもらう」

鳩山は、べつに戦争に加担してパージになったわけではない。パージなど、すぐ解けると思っていた。しばらく吉田に自由党をあずけておき、パージが解ければ総裁の座をすぐに返してもらえばいい。これまた気軽に考えていた。

ところが、このときの条件が、のちのち問題になる。吉田はあくまで条件は三つだと言い張っている。四番目の「きみのパージが解けたら、すぐきみにやってもらう」というのは、条件とは考えていなかった。

しかし、鳩山は、このことも条件の一つに入れていた。それも、口約束だけでなく、吉田が巻紙にきちんと鉛筆で、四条件を書いていた。それなのに、吉田に裏切られ、「庇《ひさし》を貸して、母屋《おもや》をとられた」とのちに憤ることになる。

実際には、その巻紙は紛失したとして、残されてはいない。歴史の謎として、残されることになる。

また、パージの流れとかかわったのか、フランク・オニール検事による、児玉誉士夫に対する巣鴨拘置所での取り調べは、昭和二十三年の夏から秋にかけて、数十回もおこなわれた。児玉は心中、あまりの粘り強さにいささか辟易《へきえき》し、気短だけに、何度となく腹を立てて業を煮やした。

オニール検事は、覆いかぶせるように斬りつけてきた。

「南京陥落のとき、きみの機関は、多数の中国民衆を虐殺したそうではないか！」

このときのオニール検事は、質問というよりは、むしろ決めつけた感じであった。

児玉は抗弁した。

「とんでもない。南京の陥落は、日本の暦ではたしか、昭和十二年の十二月半ばのはずで、自分が中国へ行ったのは、それから約二年後の、十四年が最初だ。誰の調べかしらんが、そんな事実はまったくない。笑うべき〝デマ〟だ」

そのような取り調べの末、十一月初め、オニール検事は、通訳を介して言った。

「きみに関する大陸での調査は、全部がいま終わった。何一つきみに訊くことはない。きみの部下からは、一人も戦犯は出ていない」

オニール検事は、思い出したように言った。

「上海の、ブロードウェイ・マンションホテルで、きみが以前使っていた、中国の老人に会ってきた。彼はきみが、ふたたび上海へもどってくる日を、楽しみにして待っている」

「東条英機氏ほか六人処刑」と発表されたのは、昭和二十三年十二月二十四日の夜が明けてからのことだった。そして皮肉にも、児玉らA級の残留組十九人が、にわかに釈放の通達を受けたのも、ちょうどこの日であった。

なお、児玉が巣鴨拘置所入りしてもなお、正妻のキミと、児玉の手をつけていた芸者との争いはつづいていた。ただし、入獄中の児玉に、一日も欠かさず面会に通っていたのは安都子であった。安都子は、児玉の女性一人ひとりを訪ね歩き、手を切らせたという。芸者とも切らせ、ついに児玉とのあいだに子供のできなかったキミにも、昭和二十四年十月二十日に離婚させている。

夫婦同然の生活をつづけていた安都子と児玉が正式に婚姻届を出したのは、昭和二十八年二月十二日のことである。

いっぽう、笹川良一も、また、児玉とおなじ日に釈放されている。

笹川良一がモーターボート競走に関心をもつきっかけとなったのは、じつは、巣鴨プリズンでたまたま手にしたアメリカの有名な写真週刊誌『ライフ』に、モーターボートの写真が載っているのを見たことであったという。

「〝常勝〟角栄」の原点・小佐野との盟友関係と獄中からの出馬

揺れ動く時代状況下に、次の総選挙は、田中角栄が予想していたより早くきた。最初の選挙から一年たった昭和二十二年の春、二・一ゼネストをきっかけに、戦後二回目の総選挙がおこなわれることになった。三月三十一日に告示、四月二十五日が投票日と決まった。

田中は、出陣にふるいたった。

〈よっしゃ、今度こそ、なにがなんでも当選してみせる〉

第一回目の落選で、教訓を得ていた。失敗は次の成功のためにある。

〈一回目は、人任せにしたため、失敗したんだ。今度は、直営でいく〉

田中は、選挙区である柏崎と長岡に、会社の出張所を設置した。百人近い社員を地元で採用し、直営で選挙をやることにした。旧日本進歩党を中核に、二十二年に結成された民主党の公認候補として立候補した。

田中は、今度も、理研農工社長の星野一也の協力を得た。

〈今度こそいける〉

という手応えも感じていた。

昭和二十二年四月二十五日の投票日、田中は、前回を超える三万九千四十三票を獲得し、第三位で初当選を飾った。二十九歳の若さであった。

田中は、当選の祝酒に酔いしれた。新聞記者のインタビューにこたえて胸を張り、将来の抱負を語った。

「おれは、二十代で政務次官、三十代で大臣、四十代で幹事長、五十代で総理大臣になってみせる」


そうしたうちに、小佐野賢治は、彼の経営する国際興業の顧問弁護士正木亮に話をもちかけられた。

「小佐野さん、将来性のある、おもしろい、じつに陽性の代議士がいる。一度会ってみませんか」

昭和二十二年の初夏であった。東京・中央区槇町《まきちょう》にある国際興業社長室の窓からは、まばゆい陽が差しこんでいた。小佐野は、当時、田中より一歳年上の三十歳と若かった。が、すでに頭はてっぺんまで禿《は》げあがり、窓からの陽《ひ》の光をはね返していた。

何事も好奇心の強い小佐野は、くりくりとした眼を輝かせて訊いた。

「なんという代議士ですか」

「田中角栄という男だ。新潟三区から初当選したばかりだ」

「いくつです」

「小佐野さんと、ほとんどおなじ年だ。田中さんのほうが、たしか一歳下だ」

正木は、田中が初当選した直後、田中土建工業の四人目の顧問として加わっていた。正木は、鋭い眼をきらりと光らせて言った。

「田中という男は、きみとじつに境遇が似ている。彼もきみとおなじく学歴もなく、徒手空拳から身を起こし、田中土建工業という土建業もやっている」

「ほお……」

小佐野は、自分とおなじ小学校卒業から身を起こした田中角栄という男に、少なからず興味を抱いた。

〈しかも、おれとおなじ田舎者というのも気に入った〉

小佐野は、ほかならぬ顧問弁護士からの話というだけでなく、田中角栄という人物に深い興味をおぼえた。

「先生、その男に会ってみましょう！」

それからまもなく、飯田橋の田中土建工業本社に、小佐野が正木弁護士にともなわれ、姿をあらわした。

生涯にわたる「刎頸《ふんけい》の友」の運命的な出会いであった。

正木弁護士は、二人を会わせるなり、激励した。

「小佐野さんは実業家として、田中さんは政治家として、ともに一筋の道を歩みなさい。お互いに、おなじような境遇だ。手をつないで、仲良くやりなさい」

小佐野は、田中と一時間半ばかり世間話をしたあとに思った。

〈気さくな、いばらない、代議士らしくない、愉快な人物だな〉

田中も思った。

〈おれと似た匂《にお》いをもった男だ。いっしょに組んで、大仕事のできそうな男だ〉

小佐野賢治との仲がすすむいっぽう、田中角栄は、若き法務政務次官として有頂天になっていた。が、好事魔多し、のたとえどおり、炭鉱国家管理法案を阻止しようと炭鉱業者に頼まれて暗躍したことが発覚し、逮捕されてしまった。

田中は、炭鉱国管疑惑の中心人物である北九州の炭鉱業者の一人木曽《きそ》重義《しげよし》から、百万円を受け取っていたのである。当時の百万円といえば、現在の四千二百万円近い。

田中角栄は、昭和二十三年十一月二十八日に法務政務次官を辞任した。

その翌日、田中土建の九州出張所を、福岡地検特捜班が襲った。関係書類を押収、出張所長であった入内島金一ほか二名が、任意出頭を求められた。その日の午後、入内島に対し、証拠湮滅《いんめつ》の疑いで逮捕状が執行された。

田中角栄も逮捕された。十二月二十二日に、収賄罪で起訴されてしまった。炭管疑獄の、国会議員の逮捕第一号であった。

田中は、天国から真っ逆さまに地獄に落とされた気分であった。ところが、田中にとってさらなる試練が訪れた。

田中角栄が、凍《こご》えるほど寒い小菅刑務所に入っていた昭和二十年十二月二十三日、衆議院が解散され、総選挙になったのである。田中は、獄中から星ふる空をながめながら、歯ぎしりした。

〈おれに、政治家としては、死ねというのか〉

田中は、獄中から立候補することを決心した。

田中は、検事に食ってかかった。

「おれの逮捕は、政治的策略だ。選挙妨害だ。検事総長を告訴する！　筆と硯《すずり》を持ってこい！」

田中は、わざわざ筆記道具まで持ってこさせた。

田中は、火を噴《ふ》くような語調で訴えつづけた。

「二十二年八月頃、木曽さんから労務者用住宅の工事をもらった。すぐに着工できるつもりだったが、議会の関係で十二月まで延びた。議会がすむと同時に、現地調査に九州へ出張し、いったん帰って今年一月、専務取締役の入内島金一を全責任者として赴任させ、福岡市薬院大通りに九州出張所を開設させた」

要するに、北九州の炭鉱業者で、炭管疑獄の中心人物である木曽重義から受け取った百万円は、賄賂ではなく、工事請負代金だと弁明したのである。

田中の顧問弁護士を引き受けていた正木亮弁護士も動き、田中は、ついに、釈放を勝ちえた。年の明けた昭和二十四年一月十三日のことである。

田中は、出所すると、その夜、上野発新潟行きの上越線夜行列車に乗って地元に向かった。

投票日は、一月の二十三日であった。公示日から、すでに十七日が過ぎていた。

田中は、行く先々で浪花節《なにわぶし》をうなることで、立会演説での炭管疑獄の追及を、なんとか切り抜けることができた。

〈よし、いける！〉

出し物は、『杉野兵曹長の妻』だけでなく、『坂田山心中』『壺坂霊験記《つぼさかれいげんき》』と、会場の雰囲気に応じて変えていった。

その浪花節が、受けに受けた。文字どおり、芸が身を助けた。

田中は、このときの選挙で、四万二千五百三十六票もとり、亘四郎《わたりしろう》の五万六千五百七十票につづく二位で当選を飾った。田中自身にも信じられない得票数であった。

田中は、あらためて思った。

〈おれには、まだツキがある〉

名家の血を求めた小佐野の結婚譚

小佐野賢治は、昭和二十五年一月十日、結婚した。相手は、旧伯爵家の堀田英子《ほったえいこ》であった。

小佐野は、じつは、刑務所に入る前から花柳小菊《はなやぎこぎく》とつきあっていた。花柳は、戦前から日本映画界きってのお色気女優といわれていた。

小佐野は、戦前からつきあいのある宮内庁次官で旧男爵の白根松介《しらねまつすけ》に頼みこみつづけていた。

「田舎の貧乏百姓のせがれのわたしは、華族のお嬢さんとしか、結婚したくないんです。そのへんのお嬢さんでは、いやなんです。それも、ふつうの華族ではなく、上級華族でなければいやなんです。それでいて、美人でなければいやなんです」

華族にも上から、公、侯、伯、子、男の五つの位があった。小佐野は、伯爵以上の位のお嬢さんを望んだのである。

小佐野は、徳川家の血を引くお嬢さんと見合いをした。が、断られた。

白根は、弱りきって、元伯爵の酒井忠元《さかいただもと》に相談を持ちかけた。

「誰か、小佐野さんでいいという人は、いませんかね……」

酒井の妻であり、『ある華族の昭和史』の著者である酒井美意子《みいこ》が言った。

「堀田家の英子さんは、どうかしら」

旧伯爵の堀田家は、尾張・津島の豪族で、徳川家光時代以来、明治維新まで、下総・佐倉十一万石の城主だった。

英子は、その前年の二十三年、学習院女子部を卒業したばかりであった。弟の義宣《よしのぶ》は、尾張の徳川家の女婿で、天皇明仁《あきひと》（現・上皇）の同級生である。ただし英子は、当代の堀田家の血をつぐ和子の夫の正恒《まさつね》の後妻・秀子の子で、堀田家とは、直接の血のつながりはない。鍋島《なべしま》と伊達《だて》の血である。

堀田英子は、のちに、「学習院戦後最高の美女」といわれるほど美しかった。

昭和二十五年一月十日、丸の内の日本工業倶楽部ホールで、小佐野と英子の結婚披露宴がひらかれた。その席で、小佐野が生涯師と仰いだ五島慶太が、歯に衣《きぬ》きせぬスピーチをおこなった。

「小佐野賢治君は、たしかに金儲けはうまい。しかし、世の中は、金だけで万事が決まるというものではない。小佐野君は、品位が足りない。夫人は名家の出であり、この面ではぜひ小佐野君を教育してもらいたい。小佐野君は、新夫人と茶の湯にでも親しみ、古美術でも鑑賞されて、品性を豊かにしてもらいたい……」

長岡鉄道の復興・電化への田中・小佐野タッグの裏側

大正四年に創設された長岡鉄道は赤字に次ぐ赤字で、会社存亡の危機に立たされていた。資本金五百万円に対し、未払い金が千五百万円もある。施設も老朽化し、安全性も失われていた。

なにより、当時の長岡鉄道は蒸気機関車だった。燃料の石炭は高騰するいっぽうで、これ以上石炭に頼っていては、にっちもさっちもいかない。社の再建のためにも、電化案は焦眉《しょうび》の急であり、従業員、株主、沿線住民すべての念願でもあった。

昭和二十五年五月、長岡鉄道株主総会で、組合はワンマン経営をつづけてきた社長の武沢茂一郎に退陣を迫り、再建社長として田中角栄の名をあげた。

「田中先生なら、電化にかかる膨大な金を国から引き出して、長岡鉄道を救ってくれるだろう」

田中は三十二歳と若かったが、事業家として立派に会社を切り盛りしてきた手腕を買われたのである。

総会直後から、「長岡復興運営協議会」の役員たちは、飯田橋にある田中土建工業事務所を何度も訪れ、訴えた。

「長岡電化は三島郡の悲願です。どうか、三島郡の〝動脈〟を救っていただきたい」

当初、赤字会社の再建などという火中の栗を拾う気はなかった田中だったが、「電化に成功すれば、三島郡の票が大量に先生のものになります」という一言に心を動かされた。

〈もし、炭管疑獄で有罪になっても、電化に成功して三島郡の票をつかめば、政治家として生き残っていけるかもしれんぞ〉

田中はさっそく長岡鉄道再建のための調査をはじめた。決めれば、行動はすばやかった。

十一月の臨時株主総会で社長に就任すると、新しい取締役に、武沢前社長と三島郡の主だった町長、農協組合長を選んで据えた。


田中角栄は、昭和二十五年十一月、長岡市にある枕川楼という割烹旅館で、小佐野賢治と会った。

田中は、正木亮弁護士から昭和二十二年夏に小佐野を紹介してもらっていたが、仕事の話をするのは、今回が初めてであった。

小佐野は、丸い眼鏡越しに田中の眼をのぞきこむようにして、甲高い声で言った。

「これからは、長岡では私鉄は不便だから、発展性はない。バスを新しく入れたほうが将来性がありますよ」

小佐野は、バス会社国際興業で成功していた。二十五年六月に朝鮮戦争が勃発《ぼっぱつ》すると、韓国内の米軍基地内にバスを入れ、荒稼ぎしていた。さらに日本国内の横田、岩国、厚木基地内にもバスを走らせていた。彼は、バス商売の旨味を味わい尽くしていた。

正木亮

小佐野は、さらに付け加えた。
「田中先生のためなら、うちのバス二十数台を、ただ同然で提供しましょう。うちで使った中古バスですが、十分通用しますよ」
田中は、さっそく、長岡鉄道に国際興業のバス二十数台を入れた。
問題は、バス路線の開拓であった。

当時、新潟県中央平野部には、長岡鉄道のほかに、栃尾鉄道と中越自動車があり、三社が競合していた。バス路線のことでも、もめざるをえない。

田中は、政治力をフルに生かし、陸運局を動かして、栃尾電鉄線長岡駅から悠久山《ゆうきゅうざん》公園駅までバスを通す認可をとった。そればかりでなく、ライバルである栃尾鉄道の悠久山公園駅構内を、強引にバスターミナルにしてしまった。

そもそも、悠久山公園駅構内の土地は、栃尾鉄道の所有である。他人の土地に勝手に乗りこんで商売をしているわけだ。民法上は違法である。

栃尾鉄道の藤原勇社長は、田中の強引さに怒った。

「三十を過ぎたばかりの若造のくせに、地元の先輩をなめおって」

藤原は、昵懇《じっこん》の間柄である中越自動車の西山平吉社長の支援を受け、強硬手段に出た。入り口に、高さ一メートルの杉丸太の杭《くい》を百本近く打ちこみ、出入り不可にさせるという、露骨な営業妨害をしたのだ。

これに対し、田中は若い理論派の弁護士を雇い、栃尾鉄道を訴えた。一ヵ月後、田中は杭撤去の仮処分に成功した。

田中は地元の者の前で、はっきりと公言した。

「いずれ、長岡、栃尾、中越の三社を合併してみせる」

もちろん、合併した三社は、自分が牛耳るつもりであった。

バス事業を軌道に乗せた田中は、蒸気機関車から電気機関車に切りかえるために情熱をそそいだ。

一億数千万円はかかると試算された電化費用のため、まず日銀新潟支店長に交渉。地元銀行の北越、大光相互など数行による協調融資団を結成させると、二十六年六月には、日本開発銀行から、強硬に一億二千八百万円の融資の約束を引き出した。

日本開発銀行からの融資は資金不足の理由で履行されなかったため、結局、日本興業銀行など三行から、当初予定額の半分の六千五百万円を引き出して工事を進めることになった。

ただし、田中は東武鉄道に交渉して、使い古しのレールや車両などを、ほとんどただ同然の二千万円で買っていた。帳簿上は、新品購入ではるかに高い金がかかったことにして、その操作で自分の政治資金をもつくっていた。

二十六年六月に、炭管疑獄の控訴審判決があり、無罪が確定していた。

〈電化を成功させ、地元の票をつかめば、次の選挙の当選は確実だ〉

これまで炭管疑獄で雌伏を余儀なくされていたが、そのときには、政治家として堂々と羽ばたける。

〈そのためにも、吉田茂に献金をしておこう〉

田中は、これから政治家として売り出していかねばならなかった。金もつかむが、より有効に使うことを考えていた。

小佐野は、中古外車でひと儲けした直後、さらなる飛躍となるチャンスをつかむ。

米軍基地と都心とを結ぶ定期バスの仕事であった。

米軍が、軍人、家族、子供の通学などのために、交通網を特別につくっていた。交通網といっても、一人でも米軍人が住んでいれば、カーキ色のバスで送迎する、というものである。進駐軍の撤退のはじまっているところで、そろそろ日本の民間にやってもらったほうが、楽でいい、という空気になった。

このバス事業の契約には、米軍本部の、国防省の許可が必要だった。米軍がバスを日本人にやらせようか、といっているということを小佐野が耳にはさむや、猛烈な売り込みを開始した。

小佐野の当時の側近によると、小佐野は、米軍に朝も昼も夜もなく、毎日、何度も挨拶に行くような勢いで、頼んだ。

「ぜひ、うちにやらせてください」

小佐野は、必死になって頼むときに、相手の同情を買うために、涙まで使う。取り引きの場での演技は、それは、大変な役者であったという。

一度、取り引きが成立すれば、あとは事業実務がものをいうから、信用も得やすくなる。

額の大きい取り引きだけに相手も慎重だった。しかし、大量のバスと運転手が必要で、一人でそれだけそろえられる業者は、小佐野しかいなかった。入札自体は、小佐野の独壇場だった。

小佐野が、最初に米軍バスで手に入れた地区は、「キャンプ・ザマ」と呼ばれていた座間一帯で、三百台を第八軍輸送司令部と契約した。

契約期間は、三年間、運転手付きでバス一台一日、七ドルから一〇ドルぐらいの契約であった。三年間で、安く見ても当時の金にして八億三千万円である。

が、このバス契約は、一種の博打みたいなところがあった。

最初の契約は三百台だが、三年間必ず、三百台プラス運転手三百人付きという契約ではなかった。途中で不用になったら、二百台にでも百台にでもなりうる、というものである。もし、途中で台数が減れば、小佐野は、不用になった運転手を、なんとか面倒を見なければいけなくなる。

バスは別の利用法があるが、人間は、すぐクビにするわけにはいかない。

が、小佐野は、この仕事に賭けた。三年間、契約のあいだに、三百台より減ることもなく、小佐野はこの大博打で勝った。

このバスの運営の仕方も、じつに小佐野らしかったと当時の関係者が苦笑いする。

ガソリンを、バス用に二〇リッター申請する。これを省エネでバスを運転できる人間を雇って、五リッター浮かせる。その五リッターを、闇《やみ》に流していた。五リッター以上残せない運転手は、即クビにしていたという。一回五リッターでも、一ヵ月ともなれば、相当量闇に流せた。

小佐野は、さらに、アメリカ兵が日本から引き揚げるときに、外車をもらい受けた。当時の占領軍は贅沢《ぜいたく》であった。自動車を、日本に大量に運んできた。

米兵の入れ替えは、結構頻繁であった。引き揚げのときには、一度に五万人も引き揚げるときがあった。約二十万人もの米兵が日本にいたときもある。

小佐野は、米兵とその家族の車を、一手に引き受けていた。当時の米兵は、将校クラスになれば、家族にも車をそれぞれあたえられていた。

小佐野が手に入れた中古車が何台の数にのぼったものか、数えきれない。

小佐野は、それを日本人のタクシー会社などに転売したり、自分の会社で使った。

キャンプ・ザマにつづいて沖縄にも三百台、米陸軍と契約した。

契約は、すべて三年契約で、運転手付きだった。つづいて、米海軍との取り引きも開始。横須賀と立川の米空軍とも契約した。

小佐野は、この米軍バス事業で大量の外貨を稼いだことで、大蔵省にも認められる会社になった。銀行への信用も、大きく取りつけた。

田中角栄の選挙基盤を磐石にした長岡鉄道の電化成功と開通

田中角栄は、長岡鉄道の電化を決意すると、佐藤栄作《さとうえいさく》を通じて、西村英一《にしむらえいいち》を訪ねていた。東海道線などの国鉄電化の功労者として、〝電化の神様〟と仰がれていた西村に、工事の最高責任者として、長岡鉄道の取締役就任を依頼したのである。

のちに田中派の「七日会」会長になる西村英一は、明治三十年（一八九七年）八月二十八日、大分県国《くに》

西村英一

東郡《さき》に生まれた。東北大学工学部を卒業後、鉄道省入りし、鉄道総局長官だった佐藤のもとで、電気局長となる。昭和二十四年一月の総選挙で、佐藤とともに政界に打って出、当選していた。西村は、佐藤栄作の側近でもある。

田中は西村を電化工事現場に連れ出し、熱っぽく語った。

「西村さん、ごらんください。沿線の町村長らが資金不足をおぎなうために、架線用電柱約千本、そのほかにまくら木、朝鮮戦争の特需で高価になっている架線などの資材を、ただ同然で提供してくれているのです。この住民の盛りあがりがあればこそ、の電化です。あと一ヵ月後の十二月一日には初電車を走らせてみせる、と三島郡の住民には確約しております」

西村は、あきれたように言った。

「そりゃ、奇跡でも起こらん限り、無理だよ」

田中は、浅黒い顔を紅潮させ、自信に満ちた口調で言った。

「無理もなにも、約束したことは果たしてみせます。突貫工事に次ぐ突貫工事で、やりとげてみせます」

西村は、あらためて自分より二十一歳も若い青年社長の横顔に見入った。

〈えらく強引な男だが、この強引さで押しきり、大きな失敗がなければ、大物政治家になるかもしれん〉

約束の期日に間にあうかどうか、実現が危ぶまれた電化工事だったが、田中は見事、十二月一日の六時半の始発に、長岡鉄道の処女電車を走らせることに成功した。西長岡駅から、寺泊《てらどまり》に向かって勢いよく走った電車の中に、田中も乗っていた。小雨がぱらついているというのに、沿線の踏切という踏切には、住民が日の丸の旗を振って出迎えてくれた。

「万歳！　万歳！」

住民の叫ぶ声を耳にしながら、田中は胸を熱くした。

〈長岡鉄道の再建に乗り出して、よかった〉

長岡鉄道労組副組合長の木川忠松が、田中に報告した。

「社長、大蔵大臣の池田《いけだ》勇人《はやと》氏、郵政大臣の佐藤栄作氏から、祝辞が届いております」

田中は、晴れ晴れした気持ちで言った。

「読んでみてくれ」

「はい。では、池田大臣から読ませていただきます」

田中は、池田と自分とのつながりをあらためて噛みしめながら聞き入った。

「『国鉄私鉄の電化を為さずして交通機関の発展育成はない。よろしく政府資金を支出すべきである』と田中君に大演説をされてから一年近く過ぎる。『石炭で走る鉄道、それこそナンセンスである』とも彼は言った。原子力の時代に石炭で走る鉄道はまったく彼の言うとおりであるかもしれない。

年々歳々一般会計から繰り入れをせねばならない国鉄の企業合理化は国の財政をあずかる者からも焦眉《しょうび》の問題である。乏しい国家財政の枠内で山積する諸問題を解決せねばならない責任者のわたしとして、政府資金の支出も待たず国鉄電化に拍車をかける長岡鉄道の電化を完成した田中君の努力は、多としなければならない。

口で企業整備再建を唱えながらも、古い殻から抜け切れない企業の多いなかで、長岡鉄道が自分で再建整備の大業を完遂したことは、独り同鉄道のためによろこぶばかりではなく、全国の各種企業再建整備に一つの方途を与えるものとして敬意を払うものである」

木川副組合長は、つづいて佐藤大臣の祝辞を読んだ。

「友人の田中角栄君の努力によって、待望の長岡鉄道電化工事が完成したことを心からよろこぶ。わたしが運輸次官当時からの懸案の事業であり、長鉄の電化は長鉄だけの問題でなく全国国鉄私鉄のどうしてもなさねばならない大事業の一つであったのである。鉄道は国鉄私鉄を問わず、電化することによってのみ発展し、合理化がなされるのである。長鉄電化により地方民の受ける恩恵は大きい。長鉄の電化に、局長当時から次官在任中蔭ながら努力をしてきた自分として、わがことのようにうれしい。やがて信濃川も渡って長岡市への乗り入れもできるであろう。地方文化産業伸長の動脈としての長鉄の発展を心から祝う」

田中は、二人の先輩の言葉にあらためて感謝しながら、闘志を燃やしていた。

〈さあ、電化を成功させたから、いよいよ次は、選挙だ〉

田中が長岡鉄道に乗りこみ苦闘を重ねているあいだ、さいわい解散はなかった。もし解散があり選挙になっていれば、とてもまともに電化に取り組んでいる余裕はなかった。

〈おれは、ツイている〉

田中は、しみじみとおのれの運命に感謝した。

昭和二十七年八月二十八日、総理の吉田茂は、臨時閣議で、〝抜き打ち〟解散を断行した。

田中は、緊張した。

〈いよいよきたな〉

前回の選挙も苦しかった。今回も、当選する確信はなかった。しかし、燃えていた。

〈電化の成功を武器に、必ず当選してみせる〉

打倒吉田茂に向けたうごめき「鳩山キンタマ事件」

児玉誉士夫は、昭和二十六年の五月、東京・音羽の鳩山一郎邸に追放中の鳩山を訪ねた。じつは、鳩山のもとに三木武吉《みきぶきち》、大野伴睦《おおのばんぼく》、河野一郎《こうのいちろう》らが集まっていて、吉田茂の自由党を脱党して新党をつくろう、という機運が盛り上がっていたが、はっきりしないのが鳩山一郎であった。

「わしに任せていてください」

児玉は、鳩山に決断をうながすために訪ねたのであった。

秘書の石橋義夫が、児玉にすすめた。

「先生はいま昼寝してますから、なんなら寝室へどうぞ」

児玉も遠慮しないほうなので、そのまま寝室へズカズカ入っていった。鳩山は、一人で寝台の上に横になりながら、人なつっこい笑顔で児玉を迎えた。

児玉は、何かの話から鳩山に訊いた。

「ときに先生はこの頃、チンポは起ちますか？」

鳩山は、いかにも自信なげに答えた。

「それが、どうもねえ……」

児玉は、「どれ」というや、毛布のあいだから、そうっと鳩山の股間に手を入れた。キンタマを、静かに握った。

鳩山は「よせよ、ひどい奴だなア」とつぶやきながらも、アハアハアハと大いに笑った。

「先生、チンポがロクに起たんようじゃあ、天下は取れにくいです。それぐらい元気がなくては……」

児玉はそういいながら、差し込んだ手を毛布から引いた。鳩山のキンタマを摑んだのは、おそらく児玉一人であろう。

資金難もあり、意気消沈していた鳩山は、この一件で吉田茂から政権を奪取する決意を固めたといわれる。いわゆる「鳩山一郎キンタマ事件」である。

鳩山は、その直後の昭和二十六年六月十一日、脳出血で倒れた。

が、皮肉にも、それから二ヵ月たった八月六日、追放解除となった。この少し前、鳩山に近い政治家の石橋湛山《いしばしたんざん》も三木武吉も、パージから外された。

昭和二十七年十月末、第四次吉田内閣ができて間もない頃のことであった。当時、目黒の自由が丘にあった児玉邸で、鳩山一郎、三木武吉、広川弘禅《ひろかわこうぜん》、児玉の先輩である右翼の大物三浦義一《みうらぎいち》、児玉の五人が会談した。

広川は、吉田側近の党人派政治家として台頭。民主自由党幹事長に起用された。以後、総務会長や三度もの農相を歴任していた。広川は、この頃は、たいそう羽振りのいい時代であった。吉田率いる自由党の幹事長に、佐藤栄作が起用されるか、それとも広川がふたたび就任するかで、党内がもめていた。

三木をはじめとする鳩山派の強硬分子は、反吉田を掲げた自由党民主化同盟を結成していた。

このとき、三木は考えていた。

「広川をこのまま吉田の側近にしておいたのでは、鳩山には早急に政権がまわってきそうもない。鳩山首班を早く実現させるためには、広川をこちら側に引っぱってくるのが先決問題だ」

三木は、言葉尻に「ダ」の多い独特の口調で言った。

「広川君は、三浦君の言うことなら、たいていのことは聞くはずだ。そこでダ、きみの家で、三浦君ときみが立ち会って、鳩山と広川を、会わせるようにしてくれ。もちろんおれも、その席に出ていく」

児玉は、敵を謀るにはまず味方からと、当の鳩山にはわざと内容を伏せておき、鳩山を自分の邸《やしき》に誘い出した。

「めずらしい魚が獲れたので、ご馳走します」

いっぽう、三浦に頼んで、広川を呼び出してもらった。

計画はうまく運んで、鳩山、広川、三浦、三木の四人はそれぞれ前後して児玉邸に集まった。

　そして、三木のあざやかな演出によって、広川の吉田離れは進んでいく。

　この会談のあと、三木は、児玉に、例の口調で言った。

「児玉君、きみにはいつも損な役まわりばかりかけるな。しかしダ、芝居というヤツは、白塗りだけではできんゾ、どうしても、赤ツラがなくては芝居にならん。おれは、政治家としてはダ、必ずしも鳩山に劣るとは思っていない。だが、このおれに、総理の役がダ、やれると思うかい。天下が取れるかい。そこでダ、おれにしたところで、芝居でいう狂言まわしになって働く、つまりこれなんだ。それでダ、いい政治ができれば、何の不足もなかろうじゃないか。要するに、赤ツラは、赤ツラとしての立場を守ればいいんだ。きみもまた、その赤ツラの一人だナ。なあに、いまにきっとそれがわかるはずだ。そして、国の政治をおこなううえで、赤ツラがいかに大切であり必要であるかもダ、きみが年をとれば、やがてわかってくるだろうよ」

　吉田はついに広川弘禅をさしおいて、幹事長に佐藤栄作を指名し、それを実現させようとした。広川とすれば、腹が立ってたまらなかったのだろう。

　昭和二十八年一月二十五日、自由党大会がひらかれた。広川率いる同志クラブ、鳩山率いる民主化同盟派が、佐藤幹事長案に反対のため役員指名を延期。が、一月三十日、ついに、吉田のねらいどおり、幹事長に佐藤栄作が就任した。

三木武吉

　二月三日、総務会長には、鳩山派の三木武吉が就任して妥協をはかった。
　このあたりから、広川は、ハッキリと吉田を離れて、鳩山のほうに近づきはじめた。
　二月二十八日、第十五回特別国会の衆議院予算委員会の席上、右派社会党の西村栄一が質問した際、吉田総理はつい興奮して、怒鳴ってしまった。

「バカヤロー」

その後、吉田はすぐにその暴言を取り消した。が、この「バカヤロー」発言は、がぜん政治問題として、野党から取り上げられた。さっそく、右派社会党がその夜に、首相の懲罰動議を提出した。

三月二日、衆議院で吉田総理の懲罰動議の採決がおこなわれた。与党自由党のなかでも、反吉田色が強い民主化同盟派と同志クラブが欠席戦術をとった。その結果、百九十一対百六十二で、吉田総理懲罰動議は、可決されてしまった。

広川の裏切りに怒った吉田派は、広川を農相から罷免《ひめん》しただけでなく、さらに、それではまだ手ぬるいというので、党から「除名」すると言い出した。

いっぽう、三月十四日、自由党民主化同盟派議員二十二人が、院内団体分党派自由党（分自党）結成を届け出た。代表者は三木武吉であった。

野党側はこの形勢を見て手をたたき、吉田内閣に追い打ちをかける意味で、内閣不信任案を出す態度を決めた。三木武吉らは、広川派や前田米蔵《まえだよねぞう》らの中間派も誘って、この不信任案を利用して、内閣を総辞職に追い込もうとした。これに対して吉田のほうは、「もしも不信任案が通れば、ふたたび解散する」と公言して、政局は極度に悪化した。

同日には、改進党と左右両派社会党の三党が、吉田内閣の傷口を開くように、内閣不信任案を提出した。賛成二百二十九、反対二百十八、鳩山ら分自党も賛成で、可決された。

その二日後の三月十六日、広川派十五人は、自由党を出て、鳩山らの分自党に合流した。こともあろうに広川は、分自党の選挙対策議長におさまった。

三月十八日、分自党は総会を開いた。総裁に鳩山一郎を推挙。分自党総裁によろこんでなった鳩山は、これからおこなわれる総選挙について確信していた。

〈三十五人の少数政党でも、選挙の結果は必ず百人は取れるし、改進党と提携すれば、吉田内閣も追い落とせる〉

しかし、鳩山らは、分党と同時に選挙に臨んだため、全国に党の組織は一つもなく、そのうえ資金も思うにまかせなかったことも事実である。

昭和二十八年四月十九日、第二十六回総選挙がおこなわれた。

自由百九十九、改進七十六、左社七十二、右社六十六、分自三十五、労農五、共産一、無所属十一であった。保守党が後退し左社が躍進した。なお「裏切り者」のレッテルを貼られた広川は、落選に泣いた。

吉田は、選挙中から、「もし二百人を割ったら、下野する」と公言してきたが、前言はどこ吹く風といった調子で、五月二十一日、少数単独内閣をつくった。これが第五次吉田内閣である。

「越山会」の原型をなした企業選挙のはしりの実態

昭和二十七年十月一日の総選挙をめざして、田中角栄は、選挙運動を展開していった。

長岡鉄道の労働組合大会の会場では、組合長の千羽幸治がぶちあげた。

「みなさん、田中社長は、倒産寸前の会社を救ってくれた恩人であります。田中社長の力があればこそ、電化にも踏み切れ、再建の第一歩を踏み出すこともできたのです。しかしあくまで第一歩です。完全な黒字体制になるまで、まだまだ田中社長に働いてもらわなくてはなりません。われらが社長が当落線上をさまようようでは、とても今後の再建はむずかしくなります。われわれが一致団結して、田中社長を当選させようではありませんか！」

会場は、拍手に埋まった。

「異議なし！　なんとしてでも当選させよう！」

組合員は、ほとんどが、長岡鉄道沿線から通ってきていた。各組合員が、自分の地域の選挙民を担当し、選挙戦を展開することになった。

田中角栄は、齢も若い。おなじ選挙区から出ている民主自由党の亘四郎陣営などに言わせると、「若造もいいところ」であった。しかも、亘は元県知事である。いくら長岡鉄道電化の立役者だといっても、田舎のほうへ行けば、田中を知らない人が多い。

組合員たちが気をつかったのは、とにかく選挙戦をしているようには見えないようにすることであった。秘密裏に動き、「地下作戦」でいった。家々を訪問するときには、昼間ではなくて、夜中遅くなって訪ねてゆくなど、苦労を重ねた。大っぴらにやると、敵方からの切り崩しにあう。

また、隣から隣へと訪ねていくと確実に敵方に知られてしまうので、目ぼしい人をあらかじめピックアップしておいて、できるだけ、バラバラに訪ねていったりした。いまでいう企業選挙のはしりであった。

木川忠松副組合長の提案で、「田中杯争奪」と銘打った野球大会と釣り大会を、青年団を対象におこなった。

徐々に田中角栄の名は、青年たちを中心に浸透していった。

この選挙戦に加え、本間幸一が、地元の選挙民を、目白台の田中の家へ団体旅行させる「目白詣で」を思いついた。

本間は、田中が昭和二十一年に初めて衆議院に立候補したときから、選挙の手伝いをしていた。そして、田中が落選したあとは田中土建工業に入り、経理事務をしていた。

田中は、今回の選挙を固めるため田中土建に入れていた本間を、田中土建が左前になると同時に、長岡鉄道に総務課員として送りこんでいた。本間には、選挙面を担当させた。

「団体で寝泊まりし、おなじ釜の飯を食うと、不思議と仲間意識がわくものです。わたしは柏崎にいたころ、ボーイスカウト活動をしていましたから、経験的に知っています。団体で東京に来て、社長に会うことを繰り返しているうちに、自然に後援会が固まっていくものです。いまは春ではないが、春に旅行すると、さらに効果も出ます。越後の長い冬からの解放感も味わえ、あたたかい東京に出かけて、太平洋側と新潟の地域格差を肌で知ってもらうこともできます」

田中は、本間の話に浅黒いつやのある顔をほころばせ、はずんだ声で言った。

「おお、すばらしい考えだ。これから、毎年それをやろう。おれも、時間のある限り、地元民と会う」

本間は、さっそく「目白詣で」を実行に移した。

二泊三日の日程を組み、地元民を夜行列車に乗せ、新潟を出発した。地元民にとって、新潟から出、東京へ旅行できるなど、夢のような楽しさであった。翌朝、東京温泉で一風呂浴びさせ、朝食をとらせた。

それから、小佐野賢治の経営する国際興業のバスに乗せ、目白台の田中邸に向かわせた。

田中邸では、田中が下駄をつっかけたざっくばらんな姿で出迎えた。田中みずから、一人ひとり全員にお茶を出し、羊羹《ようかん》を配った。

当時は甘い物がめずらしい時代であった。みんな羊羹を紙に包んで持ち帰ったものである。

田中は、みなを前に、得意の浪花節「天保水滸伝《てんぽうすいこでん》」をうなった。

選挙民たちは、田中の浪花節に拍手をし、「おらが先生」という親しみをもった。

選挙民たちは、このあと、国会議事堂を訪ねた。生まれて初めて踏む赤絨毯《あかじゅうたん》を、まるで、雲の上でも歩いているような気持ちで歩いた。

地方からの選挙民が、国会の赤絨毯の上を団体で歩く姿は、田中陣営が初めてである。

本間は、選挙民たちを案内して歩きながら、自分の案の成功を確信していた。

〈これで、下からの盛りあがりはうまくいった〉

この団体旅行が、のちの、「越山会」の原型となる。本間は、越山会の「国家老」として采配をふるっていく。

田中は、「企業ぐるみ」「団体旅行」の二面から、確実に票を固めていった……。

この選挙で、田中角栄は、六万二千七百八十八票をとり、初めてトップ当選を飾った。

田中は、あらためて思った。

〈長岡鉄道の社長を引き受けて、よかった〉

角栄「議員立法」の成果「道路三法」が大蔵省に鈴をつける

田中角栄は、この間、国会でも活躍をはじめていた。議員立法による「道路三法」の提案である。

当時は、立法提案から委員会答弁まで議員がつとめる「議員立法」のさかんな時代であった。

道路三法というのは、①道路法、②ガソリン税法（道路整備費の財源等に関する臨時措置法）、③有料道路法（道路整備特別措置法）の三法であった。

田中は、張り切っていた。

〈道路整備は戦後日本の大きな課題だ〉

問題は、整備財源をどこに求めるか、であった。

田中は、当時建設官僚であった井上孝《いのうえたかし》（のちに国土庁長官）に調べさせた。

「アメリカでは、整備財源はどうなっているか、大至急調べてほしい」

井上は、さっそく調べてきて田中に報告した。

「アメリカでは、ガソリンの税金を、道路整備財源に充てております」

田中は、ＧＨＱもその意向であることを察すると、ガソリン税を道路法案の財源に充てることに決めた。

井上も、よろこんだ。

「自前の財源で道路を整備するのは、夢でした」

昭和二十三年に独立したばかりの建設省に、その力はなかった。

「田中先生、もし道路三法ができれば、道路整備の基礎工事は、最低限できます。とくに、ガソリン税法が通れば、建設省が独自の財源をもてることにより、道路整備の長期計画が立案できます。その意義は、はかりしれないものがあります」

田中は、土建屋上がりゆえに、建設省の連中には親近感を感じていた。今後、地元の橋などを直させるときにも、ただ、「西山町の橋を直せ」と建設省の役人に命じても、動いてくれるはずがない。役人を動かすためにも、建設官僚が動きやすいように、財源をつくることが先決と思っていた。

しかし、田中の前に、大蔵省が立ちはだかった。大蔵官僚たちは、猛反対した。

「税金を、特定の目的に使う『特定財源』は、予算配分の権限を侵されるから、断固として許すわけにはいかない！」

石油・運輸業界も強く反対した。

「増税は、許さない」

田中は、抵抗が激しければ、よけいに燃えた、三十四歳の若い血がたぎった。

〈必ず、通してみせる〉

昭和二十七年四月、田中は手はじめに、旧道路法の全面改正をはかる〝新道路法〟を衆議院に提出した。

この法案は六月二日、参議院本会議で可決・成立し、十日に公布となる。

次は、懸案のガソリン税法である。二十七年の第十五回国会に提出されたこの法案は、年内に衆議院本会議を通過したが、参議院で審議中、衆議院解散となり、いったんは廃案となった。だが、これに情熱を傾ける田中は、翌二十八年六月、衆議院に再提出する。

依然として強い反対意見に、田中は衆議院建設大蔵連合会で、口髭をふるわせるようにして、ほとんど一人で熱弁をふるった。

「いままで、表日本偏重の予算投下が長いあいだつづけられ、裏日本とか、裏日本から表日本を横断する道路などが未改良になっております。これを、いっさい整備しなければ、道路整備は終わらない」

田中の脳裏には、雪に閉じこめられたふるさと越後の交通事情の悪さに苦しむ姿が、焼きついていた。ふるさとの格差是正に執念を燃やしていた。

反対派から攻撃があると、

「一人あたり道路費に出している額は、ちなみに、インドが三十九円でして」

と煙に巻いた。

田中は、小学校の先生草間道之輔から言われたとおり、眼に入る数字は、すべて記憶していた。田中の記憶力は、群を抜いていた。

しかし、大蔵省の追及はさらにつづいた。

「ガソリン税法は、建設省の予算折衝のお助けをする法律にすぎないような気がしますが」

田中は、右の拳をふりあげ、顔面を紅潮させ、飛んでくる矢をかわした。

「建設省のためというような甘い考えは、もっておりません！　日本の産業の根本的な再興をするためには、道路整備以外ないのです！」

田中は、逆に、大蔵省側の委員の攻撃にかかった。

「最終的には、国土計画が、大蔵省の一方的な考えでやられることが多い！」

田中は、さらに、局面が困難になると、大蔵省にみずから乗りこんでいった。

若手実務家たち一人ひとりをつかまえて、説得にあたった。

「きみたち、日本再建の基礎は、道路だ。頼むぞ！」

各個撃破も功を奏し、大蔵省も燃えあがっていった。

田中は、当時、建設大臣であった佐藤栄作にも頼みこんだ。

吉田学校の先輩である佐藤栄作は、大きな眼をぎらりと光らせ、

「わかった。きみのために、ひと肌脱ごう」

と力を貸してくれた。

ついに、ガソリン税法は、昭和二十八年七月、参議院本会議で可決され、同月二十三日、公布となった。

大蔵省側のメンバーは、戦後初めて立法府に敗れ、歯ぎしりした。

〈田中め……〉

田中は、よろこびに燃えていた。

〈誰も鈴をつけなかった大蔵省に、ついに鈴をつけたぞ〉

昭和二十七年六月六日に公布となった有料道路法とあわせて、田中がつくった道路三法が、その後の日本経済の発展に大きく貢献したことはいうまでもない。

後年、田中は、「みずからの手で立法することにより、政治や政策の方向を示すことこそ、政治家本来の機能である」と語っている。田中自身がおこなった議員立法は三十三件であるが、メインで動かずとも、なんらかのかたちでかかわった法案までふくめれば、その数はもっと多くなるだろう。

鳩山とともに踏みとどまった八人が新たな日本自由党を結成

昭和二十八年四月十九日の総選挙の結果、鳩山派は、解散前と変わりがなく、自由党はわずかに減った。

が、自由党は、第一党の地位は確保し、第五次吉田内閣をつくった。

この頃、鳩山派の大多数は、自由党へ戻った。三木武吉、河野一郎、松田竹千代《まつだたけちよ》、松永東《まつながとう》、中村梅吉《なかむらうめきち》、山村新治郎《やまむらしんじろう》、池田正之輔《いけだまさのすけ》、安藤覚《あんどうかく》の八人が踏みとどまって、新たな日本自由党を結成した。

鳩山が二度目に自由党を離れ、新党結成の下準備をしていたときのことである。

三木武吉から、児玉に電話があった。

「急いで来てほしい」

児玉は、さっそく牛込河田町の三木邸へ駆けつけた。

そこに、三木と河野一郎が、むずかしい顔をして向かい合っていた。

三木は、沈痛な表情でいった。

「きみ、困ったことができたぞ！　じつはナ、鳩山が腰を抜かしてしまったんだ」

三木は、言葉をつづけた。

「われわれみんなが、こうして肚《はら》を決めたというのに、肝心の当人は、いっこうに起ち上がろうとはしない。こんなことではダ、鳩山は永久に、政権を取ることはできはせん。そこでわれわれはダ、彼の尻をたたいて、ぜがひでも新党結成、反吉田、つまり吉田打倒の線に踏み切らさなくちゃあならん。だが、ここで強引に鳩山を説得し、動かせる者はダ、きみ以外にないと、おれは思う。もしこれが実現できン場合はダ、同志の一人松村《まつむら》（謙三《けんぞう》）氏に対しても、おれは顔向けができンことになる。この三木武吉はダ、すでに松村と、固い約束がしてある。仮にこれができねばおれはもちろん、松村もともに代議士を辞めずばなるまい」

「すると、わたしに鳩山さんを口説けといわれるんですか！」

児玉は感じた。

〈これはヘタをすると、自分はとんだ役目をひっかぶる〉

つまり、口説くというのはおとなしい表現で、そのじつは、場合によっては強談をも覚悟してかからねばならないのだ。

三木は、角張ったアゴをしゃくって、そうだ！　そのとおりといいたげな面持ちである。そして、またもや吐き出すように言った。

「鳩山のやつ、ここでノホホンと座っていて、それで天下が取れるとでも思い込んでいるんじゃろうか！　おれたちはダ、あれに本当の政治をやらせたいばかりに、保全経済会の問題にせよ、どれにしても、悪名はおれときみがダ、肚のムシを殺して引っかぶってきたんだ！　きみにしても、考えてみろッ、終戦後から今日まで、鳩山に貸しこそあれ、何一つ借りはあるまい。きみのいうことなら、あれは必ず聞く！　だから、きみに行ってもらうことに決めておる」

「せっかく、ここまで仲良くやってきたのに、いまそれをやると、鳩山さんと自分のあいだに、必ずシコリが残るでしょう。この役だけは、カンベンしてほしいのです」

三木は、不気味な三白眼で児玉を睨《にら》みすえるようにして言った。

「鳩山を説得するということ、ときによって、あるいは尻をまくるということ、これはダ、いまに日本のためになるはずだ。吉田の天下をこのまま存続させておくことは、溜《た》まり水にボウフラがわくとおなじだ。現にそのボウフラが、蚊になりかけておるではないか！」

児玉は、鳩山邸を訪ね、開口一番言いきった。

「この土壇場になって、いまもって先生の態度がはっきりしないことは、あまりにも見苦しく、ふがいないことのように思えます。あるいは、わたしの考え違いかもしれんが、いまの自分の眼から見ると、先生はどうも腰抜けとしか思えない。この際、断然踏み切って、旗じるしを鮮明にしていただかねばならぬ。

そうしないことには、同志の結束も破れてしまうし、先生は永久に社会のモノ笑いになるばかりです」

しかし、鳩山は、別に表情を変えるでもなく、いたって悠然と、にこやかに児玉を見守っていた。

「そうかネ、三木のやつ、問題がそこまできているんだったら、はっきりそのように言えばいいんだのに……やつは一人で、イライラして気をじらせていたわけだなあ。きみたちも考えてみたまえ。どうせぼくの体は、そっくり三木君に投げ出しているんだぜ。だから、ぼくが聞くも聞かんもないじゃあないかネ！」

児玉はこれを聞いて、やれやれと思った。

〈直談判に訴えることなく、人を介して下話をしたことがよかった〉

昭和二十九年十月はじめ、それまで改進党、分自党と自由党内部の有志で結成していた新党協議会は、いよいよ新党結成準備会となった。十一月十五日には、新党創立委員会と看板を変えた。鳩山一郎は、そのいずれにも委員長に推された。

十一月二十四日、ついに「日本民主党」が結成された。鳩山一郎が総裁、重光葵が副総裁、岸信介《きしのぶすけ》が幹事長に就任した。

十一月三十日、臨時国会が召集された。日本民主党は、自由党と妥協せず、吉田内閣に対して真正面から内閣不信任案を出す方針を決めた。この臨時国会では、日本民主、左右両派社会の三党が吉田内閣不信任案を突きつけてきた。この三党の衆議院での合計議席数は、過半数を超える二百五十三。これに対して、与党の自由党は百八十五議席であった。

不信任案が成立するのは、眼に見えていた。ところが、吉田は、これに対して内閣不信任案が成立すれば、解散という考え方を強く示した。自由党も一時は、ほとんどその意見に傾きかけた。

だが、最後に緒方竹虎《おがたたけとら》が強硬に解散に反対し、総辞職を主張した。

十二月七日、目黒の総理公邸で、臨時閣議がひらかれた。吉田は、その大食堂に入った。

大野伴睦の顔を見るや、ズバリ言った。

「総務会長、誰が何といっても、解散に決めましたから」

部屋の中が、騒然となった。そのとき、吉田の指南役松野鶴平が、烈火のごとく怒った。

「いまになって、何を言うのか。解散すれば、党は壊滅だぞ！」

吉田は、ぷい、と二階に上がってしまった。大野らは、閣議をしている部屋から片っ端から閣僚を呼び出した。側近の佐藤栄作、池田勇人以外は、すべて解散反対論者であった。

二階に上がった吉田は、三女の麻生和子に電話をした。和子が出るなり言った。

「終わったよ……」

そう伝えると、吉田はさっと大磯の自邸へと帰ってしまった。ここに、約七年間もつづいてきた吉田内閣は、ついに総辞職したのである。

鳩山は、それを聞いて思った。

〈あくまでも解散を主張した吉田は、とにかく殿様流で、自分に逆らうものはなんでも切って捨てようという精神が滲み出ている。言いすぎかもしれないが、シェイクスピアの『マクベス』の中に出てくるお化けのような人だ〉

十二月八日、自由党議員総会は、緒方竹虎を新総裁に決定した。

かくして十二月九日、衆参両院は、鳩山一郎民主党総裁を新総理に指名した。民主党は、昭和三十年三月上旬までに総選挙をおこなうことを約束して、自由、民主の両党の支持を取りつけ、衆院は鳩山百十六、緒方八十五の圧倒的多数で鳩山を支持した。翌十日には、鳩山一郎内閣が成立することになる。

その夜、鳩山は、自宅二階の書斎で、三木武吉、河野一郎と三人だけのわずかながらの時間を持つことができた。三木が、一言、ぽつりと漏らした。

「よかったな……」

そう言うと、鳩山の手を固く握った。

河野は、何もいわずに顔をゆがめていたが、とうとうたまりかねて大声をあげて泣いてしまった。鳩山の自由党立ち上げ資金のために、児玉機関のカネやダイヤモンドを提供し、鳩山に天下を取らせることを願った児玉誉士夫の念願が、ついにかなったのである。

保守合同「自由民主党」成立の内部事情

昭和三十年四月十二日、民主党総務会長の三木武吉が、突然、爆弾談話を発表した。

「保守結集のために、もし鳩山の存在が障害になるなら、鳩山内閣は総辞職してもいい。民主党は解体しても、いっこうさしつかえない」

十月十三日には左右両派社会党が統一した。これは自由、民主両党の議員に、相当な影響を与えた。理屈や感情を越え、「これではたまらない」と危機感を抱いた。

十一月十五日、自由党と民主党は、ついに大合同を実現し、「自由民主党」が誕生した。

鳩山内閣は総辞職し、ただちに第三次鳩山内閣が成立した。

昭和二十八年四月十九日におこなわれた第二十六回総選挙にあたり、分自党所属の現職議員は三十五人だったが、この一戦でうまくいけば、百人内外を獲得できそうな見通しであった。

しかしながら、三木武吉の「解散なし」との誤算などあって、資金その他の準備も十分ではなかった。児玉の眼から見れば、戦わずして、すでに勝敗の帰趨がほぼ見当ついたかに思えた。

ちょうどその頃、三木が、児玉に訊いた。

「きみは、保全経済会の伊《い》藤斗福《とうますとみ》という人物を知っているか？」

「『読売新聞』にいる遠藤美佐雄君から、その人のことはうすうす聞いたことはある。が、まだ一度も会ったことはない」

「保全の伊藤君は、これまで政治関係の者にたびたびカネを出しているようだ。が、くだらんやつに出すより、おれのほうに、少しまとめて貸すように話してくれ」

三木の希望は、額にして五千万円、選挙がすめば、都合のつき次第返済する、といったものだった。投票日もいよいよ間近に迫っている。三木は、資金づくりに苦しんでいた。

児玉は、さっそく読売の遠藤に頼み、保全経済会の責任者たる伊藤斗福に掛け合ってもらった。伊藤からは、まんざらでもない返事があったという。

「いちおう、三木先生にお会いしたうえで」

約束の当日、赤坂の料亭「ひさご」の一室で、三木と経済誌『東洋経済』の主幹を経て鳩山派の代議士となった石橋湛山、それに、伊藤と児玉が顔をそろえた。

三木は、伊藤に単刀直入に切り出した。

「五千万円貸せ！」

言葉はすこぶる簡潔だが、三木の態度と口調は、人を納得させずにはおかぬ気魄《きはく》がこもっていた。

伊藤は、落ちつき払っていた。

「お話はわかります。が、しかし、お貸しすることよりも、むしろ保全の広告記事を一年間ほど、石橋さんの『東洋経済』に載せていただくこととして、その料金を概算四千万くらい前納するという形式では」

その場で石橋は、どっちつかずの返事をした。

「そりゃあそれでもいいが、『東洋経済』はすべて宮川君にまかせてある。そのことなら、彼に会って、じかに決めてほしい」

その翌日、『東洋経済』の本社で、責任者の宮川三郎と伊藤が会った。児玉も三木の代理的立場で、その席に立ち会った。

宮川が言った。

「名目は広告料だが、四千万円は、実際は選挙に使うのだから、わたしは関係がないのだ。もし広告を出されるのなら、それとは別に、掲載料を払ってほしい。それにしても、通常のものなら結構だが、記事広告となると困るので……」

単に、記事広告は困るだけなら、伊藤としてもわからなくはなかった。が、四千万円のほかに掲載料をよこせ、と言われ、この話は、ついにお流れになってしまった。

話が壊れて帰る道すがら、車の中で、伊藤が言った。

「あんな兵六玉《ひょうろくだま》と話したって、無駄です。しかし、それでは三木先生が困るでしょう。思いきって三千万円だけ出しましょう。その代わり、将来、保全の立法化に協力するようにぜひ」

保全経済会は、庶民から配当の条件つきで出資させたカネを、一方において貸し付け、利ざやを得ていた匿名組合である。法律的裏づけのない特殊な金融業だった。それゆえに、伊藤は、「相互金融法の立法化」をもくろんでいた。

児玉は、三木にその旨を伝えた。

「うむ。それは大いに助かる！」

三木は、眼を細めてよろこんだ。

翌日、伊藤は、約束どおり、鳩山邸で三千万円を渡した。三木は、中腰のまま、「すまんが伊藤君、急ぐので容《い》れ物ごともらっておく」と、そのバッグを抱えてあたふた音羽の山を降りていった。

ところが、保全経済会が、昭和二十八年十月、つまり、総選挙から半年そこそこのうち、休業したのである。多くの大衆投資家に被害が出た。

そこで、検察庁の手が入った。右派社会党の平野力三《ひらのりきぞう》、改進党の早稲田柳右衛門《わせだりゅうえもん》、法大教授の松本信次が有給顧問となり、「相互金融法の立法化」をもくろみ、多額の運動資金が、政界各方面に流れていることがわかった。

昭和二十九年の一月下旬、再開された第十九回通常国会で、がぜんこのことが問題化した。二月一日には、衆議院の行政監察特別委員会でも、これを取り上げた。

問題の三人の有給顧問を、証人として喚問することとなった。ついに政治問題にまで発展したのである。

平野は、質問に対し、爆弾証言をした。

「音羽の鳩山邸で、鳩山・三木両氏に、一千万円を献金した、ということを、伊藤氏から聞いている」

三千万円が一千万円になっていたが、検察当局の追及は、おさまらなかった。

そこで、三木が、児玉に言いつけた。

「鳩山が天下を取るまでは、こんなことで傷をつけてはならぬ。で、あのカネは、あのとき鳩山は受け取らず、そのまま伊藤君に返したことにしてくれ。そして、別なカネをきみがつくって、おれにくれたことにしてほしいんだ」

他ならぬ三木の頼みでも、児玉は、このことばかりは、さすがに断りたかった。だが、「鳩山に累をおよぼしたくない！」との、強いての言葉に、結局応ずるほかなかった。

そして、夏の暑い最中、三木も児玉も、何回か検察庁に喚《よ》ばれ、さんざん油を絞られた。つまり、児玉と三木の二人で、泥をかぶったわけである。

三木は、伊藤が保釈になってからも伊藤に会うたび、「あのときはすまなかった！」と、人前でもたいそうていねいに頭を下げた。保全経済会は、昭和二十九年七月に、倒産した。

三木は、昭和三十一年七月四日に亡くなるが、臨終の少し前に児玉を呼んで、遺言した。

「多少ともカネが残っていたら、裁判の見舞金として、伊藤君に、たとえ五十万でも渡してくれ」

三木が亡くなってまもなく、児玉は、三木の仏前で伊藤と対座し、この言葉を伝えて五十万円を伊藤に渡した。伊藤は、感極まって男泣きに泣き、しばらくは面を上げられなかったという。

のち、伊藤の裁判にあたって児玉は、一証人として法廷に立った。児玉は、裁判長にこう答えた。

「わたしの考えでは、伊藤斗福が、本事件の被告であることにつき、大きな疑問をもっています。端的にいうと、本当の被告こそは、保全を立法化してやるとの口実をもうけ、伊藤君から多額のカネをむしり取った政治家こそ、それではないかと考えます」

この陳述に対して、児玉は思った。

〈もし〝霊〟あるとすれば、地下に眠る三木老人は、さぞかし苦笑せられていることであろう〉

第3章　首領・三つ巴

戦後初めて三十代で大臣就任した田中角栄の執行ぶり

昭和三十年（一九五五年）十一月十五日、自由党と民主党の保守合同により、自由民主党が結成された。田中角栄は、昭和三十二年七月十日、三十九歳の若さで岸信介改造内閣の郵政大臣に就任した。三十代で大臣に就任したのは、「憲政の神様」と仰がれた尾崎行雄《おざきゆきお》いらいであった。

七月十日の認証式の直前、郵政記者クラブの記者が、郵政事務次官の小野吉郎《おのきちろう》に、田中角栄について謎のようなことを言った。

「小野さん、今度はひどいのが来たぞ。苦労するぞ。だがな、大変な男だぞ。デスクワークまで、自分でできる男だ。うまくいけば、非常にうまくいくぞ」

小野は、ひどく興味を抱いた。

〈どんな大臣だろうか〉

小野は、のちに田中角栄の推しでＮＨＫ会長となった人物である。

田中は、翌七月十一日午前、港区麻布狸穴町《まみあなちょう》の庁舎で、十一時半から講堂に集まった全職員に対して訓示をおこなった。

「わたしは、新潟県柏崎の生まれで、まだ三十九歳。未熟者であることはいうまでもない。だから有能老練な平井《ひらい》（太郎《たろう》）先輩のあとを受けて果たしてうまくやれるかどうか、心配している。しかし、まだ若いのであるから先は長い。前大臣と比較するような意地悪をせず、先を見て、まあ使い甲斐《がい》のある男だと思ってもらいたい」

田中は、それから、みずから次官室へ足を運び、小野に会った。

小野は、昭和三十一年九月、村上勇《むらかみいさむ》郵政大臣のときに事務次官に就任した。それいらい、平井太郎に仕え、田中角栄は三人目の大臣である。それまでの大臣は、すべて次官を大臣室へ呼んだ。田中角栄だけは、自分から次官室へ足を運んできた。小野は驚いた。

〈大臣だといっていばらない、気さくな人だ〉

田中は、それ以後も、用のあるときは、大臣室へ呼びつけないで、自分から次宮室へ足を運んだ。

田中は、小野に言った。

「おい、郵政案件が積もりに積もって残っているだろう。懸案になってる問題は、わたしが全部片づける。国会に上程するんだから、全部持ってこい」

田中は、意欲に燃えていた。

小野は、田中の呑みこみの早さに舌を巻いた。普通、新任の大臣に、仕事の説明をし、理解してもらうのに、およそ一ヵ月ほどかかる。が、田中に対しては、ほとんど一週間もかからなかった。小野側の説明は、ごく簡単ですんだ。むしろ、田中のほうから、要点を説明し、逆に小野に質問した。

小野は、心の中で唸《うな》った。

〈なるほど、大変な人物だ〉

田中は、本省の課長級以上五十人ほどを集め、明治記念館で、慰労会を兼ねた新任パーティーを開いた。大臣初登庁から一ヵ月ほど経った、八月のひどく暑い日であった。

そのとき、田中は、地元の越後ちぢみの反物一反を、全員にプレゼントした。浴衣地であった。そのような気配りは、小野らのほうがしなくてはいけない。逆に先にいただいてしまったわけである。

小野は、田中の細かい心づかいがうれしかった。

〈この田中角栄という人物は、必ずや将来大をなす人だ。仕事の面だけでなく、気性面、人情面でな、すばらしい〉

田中は、それからしばらくして、小野に言った。

「ぼくには客が多いが、用事があるときは、来客中でもかまわん。どんどん言ってくれ」

それ以来、小野は、田中を全面的に信頼した。

〈田中さんのためなら、どんなことでもやろう〉

大蔵省との予算折衝においても、田中はユニークであった。

普通は、各省大臣は、大蔵大臣との大臣折衝になることが多い。が、田中は、次官、主計局長との個別交渉から入った。時の大蔵大臣は、一万田《いちまだ》尚登《ひさと》であった。

一万田は、日銀では、総裁として、「日銀の法王」とも呼ばれているくらいの大物であった。が、なにぶん、政治の世界は荒っぽい。銀行出身者としては、面食らうこともあった。その対抗手段として、事務的なことでも、主計局長の意見を聞かないで、勝手に法案を上程していた。省内の評判は、必ずしもよくなかった。

喧嘩《けんか》のうまい田中は、そのあたりのところを読んだ。

〈一万田じゃ、話にならん。それより、昔からよく知っている次官、主計局長に話をしたほうが手っ取り早い〉

田中は、まさに大蔵省へ乗りこむ、という感じで出かけていった。次官室、主計局長室のどちらか一室を占領し、直談判した。とくに、電電公社（現・ＮＴＴ）の予算取りに関しては、田中ならではのすさまじさを見せた。

昭和三十二年の秋のことであった。田中は、電電公社の予算が思いどおりに取れなかったので、直接正《しょう》示《じ》啓《けい》次《じ》郎《ろう》理財局長（のちに経企庁長官）にねじこんだ。

「電電公社の今度の三十三年度の予算は、財政投融資の予算を使わしてもらうぞ。だいたい、あんたらのとこの財政投融資の資金源は、郵政省の簡易保険、郵便貯金の積みたてのおかげで成りたっておるんじゃないか。その電電公社の投融資を郵政省へ預託しないで、どうするんだ。四の五の言うと、電電予算は、全部こっちで、自主運用するぞ！」

田中は、その前から、正示をよく知っていた。それゆえ、そのような乱暴な意見を言えたのだ。それは、正論であった。

ねじこまれた正示は、困ってしまった。その直後、渋い顔で、小野に言った。

「小野さん、頼む。次官として、大臣になんとか言ってくださいよ。田中大臣の言うことを聞いていたら、わたしの首は、いくつあっても足りないよ」

結局、電電の予算は、郵政省の要望どおりの額で、大蔵省の予算に入った。

「ロッキード事件」の発端となる児玉誉士夫の秘密コンサルタント

日本政府は、米軍供与のＦ－86Ｆが旧式化したため、昭和三十二年六月、超音速ジェット戦闘機三百機のライセンス生産を決定した。

候補機種としては、ノースアメリカンＦ－１００Ｄ、ロッキードＦ－１０４、ノースロップＮ－１５６Ｆ、コンベアーＦ－１０２Ａ、グラマンＦ11Ｆ－１Ｆ、リパブリックＦ－１０５の六機であった。

空幕（防衛庁航空幕僚監部）の意見は、当初、ロッキード採用であった。が、昭和三十一年春から、輸入商社、日米のメーカーが政官界に激しい売り込み運動をはじめた。いわゆる「第一次Ｆ－Ｘ争奪戦」である。次期主力戦闘機のＦ－Ｘとは、Ｆは「ファイター（戦闘機）」、Ｘは「未定」を意味する。

昭和三十三年四月十五日、防衛庁はＦ－ＸをグラマンＦ11Ｆ－１Ｆに内定した。

児玉は、ロッキード事件の「児玉ルート公判検察側冒頭陳述書」によると、じつは、このとき、すでにロッキード社のコンサルタントになっていたのである。

ロッキード社は、昭和三十二年頃から、ロッキード・エアクラフト・インターナショナル・リミテッド（LAI）社長のジョン・ケネス・ハルを、日本に滞在させた。ロッキード社のF－104型戦闘機の売り込みにあたった。ハルは、昭和二十年代の終わりから三十年代の初めにかけて、日本政府に対してロッキード社のP－2J対潜哨戒機ネプチューンやT－33練習機などの売り込みに成功していた。

ハルは、昭和三十三年四月、日本政府にF－104型戦闘機を採用させるためには、代理店の丸紅だけを頼りにしていては駄目だ、日本の政財界に隠然たる勢力をもつといわれる児玉の力を得る必要があると考えた。

ハルは、児玉と親交の深いジャパン・パブリック・リレーションズの代表取締役福田太郎の紹介で、児玉と会った。福田は、昭和二十四年六月に児玉の著書『われ敗れたり』を英訳していた。ジャパン・パブリック・リレーションズ社を設立するときも、発行株式三百株中二十株を児玉に引き受けてもらっていた。

ハルは、福田に通訳させ、児玉に要請した。

「F－104型の選定について、尽力していただきたい」

児玉は、さっそく福田から各種資料を取り寄せて検討し、ハルに確約した。

「コンサルタントとして、ロッキード社に協力しましょう」

しかし、児玉は、ロッキード社との関係が公になることを極度に警戒した。ロッキード社に強く要望した。

「契約書などはいっさい作成しないで、あくまで秘密コンサルタントとして活動し、報酬は日本円の現金で支払ってほしい」

ロッキード社は、これを了承した。以後、ロッキード社と秘密コンサルタント児玉との連絡には、児玉の暗号名「トモダチ」が使われた。

児玉はロッキードとの秘密コンサルタントの確約後、F－104型戦闘機を採用させるために、当時経済企画庁長官であった河野一郎と組んで画策をはじめた。

児玉、河野の戦闘機販売の敵は、グラマンF11F－1Fを推す岸総理であった。

河野は、昭和三十三年六月、岸総理に、喧嘩をふっかけた。

「グラマンには、試作機が三機しかない。そんな幽霊機なんか、取り消してしまえ！」

児玉はさらに、グラマン派を追及できる情報を得る。

児玉の暗躍――森脇将光の〝メモ〟で〝グラマン内定〟をひっくり返す

児玉は、昭和三十三年の夏、日本橋にあった高利貸し森脇将光《もりわきまさみつ》の事務所をふらりと訪ねた。

「国会でいま、防衛庁飛行機のF－Xの機種選定でゴタゴタやってるけど、どうもスッキリしない。オヤジさんのところにくれれば、何かあるのではと思ってね」

森脇は言った。

「あんたたちは、ワイワイやってるが、大仏さまのお尻を撫《な》でているようなもんだ。天川勇って人物を、知ってるかい？」

「知らん」

「グラマン問題なら、その男の身辺を洗ってごらん」

児玉が「オヤジさんのところにくれば」といったのは、森脇が高利貸しゆえに独自の調査能力を誇り、それまでいくつかの戦後の重大汚職事件を暴くきっかけをつくっていたからである。昭和二十九年には、日本特殊産業の猪俣功社長との紛争にからんで公表した、いわゆる〝森脇メモ〟が、「造船疑獄」の火点《ひっ》け役を果たした。

〝森脇メモ〟とは、森脇が赤坂の料亭の下足番にカネを握らせ、座敷に上がった客の名をメモしたものであった。その客の名から、事件のかかわりを炙《あぶ》り出したのである。昭和三十二年の「千葉銀行不正融資事件」を告発するきっかけになったのも、その〝森脇メモ〟であった。児玉は、森脇に聞けば、何か機種選定の裏情報が聞けるのではないかと勘を働かせたのであろう。

森脇将光

森脇が児玉と親しくなったのは、昭和二十七年の終わり、当時『新夕刊』という新聞を出していた同社の山崎一芳社長が児玉を連れて突然、日本橋の森脇の事務所に訪ねてきたことにはじまる。児玉は、それからたびたび森脇の事務所にカネを借りにくるようになった。当時のカネで五百万から一千万円の範囲であった。利息は低利だったが、ちゃんと払ってもらった。踏み倒しはなかった。児玉は、森脇のところにカネを借りにくるときはいつも一人で、サッと来て、スッと帰ったという。

児玉のカネの借り方というか、口実は変わっていた。森脇の長い金融業経験のなかで〝異色の借り方〟として印象に残るのが二例だけあったが、そのうちの一つが、この児玉であったという。

「森脇さん、わたしはおカネがないわけではない。ただ自分とこに面倒かけにくる連中、たとえばヤクザなんかの親分たちだが、あいつらはおれのカネだといって渡すと、返してくれない。だから、そうじゃなくてこれは森脇から借りてきたんで、自分がお前たちのために頭を下げて都合してきたんだというと、まあ、やつらも返すからなあ。で、借りたい。それに自分は無職だということにしてるし、無職の人間がカネを貸したんでは、税務署がうるさい」

児玉に貸すのは昭和四十年三月まで三十数回あったが、いつも必ず返してくれた。森脇も信用していて、そのうち家族ぐるみのつきあいになったほどだという。

　児玉がグラマン問題に首を突っこむきっかけは、児玉が森脇に語ったところによると、大西瀧治郎の旧部下が、等々力の児玉邸に集まった。その席で「どうも防衛庁のやってることは変だ」ということを若手の防衛庁官僚が言った。

「だいいち、二年間も一生懸命検討した結果、まさにロッキードに決まらんとするうちに、途中、突然、急カーブでグラマンが出てきて、グラマンに決まった。これは、じつにけしからぬことである」

「グラマン内定という事実については、ロッキードとそれからグラマンの比較表等々は、インチキがある。つまり、グラマンのいいようにつくりあげている」

　児玉はその席でそういう声を聞かされ、そこで初めて、そういうことがあっては大変だと、動き出したという。

　その後、児玉から森脇に報告があった。

「いいや、天川勇というのは、あんたが言ってたとおりだ、大変な野郎だ。アレは、防衛庁に住む大蛇だ。それも四畳半に住む大蛇だ。十畳、二十畳の広い部屋なら大蛇をよけて通れるが、四畳半ではよけるわけにはいかない。機種選定の道を腐らせている」

　つまり、防衛庁という〝四畳半〟には大蛇がトグロを巻いているから、それ以上は中になかなか入れない。入っていくためには、この大蛇のご機嫌をとらなくてはならない。そのため、防衛庁関連の企業などは、この〝天川大蛇〟のご機嫌伺いに汲々として、赤坂の夜で必死に接待する始末だ、という。

　昭和三十三年十月、森脇は、児玉が一生懸命に大蛇退治に動いているとわかって、児玉に例によって〝森脇メモ〟を渡した。

　じつは、森脇が、天川勇の情報を摑んだのは、元警察庁警部によってであった。天川勇なる軍事情報屋が、機種決定をあずかる国防会議参事官やグラマンの代理店である伊藤忠関係者らと、都内の料亭、キャバレーで豪遊しているという。森脇は、その情報をきっかけに天川について調べはじめたのであった。

森脇メモには、天川勇の略歴まで書いてあった。

「明治四十一年（一九〇八年）、神戸市生まれ、慶大文学部卒。戦後、小松製作所に常務取締役兼業務部長として入社。昭和二十六年、池田蔵相当時、『わが国防衛力の基本的漸増計画』の立案に参加し、池田・ロバートソン会談で、米側の要求する陸上自衛隊三十二万人を半分の十六万人とし、日本側の提案どおり譲歩させた。これを実績として大蔵省はじめ、政府関係機関に陰の影響力をもつようになった。

天川勇がいかに〝グラマン内定〟に暗躍したか？

軍事情報ブローカーとして、国防に関するそれぞれの官庁極秘、秘、部外秘の機密書類を入手し、とくに、新三菱重工と深い関係をもって、防衛庁、国防会議との密接な連絡を保ち、〝グラマン内定〟に暗躍した」

そのメモには、一月から五月までのあいだ、天川がどの料亭やバーで誰と会っていたかが二十四件、細かく書かれている。それは、次のように正確なものである。

「一月二十三日、料亭『幾松』。古賀通産省課長、他通産省?役人。岩瀬三洋電機半導体工場と会食」

「一月三十一日『京稲』。天川。外山防衛庁、他防衛庁?役人」

児玉は「ありがとう」を連発、これで「大蛇退治ができる」と喜んで帰っていった。

児玉は自分でも収集した情報と森脇の情報をもとに、グラマン追い落としに暴れはじめる。

児玉は経済誌『財界』昭和三十三年十一月十五日号での経済評論家で『財界』主幹の三鬼陽之助との対談で、グラマン汚職をにおわせることを摑んだと次のことを暴露している。

「国防会議から内閣に提出された答申書で他の候補機種と比較されているロッキード機はF－１０４A。しかし、この〝A型〟は旧式で、すでに新型の〝C型〟が完成している。

〝C型〟については、ロッキードがペンタゴンに、機密書類として五部を提出していたが、そのうちの一部が、五月段階ですでに防衛庁にあった。これは新三菱重工の由比直一航空機部長がアメリカから持ち帰ったものである。が、防衛庁幹部は、意図的にこれを隠していた」

小佐野賢治との近接で「ロッキード社の日本における国防相」となる児玉

昭和三十四年三月、グラマン汚職は不正についての確証があがらないまま、衆議院決算委で打ち切られた。

ただし、六月十五日、国防会議で、グラマン内定は白紙還元となった。

十一月六日、国防会議で、F－X はロッキードF－104Cの改良型と決定。主契約者が新三菱重工、従契約者が、川崎航空機に指定される。

十二月、F－104Jの単価、一一五万ドル（四億千四百万円＝当時）以下と決定。

昭和三十六年三月、F－104J、百八十機の生産契約がおこなわれた。

こうして児玉の加担した河野派は、岸派を追い落とし、ロッキード決定を呑ませたのである。ロッキード社のハルは、この成功に狂喜した。

この十年後、第二次F－Xが問題化したとき、昭和四十三年四月の参院決算委で社会党の大森創造《おおもりそうぞう》が、発言している。

「ロッキード、グラマンの戦争、あえて戦争とわたしはいいます。……あのときに流れた政治資金、これは通説十億だという。ロッキード、グラマンが候補に採用される段階で、三億、両者がしのぎを削る段階で、三億、ロッキードということに決定したときに四億、合計十億流されたという話を、わたしは聞いておるのです」

児玉は、この逆転劇において運動資金名目でロッキード社からハルを介して、数回にわたり現金各五百万円ぐらいを受領していた。児玉は、決定後謝礼名目で数回にわたり、現金各三百万円ぐらいを受領し、また、感謝文付きのF－104型戦闘機の模型の贈呈を受けた。戦闘機の売り込みの成功は、ロッキード社の児玉に対する評価を高めた。

のちにロッキード事件が発覚したとき、ロッキード社のアーチボルト・カール・コーチャン会長は、「児玉はロッキード社の日本における国防省」とまで証言している。

児玉の側近であった人物によれば、小佐野と児玉が知り合ったのは、昭和三十年代の初めの頃だった。児玉機関の副機関長であった吉田彦太郎《よしだひこたろう》が、神奈川県茅ヶ崎のほうへ抜けていく遊行寺《ゆぎょうじ》近くを車で走っていた。吉田の車が、タクシーとぶつかった。小佐野の経営する国際興業のタクシーであった。放っておくと、もめるもとになる。

吉田は、翌日、国際興業に出向いて行った。応対に出たのが、顧問弁護士の正木亮であった。正木と吉田は、いわゆる〝大人の話〟としておさめた。そして、この件がもとで、正木が、小佐野と児玉を引き合わせたのであった。

だが、田中角栄は、児玉誉士夫が嫌いであった。田中は、右翼とか、その手の特別の雰囲気をもった者が、ことごとく嫌いであった。とはいえ、政治家をやっていると、そういう人たちともつきあわなくてはならなくなってくる。そこで、小佐野が登場してくる。

右翼がかった連中は、いろいろなところから、いろいろなことを言ってくる。しかし、田中はそういった連中を、絶対そばに寄せつけなかった。田中の代わりにそういう連中を引き受けるのが、小佐野であった。

人間は、誰でも、何の仕事をしている者でも、成功している人にはそれなりの何かがある。小佐野は、田中の秘書の朝賀昭《あさかあきら》に言っていた。

「児玉誉士夫って人は、すごい人だよ。世間ではあの人のことをいろいろいうけど、とにかくすごい人だよ」

小佐野・五島の中越自動車乗っ取り連合に参画する田中角栄

小佐野、五島慶太の連合軍の乗っ取りは、やがて田中角栄を巻きこんだ乗っ取り劇となる。

田中角栄が、ロッキード事件の検察官調書でその一端をのべている。

「昭和二十五年頃から三十年頃にかけての新潟県内の交通企業の状況を言いますと、新潟北部には新潟交通一社があり問題はあまりなく、南部も頸城《くびき》鉄道一社で主に運営しており、これまた安定的でありました。しかるに、県央平野部には、わたしが社長であった長岡鉄道のほかに、栃尾鉄道株式会社と中越自動車株式会社の三社が競合しながら存立し、路線問題については絶えず紛争を起こしておりました。この三社が合併できれば優良な地方交通企業となることは、誰の目から見ても明瞭なことでありましたが、三社とも大正初年の創立いらいの歴史的な事情もあって、地元の力だけでの合併は困難でありました。わたしは二十五年に長岡鉄道社長に就任するとともに、この三社の合併を念願して努力していたのです」

そこに、五島慶太の登場となるわけである。

「昭和三十二年、わたしは郵政大臣に就任し、運輸、逓信大臣として先輩にあたる五島慶太氏と会う機会が多くなりましたので、五島氏にこの三社合併の必要性を説明したところ、なんとか協力してやるとの好意ある返事をもらいました。

この合併を実現するための近道は、中越自動車社長西山平吉氏の所有する同社の株式全部を買い取ることでありましたので、この買い取りについて従来から西山氏と面識があり、バス会社の経営者同士として深い交際があった小佐野氏が五島氏と相談し努力した結果、その買収に成功し三社合併が実現したのでありります。新しく合併してできあがった会社が、現在の越後交通株式会社であります。小佐野氏はそのときいらい同社の取締役となり、現在にいたっております」

いかにもきれいごとをいっているが、たしかにこの合併劇は、五島慶太はもちろん小佐野の暗躍なくしては不可能であった。

五島慶太の大番頭で東急電鉄常務であった田中勇《たなかいさむ》によると、昭和三十二年の春、上野毛《かみのげ》の五島邸に呼ばれた。

五島は、切り出した。

「中越自動車の乗っ取りをやるから、おまえやれ」

田中勇は、あまりに突然なのでおどろいた。

「田中角栄が、さきほどおれのところにやってきて、頼むんだよ。『中越自動車というのがあるから、それを東急傘下におさめたらいいだろう』って」

「株は、どうなってるんですか」

「株は、自分で集めます、と田中角栄が言うんだ」

田中勇は、異をとなえた、

「あんなに雪ばかりびしゃびしゃ降って、半年間しか運転できないようなバス会社を取って、どうするんですか。わたしは、不賛成ですね」

「そうか……」

五島は、一瞬考え、決断を下した。

「わかった。やめよう」

ところが、半月後、田中勇はまた五島に呼ばれた。

五島は、今度は命令口調でいった。

「おい、田中、例の中越自動車の乗っ取りをやれ」

五島は、説明した。

「田中角栄がまたやってきて、どうしても、というんだ」

命令とあれば、動くしかない。田中勇は、さっそく中越自動車の株集めにかかった。

田中勇は、当時を振りかえり、どうして田中角栄があれほど中越自動車の乗っ取りに執着したかについて考える。

「〝お山の千本桜〟として知られる花見の名所悠久山への路線は、両社にとって、文字どおり『ドル箱』だ。花見客を、長岡鉄道と中越とのどちらのバスが取るかで、本当に殴り合いまで演じられている。ついには、法律違反である値下げ競争までやっている。それに、政治問題もからんでおった……」

中越自動車社長の西山平吉は、田中角栄のライバルであった長岡市出身の代議士大野《おおの》市郎《いちろう》の支持者だ。大の田中角栄嫌いであった。

「なんでも西山は、選挙になると、田中角栄の悪口を書いたポスターを、一晩で電柱に貼りつけて攻撃する。田中角栄にとってみれば、大野代議士も西山も、目の上のタンコブ。うるさくてしようがない。中越を乗っ取れば、そういうこともできなくなるだろう、というので五島に頼みこんできたんだろう」

田中角栄は、後援会の越山会の会員を動かして、中越自動車の株を買い集めた。

田中角栄の地元秘書が、買い集めた株を、せっせと田中勇のところに持ってきた。

当時、全新潟労働組合会議事務局長であった内山福雄によると、東急の中越自動車乗っ取りの動きを察知し、考えた。

「東京の資本に乗りこまれるよりは、地元三社が合併したほうが得だ」

内山事務局長は、当時、新潟県衛生部長であった君健男《きみたけお》（のちに新潟県知事）と親しかった。君の親戚に、新潟政界の黒幕といわれた寺尾芳男《てらおよしお》がいた。寺尾は、石油の輸入の会社である東邦物産の社長をしていた。


寺尾は、田中角栄をはじめ、塚田十一郎《つかだじゅういちろう》、渡辺良夫《わたなべよしお》らほとんどの新潟県の代議士の金の世話をしていた。

寺尾は、内山の話を聞き、すぐに引き受けた。さっそく、東京・日本橋の丸善ビル五階にあった東邦物産社長室に、中越自動車社長の西山を呼んで説得した。

「西山君が、三社合併の新会社の社長になり、田中君は政治家として生きる。その代わり、西山君は、田中君を政治の面でバックアップしなさい」

西山社長は、新会社の社長という案に賛成した。喜色満面であった。ところが、その直後、手のひらを返したように合併反対に回った。

内山が、推測する。

「おそらく、田中角栄と組むことに、恐れをなしたんでしょう。会社を、いずれ田中角栄の手で乗っ取られてしまう、と思ったんでしょう」

昭和三十三年十月に入るや、新潟証券取引所の中越自動車の株が、にわかに動きはじめた。その年の六月まで七十三円でまったく動かなかった株価が、十月一日、七十五円、二日、七十六円、と動き、十月三十一日には、ついに九十円を記録した。

西山社長は、あわてて防戦買いに出た。そのため市場が過熱し、十一月六日には、ついに百円台に乗せてしまった。

西山社長は、うろたえた。

「田中角栄め、ついに牙を出しおったな……」

西山社長の命令で、自社株を買い集めに走らせていた総務部次長の桜井貞一も、顔を青ざめさせて帰ってきた。

「社長、北魚沼郡入広瀬村村長の佐藤宏に株の売却を頼んだところ、田中のところの本間が、すでに買ったあとだそうです！」

本間幸一は、田中角栄の地元の筆頭秘書である。

西山社長は、必死の防戦買いに出た。しかし、経営が苦しかったので、資金がない。そこに手を差しのべたのが、小佐野であった。

『新潟日報』の「ザ・越山会」の特集記事の取材者に、中越自動車従業員組合委員長だった佐藤貞治が、生前明かしている。

「西山社長が、東京に金ヅルができたので、中越自動車の分散株を集める、と言われた。そのときは誰のことかわからなかったが、あとで小佐野とわかった。西山社長は、小佐野が田中角栄と裏でつながっていたことに気づかず、集めた株は小佐野に渡していた。その小佐野の株が東急の五島に渡った。西山社長は、小佐野にまんまとはめられてしまった」

小佐野のほうが、役者が一枚も二枚も上だったというのだ。

年が明けた昭和三十四年の一月初め、小佐野が、田中勇のところに、西山社長の集めた株を持ってきた。

小佐野は、田中勇に得意そうに言った。

「西山社長が、おれにすべて任せる、よろしく頼む、と言ってきた。それで信頼できる五島さんに、この株を持ってもらおうといっておいた」

田中勇は、田中角栄の集めた株と、小佐野経由できた西山社長の持ち株を、そっくり手に入れた。完全に乗っ取りは成功した。

中越自動車を東急傘下におさめてまもない昭和三十四年八月十四日、五島慶太が死んだ。その直後、田中勇は、目白の田中角栄邸に呼ばれた。

田中角栄が、申し出た。

「五島さんの手に渡っている中越の株について、五島さんから言われている。『将来は、おまえにやる』とね。だから、おれのほうに渡してほしい」

「死んでしまったいまさらそういわれても困るけど、あんたも、嘘はつかんだろう。努力しましょう」

田中勇は、五島昇《のぼる》と相談した。

「角さんほどの人物が、嘘はつかないでしょう。それに、おれもちょっと先を見損なった。あんなに雪ばかり降っているところで、冬にたくさん雪が積もると、バス会社としてのうま味もない。角さんが、あれほどくれっていうんだから、損しなきゃいいじゃないですか」

「そうだな。損しなきゃいい」

「では、上場されている値で渡しましょう」

結局、東急の握っている株は、田中角栄に売られた。

さらに栃尾鉄道も加え、三社が合併し「越後交通」となった。

昭和三十五年十月十九日午後、長岡駅前の厚生会館で、「越後交通合併記念祝賀会」が華やかにひらかれた。資本金は、五億七百五十万円、従業員は、千七百人であった。

会長席には、田中角栄がすわった。社長席には、五島の片腕である田中勇がすわった。中越自動車社長の西山平吉は、取締役から外されていた。

つづいて、司会者が声を張り上げ、一人の男を紹介した。

「取締役、小佐野賢治」

小佐野は、にこやかに挨拶した。

越後交通は、その後、田中角栄の後援会越山会の母体となり、角栄軍団を、政治的にも経済的にも潤していくことになる。

この夜、上皇明仁が皇太子の頃に泊まったことのある由緒正しい地元の割烹旅館「福寿荘」で、宴会がひらかれた。

小佐野は上機嫌で、新しくできたばかりの一万円のピン札を財布から抜きとり、三人の芸者に、チップとして一枚ずつあたえた。

この当時「福寿荘」の泊まり賃が、一泊二千五百円であった。芸者たちは腰を抜かさんばかりにおどろき、女将に報告した。

なお、田中勇は、越後交通の社長として腕をふるいながら、長岡の越山会の会長として田中角栄の選挙も手伝った。長岡の越山会会長が、新潟第三区の越山会を取り仕切った。

田中郵政大臣の辣腕――テレビ局予備免許の大量一括認可

田中角栄が、郵政大臣として、最も辣腕《らつわん》をふるったのは、テレビ局予備免許の大量一括認可のときである。時は、テレビ時代の早暁期。田中が郵政大臣に就任した昭和三十二年の七月以来、テレビの周波数を、六チャンネルから十一チャンネルに増やす新プランが決まり、テレビはにわかに脚光を浴びはじめた。

すでに、全国で電波利権獲得の血みどろの抗争が起きていた。各地から郵政省に寄せられていたテレビ局開設免許の出願申請は、田中が郵政大臣に就任した七月十日までに、中継局をふくめて全国で民間百五十一局、NHK八局の計百五十九局に達していた。

いずれも政財界や地方の権力者たちの思惑がからんでいた。あちらを立てればこちらが立たず、という複雑な利害関係の調整がうまくつかず、手つかずのまま、三、四年越しの案件となっていた。

〈この利害の錯綜《さくそう》を、おれが一挙に整理してみせる〉

田中は、申請の動きを見ながら、自信に満ち満ちた思いを抱いていた。

この当時、読売新聞の代表取締役専務で「販売の神様」として力をふるっていた務台光雄《むたいみつお》も、郵政大臣室の田中を訪ねた一人だった。務台の要望は、姫路地区用のチャンネルを一つ、大阪地区に移して、読売系のテレビとして認可してほしいというもので、そのための異議申立書を郵政省に提出していた。

大臣室には、八月の焼けつくような熱い陽《ひ》が差しこんでいた。

「もし異議申立書が通らなければ、岸内閣と心中するつもりでいます！」

小柄な務台の、ただならぬ気迫に、田中は圧倒された。

当時、『読売新聞』は二百九十九万の部数を誇り、『朝日新聞』の三百五十四万部に迫る勢いであった。務台と『読売新聞』を敵にまわせば、本当に岸内閣が倒れかねない。田中は、務台の訴えを聞きながら思った。

「わかった。たしかに大阪地区にはもう一チャンネル必要だ。チャンネルプランの再検討をしてみましょう」

田中は頭の回転が早い。数分の話で、務台の望むところと状況をすばやく呑みこんだ。

そして、田中の「わかった」は、安請けあいとは違い、実行可能なことを意味した。田中は、一度「わかった」と答えたものは、必ずといっていいほど実行した。

チャンネルプランの再検討にあたり、最大の難所は電波管理局長、浜田《はまだ》成徳《しげのり》の説得であった。

東北大学教授と兼任でこの職にあった浜田は、鳩山内閣で郵政大臣だった松田竹千代に、その硬骨漢ぶりを見込まれて就いただけあって、かなり扱いにくい相手だった。

当時、テレビ局認可に関しては「一波一億円」、つまりテレビ局認可をとりつけた功労者には、一億円が転がりこむということが言われていた。なんとか利権にありつこうとする連中が暗躍するなか、浜田自身はどんなことがあっても筋を通すという覚悟で、肚をくくっていた。

「NHK七局をふくめた全国四十三局の認可を、一度にやってしまおうと思っている。なんとか頼む」

と言う田中に対して、

「いかに大臣の要請でも、電波監理審議会にはかり、承諾を得なければ、認可はできません」

と答える浜田。交渉はしょっぱなから難航した。

それならば、と公聴会を飛び越えて、閣議決定事項としてまわってきた稟議《りんぎ》書にも、浜田は判を押さなかった。

「一般の娯楽番組など、たくさんあってもしようがない。テレビは教育テレビだけあればいい。それに、申請者のなかに、『読売新聞』のような新聞社が多い。新聞社に民間放送を任せてしまうと、どうしても持ち株比率が多くなる。報道の独占になってしまう」

「うーん、きみも強情なやつだな」

田中は、腕を組み、宙を睨んだ。しかし、浜田の頑固さにあきれながらも、内心は、感心さえしていた。

〈こいつ、議論のしがいのある堅物だ〉

田中は、浜田が判を押さないのなら、次官の小野吉郎に頼むしかない、と思った。小野は、テレビ局開設は、単に報道機関が増えるということではなく、日本の産業発展に寄与するものだと考えていた。

小野は、さっそく書類をつくって判を押した。

いっぽう、田中は浜田の説得をつづけていた。大阪にもう一チャンネル増やすと混線するおそれがある、という浜田に、田中は八木アンテナで有名な八木博士を呼んで、電波技術上問題はないことを諄々《じゅんじゅん》と説いてもらった。

ついに、浜田も納得した。

「わかりました。姫路をとりやめて、大阪に一チャンネル増やしましょう」

こうして、田中は務台の要望もとりいれながら、快刀乱麻の技で、数ある申請を民間三十六局とＮＨＫ七局の計四十三局にまとめあげ、大量免許を一括認可した。

田中は、この認可を通じ、務台とその背後の読売新聞との関係を深めた。さらに、免許を下ろした他の局にも、絶大な恩を売ったのである。

横井英樹の「東洋精糖事件」を収拾したフィクサー児玉

児玉誉士夫は、民間企業のもめごとにもフィクサーとして介在していた。

「東洋精糖事件」は、「白木屋乗っ取り事件」で名を馳《は》せた横井英樹《よこいひでき》が引き起こしたもので、この事件にも児玉誉士夫がからんでいる。

横井英樹は、昭和三十一年五月、東洋精糖株の買い占めをはじめた。ついには東洋精糖の社内へも手をのばし、乗っ取りを計画していった。横井の背後では、白木屋事件で横井の買い占めた株を最後に引き取り、白木屋を傘下におさめた東急電鉄グループのオーナーの五島慶太が糸を引いていた。五島はすでに、同様の方法で、六十社以上の会社を乗っ取り、その辣腕ぶりは、世間に鳴り響いた人物だ。

乗っ取り派は東洋精糖の重役陣へ手をまわし、抱き込み工作をはかった。さらに自派の重役を送り込んだ。

重役陣へクサビを打ち込むと、昭和三十四年八月四日、重役会を招集し、一気に自派の社長藤本一男を決めようと計画した。

「保全経済会事件」で児玉と知り合っていた弁護士で、のちに推理作家となる佐賀潜《さがせん》は、この事件では東洋精糖側の弁護士として暗躍している。佐賀の書いた『月刊宝石』昭和四十一年二月号の「黒幕・児玉誉士夫」によると、佐賀は、この重役会の模様を、後日の証拠にするため、あらかじめ隠しマイクを用意させたという。重役会は、秋山利太郎《あきやまとしたろう》会長の息子である秋山利郎《としろう》社長が議長となり、議事が進められた。

乗っ取り派は、突如、「社長更迭」を提案した。議長は、その権限をもって、閉会を宣告し、秋山派の重役は退場した。すると、残った重役たちは、「重役会続行」を決め、現社長秋山利郎を罷免。自派の重役藤本一男を、新社長にする決議をおこなった。その日のうちに、ただちに登記をすませてしまった。

この事件の当事者である秋山利太郎会長の著書『わが風雲録』によると、初めは右翼の三浦義一に仲介を頼もうとしたという。が、秋山のところに出入りしている人が「三浦氏と関係の深い児玉誉士夫氏がいいのではないか」と進言してくれたとある。この「出入りしている人」というのは、おそらく佐賀潜のことであろう。が、秋山は、このときは児玉に仲介を頼むのを思い止まっている。

佐賀によると、彼が児玉のところへ飛び込んだのは、このときであるという。他人が営々として築き上げた企業を、横合いから盗むに等しい行為が、合法の名において許されていいはずがない。ある程度、株を買い占め、重役たちを買収することによって、企業を入手する方法が、東洋精糖以外にもおこなわれ、多くの経営者が泣いている。さながら、戦国の乱世ではないか。

佐賀は、熱心に、児玉に頼んだ。

「よし、やろう」

横井英樹

児玉は、佐賀の話を聞くと、快諾した。

秋山利太郎会長は、佐賀の手引きで児玉に会ったのか、『わが風雲録』に、児玉との出会いをこう書いている。

《ここで私は、児玉さんと会う決意をした。

「横井氏がやったにせよ、五島さんがやったにせよ、私はあらゆる方法で、両面からいじめられている。シャクにもさわるが、ここまできたらいたしかたがない。病人の五島さんを葬っても意味はないが、社会のためということを考えれば、あくまで、立ち向かいたい。それが、まじめに働いているもののためになるのではないか」

私は覚悟を決め、自分の心境を語るとともに率直な意見を児玉さんに話した。

今から思えば、ずい分無茶な話であるが、当時とすれば、まったくいつわりのないところである。

児玉さんも、

「そこまで考えているなら、なんとか仲介の労をとりましょう」

と私の話を受けてくれた。

児玉さんは私の話をすっかり聞いてから、

「こういうことは一方的な話ではいけない。五島さんの方の話も聞いてみましょう」

ということで別れた。

児玉さんにはすまない話だが、内心、多少危惧の念がないでもなかった》

児玉は、まず、乗っ取り派に、本社や工場を占拠されないため、関東一円から、右翼団体の頭領や、親分衆を集め、本社社屋を守らせた。その数は、三十人を超えたといわれている。

一方、社員・工員たちは、いずれも鉢巻きをし、本社と工場に、ピケラインを張った。

つまり、乗っ取り派の新社長以下が乗り込んでくるのを、実力で阻止しようとしたのだ。

佐賀は、弁護士として、数人の弁護士の応援を頼み、新社長の「職務執行停止の仮処分」の申請を、裁判所へ提出した。秋山派も、乗っ取り派も、裁判官の審訊を受けた。問題は乗っ取り派が開いた重役会の議事が、有効か、無効かにあった。佐賀は、裁判所へ、隠しマイクで録音しておいたテープを、証拠として提出した。

裁判官の面前で、何回も、録音テープがかけられた。その結果、乗っ取り派の新社長任命は、重役会終了後の決議によるもの、との認定を受けた。新社長の藤本一男は、社長としての職務執行を停止された。弁護士谷村唯一郎《たにむらただいちろう》が「代行社長」として任命された。

こんなわけで、両派の争いは、持久戦となり、児玉の政治工作がはじまった。

たまたま、五島慶太が、病気のため昭和三十四年八月十四日死去した。局面は、急転回し、和平の気運が動き出した。

児玉は、親しい大映社長の永田雅一《ながたまさいち》に出馬してもらい、東急電鉄側へ工作の手をのばした。最後は、総理大臣岸信介にまで口をきいてもらい、東急電鉄の二代目社長五島昇を説き伏せた。東急電鉄側が買い占めた株式の全部を秋山側で買い取ることとなり、乗っ取り事件の終止符を打ったのである。

秋山会長は、『わが風雲録』に児玉への感謝を書いている。

《児玉さんは、誠意をもってほんとうによく骨を折ってくれた》

佐賀も、書いている。

《法律は、時には、危機を救うため、時間的に間に合わないことがある。洋糖の重役会の議決がそれだ。この危機を救ったのは、児玉の実力だった。

法律は、時には、全く無力のことがある。東洋精糖事件の、経済力の対決がそれだ。この対決を、和平にみちびいたのは、児玉の政治力だった。

「児玉誉士夫は、不思議な人物だ」

僕は、彼の童顔を眺めながら思った
佐賀は、児玉の顔を童顔と書いているが、評論家の大宅壮一は、『大宅壮一の本2　人物鑑定法』の「児玉誉士夫論」で、児玉の印象についてこう表現している。

《いま、食卓をへだてて私の眼の前にすわっているのは五尺そこそこの小男である。イガ栗頭で鉛色の皮膚、久しく洞窟のようなところにとじこめられていたのが、急に明るみに引出されたという感じ。眼は細く、レンズでいうとF16か、せいぜいF８程度、それも長焦点で、奥の方からのぞいている。

ぜんたいとしての印象は、一種の猛獣にはちがいないが、ライオンやトラのように陽性ではない。

それに、よく注意してみると、額に傷痕が筋をひいている。片眼の丹下左膳のように、派手な傷ではないが、そこから妖気のようなものをただよわし、いくたびか刃の下をくぐってきたことを物語っている。

誰の眼にも〝活劇の金鵄勲章〟保持者と映る顔だ》

岸信介・大野伴睦間で結ばれた政権委譲の密約

昭和三十四年一月十六日の夜、日比谷の帝国ホテル新館「光琳《こうりん》の間」で大野伴睦らはふたたび会った。岸信介、大野伴睦、河野一郎、佐藤栄作、それに岸、佐藤、河野らの友人である黒澤明の『羅生門』などのヒットを飛ばした「大映」の永田雅一社長、「北炭」の萩原吉太郎《はぎわらきちたろう》社長、児玉誉士夫の三人もオブザーバーとして加わった。

岸、佐藤兄弟は、この席でふたたび大野に頼んだ。

「岸内閣を、救ってくれ。そうしたら安保改定直後に退陣して、必ず大野さんに政権を渡す」

児玉によると、このとき永田が言った。

「政治家諸公は、ときどき口にしたことを、実行しない癖がある。今日はひとつ、誓約書をつくっておかれてはどうか」

岸も、素直に同意した。

「そうしよう」

その部屋には墨筆がないので、秘書を呼んで、筆、硯、墨に巻紙を取り寄せさせた。

まず岸みずからが筆をとり、後継者に大野君を頼むという文書をしたためた。しかも、大野の次は河野、河野の次は佐藤、という政権の順序まで約束したのである。

その文面に、四人の署名がおこなわれた。

岸信介

大野伴睦

「昭和三十四年一月十六日、萩原、永田、児玉三君立会の下に於て申し合わせたる件については協力一致実現を期すること右誓口約する。
昭和三十四年一月十六日
岸信介
大野伴睦
河野一郎
佐藤栄作」

岸は、署名を終えると念を押した。

「約束は守る。ただし約束が実現するためには、あなた方がわたしに全面的に協力することが前提である。これは、わたしとあなた方との約束である。

もしもあなた方がこの約束をたがえたなら、この誓約書は、その瞬間に反故《ほご》になるとご承知いただきたい」

出席者は、みな了承した。

この念書は、萩原が自分の経営する北炭の金庫に保管しておくことになった。

この帝国ホテルの会合で、大野と河野の協力を取りつけることのできた岸・佐藤兄弟は、ようやく危機を脱することができた。

大野は、この念書のことを、少数の同志に打ち明けた。同志たちは、大野に進言した。

「岸君がそれほどまでにいい、堅く約束するならば、総裁に立候補しなさい」

大野も、肚がまえができた。

〈政党政治家として、政権をいつまでも官僚の手に委ねておくよりは、一度は純粋な党人の手で握り、理想的な政党政治の軌道に戻したい〉

大野は、このときの申し合わせにしたがって党内収拾に乗り出した。川島《かわしま》（正次郎《しょうじろう》）幹事長、河野総務会長の二人を退陣させて、福田赳夫《ふくだたけお》幹事長、益谷秀次《ますたにしゅうじ》総務会長、中村梅吉政調会長の新執行部をつくった。石井《いしい》（光次郎《みつじろう》）派の坂田道太《さかたみちた》厚相、石橋派の世耕弘一《せこうこういち》経済企画庁長官、参議院佐藤派の伊能繁次郎《いのうしげじろう》防衛庁長官の三閣僚を補充入閣させることで、当面の破局を回避した。

かくて、岸は一時は投げ出しかけた政権をようやく維持し、一月二十四日の第六回定期自民党大会で、松村謙三を三百二十対百六十六で破り、総裁に再選することができたのである。

密約は児玉が〝トンビに油揚げ〟を忠言するも反故となった

岸は、大野、河野が約束を守るかぎり、自分も約束は実行するつもりであったという。

しかし、六月の岸改造内閣の組閣および党役員改選で、河野は岸に反対する態度に出た。

内閣改造、党役員人事に臨むにあたり、岸が主眼としたのは、いかにして新安保条約の批准を円滑に実現するかであった。そのためには、党内の結束が絶対の条件であった。社会党とはどんなに話し合っても、了解を得ることは不可能であった。安保改定は、自民党だけでおこなわなければならなかった。

岸は、かねてから池田勇人、佐藤栄作、河野一郎、三木《みき》武夫《たけお》の四人を、次の保守政界をになう人材と思っていたので、この人事にあたっても、できるならばこの四人の一致した協力を望んでいた。

六月二日におこなわれた参議院選挙のあいだから大野副総裁の案として「河野幹事長、池田総務会長、佐藤政調会長」が取り沙汰されていたが、河野は幹事長のポストに執着していた。しかし、岸には、そんな気持ちはなかった。河野には、もちろん入閣してもらうつもりであった。前年昭和三十三年の六月に第二次岸内閣を組閣した際、実弟の佐藤栄作を蔵相に起用したことから〝岸兄弟内閣〟という批判が出ていた。それをかわすために、ほかの実力者といわれる人にも入閣してもらいたかった。ただ河野、池田二人の協力を同時に取りつけることは不可能な情勢であった。二人の反目はすさまじく、二人が手を取り合って岸を助けるなど、とうてい期待すべくもなかった。

岸は、二人のうちどちらをとるかの決断に迫られた。その場合どちらにするのかについては、岸の肚は前から決まっていた。河野である。

河野一郎

〈これまでの交友関係からいって、河野さんの協力を得たい〉

岸は、最初に河野を呼んで誠心誠意説得にかかった。もしも河野が了解すれば、池田が反主流にまわる事態は覚悟のうえである。

「幹事長に固執しないで、ぜひ入閣してほしい」

しかし、河野は拒絶した。岸にはこのときの河野の心境が、その後もいくら考えてもわからない。

岸は、河野に言った。

「きわめて遺憾だが、きみがそういうのなら仕方がない。しかし、きみに断られた以上、わたしは池田君の説得に全力を尽くさなければならない。それは、承知してほしい」

河野は、まるで池田の動きを読んだようにいった。

「総理がどんなに池田君を説得しても、彼は承知しないと思う。もしもそういうことになったら、もう一度わたしを呼んでほしい」

困りきった岸は、児玉に頼んでいる。

「あんたから河野君を説得して、ぜひ入閣し協力してくれるよう勧めてほしい。しかし河野・大野君らが、弟のことでできぬとあれば、不本意ながら池田君に協力を求めるほかない。だが自分は、これまでの関係からいっても、それを好まないのだけれども……」

そのときの岸の表情は、思いつめた気持ちでいっぱいのようだったという。

この頃の河野は、進退のすべてを大野に一任していた。児玉は、順序として、まず大野を説得しなければならなかった。

そこで、児玉は、赤坂の料亭「新長谷川」の一室で、大野と膝をまじえて、いきなりいった。

「オヤジ、この勝負の結果は〝トンビに油揚げ〟で終わるかもしれませんよ！」

すると大野は、まるで寝起きの悪い虎のような顔つきになった。

「トンビとは、いったい誰のことかい？」

「このままだと、苦しまぎれに、岸さんは池田と組むでしょう」

「いやあ、おれは池田のほうで逃げると思うがねー。しかしきみは、どうしろというんだ」

大野は、まだ合点がゆかぬらしい。

児玉は、さらに補足して言った。

「わたしとしては、この際、河野さんを入閣させることがいいと思う」

大野はここで、ちょっと考えていたが、「きみの言うとおりでよかろう。それなら、ぼくから河野君に言おう」と、肚を決めた。

ちょうどそのとたん、さっと襖《ふすま》が開いた。当の河野が、ツカツカ部屋に入ってきた。それまでの河野は、この家の二階で自派の連中と会っていたところだった。

河野は、いきなり、池田派の動静について口を切った。

「いま入手した情報によると、池田はいくら岸に口説かれても、絶対入閣しないことに決めたそうだ」

河野は、さもありなんといった面持ちで、昂然《こうぜん》と言い放った。

「ここでもし、大野・河野の両実力者が岸内閣を支持せず、池田氏が入閣しないとなったら、はたして現政府はどうなるか！」

大野は、わが意を得たりとばかり、顔をかがやかせた。が、そこは古狸だけに、河野よりは、やや慎重さをしめした。

「そうか、そう決まったか。ともかく内閣を投げ出すかどうか、あと一日様子を見よう」

そういって、静かに膝を敲《たた》いた。

大野にせよ河野にせよ、内閣を潰さねばならぬほど岸が憎いわけでなかった。要するに、佐藤栄作への悪感情が、彼らをこうさせたのだろう。児玉は、そのことを、よくわかっていた。

〈岸さんは、弟のために得もしていたろうが、その反面では、ずいぶん損もしているわい〉

このあと児玉は、電話で岸に、この様子をそれとなく伝え、進言した。

「明早朝に大野氏を訪ねてゆき、直接会って話をすればいい。人情に弱い大野氏のことだ。河野入閣に、きっと骨を折ってくれるだろう」

ところが岸は、半ばあきらめたかたちであった。

「せっかくそう言ってくれることはありがたいが、じつのところ、馬鹿げた派閥争いには、ぼくもすっかり疲れたし、嫌にもなった。こんなことでは、おそらく誰がやってもロクな政治はできないだろう。で、明日池田君に会ってみて、どうしても嫌だといえば、もはや投げ出すほかはない。あとはみんなで、好きなふうにやればいい」

電話でのやりとりゆえ、岸の表情はよくわからなかった。が、その口ぶりから推しても、つくづく愛想が尽きてしまっているかのように児玉には思えた。

「例の誓約書は反故にするしかない」

翌日の昼過ぎ、大映の永田雅一社長が帝国ホテルに借りきっている専用の部屋に、大野、河野、北炭の萩原吉太郎社長、永田社長、そして児玉の五名が集まった。

大野が、開口一番に言った。

「今日岸君が、池田を午後に呼ぶことになっている。が、たぶん池田は、その要求に応じないだろう」

つづいて河野も、大野とおなじ意味のことをしゃべった。

児玉は、大野の顔を見ながら、しみじみ感じないではいられなかった。

〈狡賢《ずるがしこ》いヤツばかりいるいまの政界で、なんてまあ、人のいいオヤジだろう〉

そしてまた、つくづく思った。

〈河野さんという人も、ふだんはあれほど頭の切れる人なのに、いったん自分のこととなると、こうも感覚が鈍ってくるものか〉

児玉は、いつまでも黙っているわけにはいかないので、意見を述べた。

「池田がよほどの馬鹿でないかぎり、いちおうは岸さんに注文をつけておき、しかるのち必ず入閣するだろう。結局、この勝負は池田氏の思うツボであり、トンビに油揚げでしょう」

だが、大野も河野も、児玉の説には不服のようで、代わる代わる言う。

「きみはそう言うが、池田君も政治家としての面子《メンツ》上、そんなことはやるまい」

しかし児玉は、心の中で思っていた。

〈いまの政治家に、面子とかプライドというものがあるなら、血で血を洗うような派閥抗争は起こるまい〉

児玉は言った。

「でも、池田がもし入閣に応じたらどうします!?」

大野は、憮然《ぶぜん》たる面持ちになった。

「うーむ、その場合か。そのときはまあ、われわれは党内野党の立場を堅持し、是々非々主義でゆくまでのことだ」

そういう問答を繰り返している最中、外部からの電話で、いよいよ池田が入閣に決まったとの連絡が入った。

部屋の空気が、とっさに緊張した。大野も河野も、さっと顔つきが変わった。互いに無言のまま面を見合わせた。

結果は、池田が通産相、益谷秀次が副総理で入閣、佐藤蔵相は、留任となった。なお、河野とともに、三木武夫も入閣要請を拒絶した。党三役は、幹事長が川島正次郎、総務会長が石井光次郎、政調会長が船《ふな》田《だ》中《なか》となった。

岸は、この体制で安保改定に取り組むことになった。池田、益谷らが入閣したといっても、これらの人たちが心からの主流派とは言いきれなかった。河野とは、袂《たもと》を分かったような格好になったが、河野を完全な敵には追い込みたくなかった。またそういう気にもなれなかった。このような情勢になったため、大野副総裁の比重が高まることは避けられなかった。

が、河野がさらに、倒閣の動きまで見せるようになると、岸は決心した。

〈理由はともかく、これは明らかに約束違反だ。例の誓約書は、反故にするしかない〉

結果として〝誓約書の有効期間〟は、半年足らずでしかなかった。

岸は、苦々しく思った。

〈政局の舞台裏における一場の茶番劇にすぎなかった〉

ただし、これはあくまで岸の思いにすぎない。大野側はなおこの密約は生きていると思い込みつづけていた。大野は、誓約書は、公にすれば、政権を私議したとの非難を受けることを知っていた。だから最後まで、こんな約束のあることを公表したりはしなかった。

池田勇人政権誕生の影の立て役者だった角栄

昭和三十五年七月、日本中を嵐に巻きこみ、ついに東大生の樺美智子《かんばみちこ》がデモの最中に死ぬという惨事まで引き起こした安保騒動のなかで、岸信介が退陣し、その後任を決める自民党大会が開かれた。総裁公選には、池田勇人、藤山愛一郎《ふじやまあいいちろう》、石井光次郎、大野伴睦の四人が立候補を宣言した。

なお、池田は、昭和二十五年三月、大蔵大臣として不景気のなかで「中小企業の一部倒産もやむをえない」、さらにその年の十二月「貧乏人は麦を食え」と放言。昭和二十七年十一月、通産大臣として国会答弁中に「中小企業の倒産・自殺もやむをえない」と放言を繰り返し、衆議院本会議で戦後初の閣僚不信任案可決を受けて辞任していた。

しかし、吉田首相の信任厚い池田は、昭和二十八年五月、自由党政調会長、次いで昭和二十九年七月、自由党幹事長となる。昭和三十一年には、保守合同して自由民主党となっていた石橋湛山内閣で大蔵大臣に就任。つづく岸内閣では国務大臣となるが、閣僚を辞任。翌三十四年の内閣改造で通産大臣に返り咲いた。

池田擁立の裏方は、大平正芳《おおひらまさよし》がすべて取り仕切った。

しかし、大平は、池田に寄り添って代議士生活をはじめて、わずか八年。まだ経験が浅かった。初めての総裁選のお膳立てに、何から手をつけてよいか見当もつかなかった。正直なところ途方に暮れていた。

大平は、苦しんだ末、他派ながら親しくしている田中角栄に相談を持ちかけた。

大平は、田中を信頼していた。八歳年下の田中のことを「兄貴」と呼び、議員会館の田中の部屋にもよく顔を出していた。田中は、佐藤派の参謀として、佐藤栄作の実兄岸信介陣営の一角をになったこともある。十分な経験があった。それを踏んでのことにちがいない。

しかし、田中には、表立って池田の支援ができない理由があった。田中は、池田と政治的に袂《たもと》を分かっていたからである。

吉田茂の寵愛を受けていた佐藤と池田は、四年前の十一月、佐藤派と池田派に分かれた。皮肉にも、その日は、池田勇人の甥と、田中の妻はなの連れ子との結婚式の日であった。式は、港区三田にある綱町三井倶楽部の二階で開かれた。

田中は、結婚式を途中で抜け出そうとした。池田が、声をかけた。

「おまえ、どうしても佐藤のところに行くのか」

「わたしは、あなたとも近しいけど、やっぱり佐藤さんとはちょっと一歩先に親しいんだ。だから、あなたのほうには、行けない」

池田勇人

田中は、性格的には池田に親しみを覚えていた。が、政治的立場としては、佐藤に近い。田中はあえて情を捨て、政治信念に走ったのである。心境は、さすがに複雑だった。

田中が会場を出、一階の出口を出ようとしたときである。

「田中！」

大平正芳

背後から、呼びかけられた。ふりむくと、池田が、階段を駆けるように降りてきた。その階段には、二人の天使が舞うように飛んでいるロダンの彫刻「ベネディクション」が飾られていた。

「おまえんときは、おれが手伝ってやるから」

池田は、田中が総裁選に出馬するときのことを言っているのである。

しかし、田中はきっぱりと断った。

「それは、だめです」

池田は、一瞬、顔をゆがめた。それ以来、田中と池田とのあいだには溝ができたかに見えた。

さて、大平は、三日後、田中から、数ページにわたるメモを受け取った。眼を通し、驚嘆した。

〈おれより八歳も若いのに、この男の知恵は、大変なものだ〉

そのメモには、総裁選に関する政策の大綱はもとより、具体的な運動のやり方まで、青インクでびっしりと書いてあった。

それだけでなく、重要なところは、わざわざ赤インクでしたためてあった。しかも、金の使い方まで指示してある。

大平は、そのメモを携え、さっそく池田を訪ねて説明に入った。

ところが、池田は、そのメモに眼を通すと、きわめて不機嫌になった。

「びた一文、金を使うようなことがあってはならん！」

田中の金の使い方が気に入らなかったのである。

しかし、大平は、自分たちのやり方で押し通すことにした。

「池田さん、わかりました。どこまでご期待に添えるかわかりませんが、できるだけご意向を汲《く》んでやってみます。ただ、この選挙は、わたしと田中の責任でやらせていただきたい、と思います」

大平は、池田に強調しておいた。

「できましたら、あなたは、いっさい介入されないようにしていただきたい」

大平は、事実、田中のメモを忠実に実行したのであった。

池田は、大平と田中が組んだ昭和三十五年七月十四日の総裁選の戦いで、石井との決選投票に池田三百二票、石井百九十四票と圧勝し、総裁の座に就いた。

児玉の周旋《しゅうせん》みのらず池田・大野・石井の総裁三候補は決戦へ

大野伴睦は、岸、佐藤二人の帝国ホテル「光琳の間」での誓約書がだいぶ怪しくなったことは感じていた。が、なお岸、佐藤を信じていた。

〈まさか、おれの敵にまわることはあるまい〉

また、この手形を表へ出せば「政権を私議した」と世論の非難を受けるだろう。したがって、これを決め手としようとは思わなかった。

児玉は、ポスト岸に大野を担ぐために暗躍している。

児玉は、まず出馬を表明している池田・大野・石井の三候補がうまく話し合えるよう、斡旋《あっせん》してほしいと昵懇《じっこん》な川島正次郎幹事長から一任された。

このとき、岸は、川島に頼んだ。

「周囲の関係で、自分は表向き大野君を支持することはできないが、きみがぼくの気持ちを汲んで、努めて大野君の期待に添えるよう、骨を折ってほしい」

川島は、児玉に頼んだ。

「岸さんは非常に苦しい立場にあるから、この際、河野君は表面上、大野君と袂を分かっている格好でいてくれるよう、あんたから河野氏を説得してもらいたい」

児玉は、さっそく河野に会い、説得にかかった。

河野は、生一本《きいっぽん》の短気な性格にかかわらず、案外素直に納得してくれ、投票がすむまでその態度を崩さなかった。

岸の内意を受けた川島は、そんなことはおくびにも出さず、三候補者のあいだをまめまめしく説いてまわった。

しかし、池田、石井が、大野に譲るわけはない。かといって、川島が、いまさら大野を説いて辞退させることもできない。結局のところ、三者の話し合いは不首尾に終わった。

いっさいが振り出しに戻った。

形勢不利と看《み》た大野は、児玉に頼んだ。

「帝国ホテルにおける誓約書もあることゆえ、ひとつ、岸君に会ってあんたから、腹蔵のない考えを質《ただ》してはもらえまいか」

児玉は、ただちに赤坂の料亭「新長谷川」で岸に会った。岸の意中を、確かめた。

岸は、次から次の厄介な問題に、身も心もすっかり憔悴《しょうすい》しきった格好で、頭をかかえるように苦しんでいた。

「もちろん最後までよく尽くしてくれた大野君には、ぼくも非常に感謝している。恩にも着ている。したがって、岸個人としては、あくまでも大野君を支持したい気持ちに変わりがない。だが、党内事情やぼくの周囲の空気からいうと、池田君の存在を無視するわけにいかない。それゆえ、できれば大野君のほうから池田君に会って、うまく円満に了解をとりつけてほしいと思う。斡旋役の川島君は、半ばサジを投げているようだが、自分から見るとまだ、話し合いの余地はあると思える。そう短兵急でなく、いま少々ぼくに考えさせてほしい」

いくぶんの含みをもたせた挨拶であった。

児玉は、直感した。

〈岸さんのこの言葉は、いわゆる遁辞《とんじ》に類したものでなく、本当の肚と思える。この場合、岸さんだけを口説くことはさして難事ではない。しかし、その背後に、佐藤さんがひかえていたのでは、ひとり岸さんだけを動かしても、どうにもならない〉

そこそこに見切りをつけて、ありのままのことを大野に伝えた。

そこで、大野と石井が手をむすび、協同的作戦によって総裁選にのぞむことにした。

大野、石井の妥協がつき、七月十三日におこなわれるべき投票にそなえて、着々と手はずを整えつつあった。

権謀術数と内紛渦巻く決戦前夜と後日談

七月十一日、帝国ホテルの例の永田の部屋で、大野、河野、川島、永田、萩原に、児玉をまじえた六人が会合した。ところが、その席で、急に河野の口から、意表をついた提案があったという。

「石井派の立場を考慮して、党の総裁と内閣の首班をはっきり分離させ、総裁選で勝ったのち、そのいずれかの椅子を石井氏に渡すようにしてはどうか！」

総理、総裁の分離案に、当の大野は、万事がおおまかな性格ゆえ、いとも易々《やすやす》と河野案に応じた。

「それも一つの考えだネ。いや、将来そのほうがいいかもしれん。自分はむろん賛成する」

総裁選も大詰めにきた七月十二日の午後、例により帝国ホテルの永田の部屋では、大野、河野に永田、萩原、児玉も加わり、額を集めて協議し合った。

そこへ突然、大野派の参謀、水田三喜男《みずたみきお》が飛びこんできた。顔色を変えて、言い放った。

「ここで総裁と総理の分離案なぞ出されては、われわれ大野派は総崩れになってしまいます。いくら大野先生が納得されたにせよ、自分たちは反対です！」

水田の話が終わるか終わらぬうちに、河野が憤然と、怒号するように喚いた。

「水田君、この場合、大野派だけで勝負が決まるものではないぞ！　石井派にせよ、おれの春秋会にしろ、必死になって協力しているのだ。大野派の都合ばかり考えては駄目だ。しっかりしてくれッ」

当の大野は、さすがにこれは困った、という表情で、水田に目配せすると、やにわに立ち上がった。あわてて戻っていった。

大野と水田が去ったあと、河野は、いつものぶっきらぼうの口調でこぼした。

「あいつら、勝手なことばかり言って、始末に負えぬ」

児玉は、しきりに河野をなだめた。

「いまあなたが腹を立てては、元も子も台なしになる。ともかく大野さんのため、最後まで我慢し努力してもらわねば」

河野も、すぐ冷静にかえった。

「それはそうだ。要するに明日が勝負なんだから、今日は早く家へ戻って、ゆっくり寝ることにしよう」

そうつぶやいて、帝国ホテルを出ていった。

その翌日の早朝、夜のしらじら明ける頃、大野から児玉に電話があった。

「ホテルニュージャパンの事務所まで、至急きてほしい」

児玉は、瞼《まぶた》をこすりながら駆けつけた。

すでに、河野のほか、永田、萩原もきていた。が、大野は、いかにも疲れきった様子で、しかも何事か思いつめたふうの、深刻で悲痛な面持ちだった。

大野は、一座を見渡しながら、昨夜来の経過を、くわしく説明した。

「ゆうべ真夜中に、石井派が使者を寄こした。その使者が言う。

『石井派の相当数が、にわかに池田方に寝返ってしまった。こんな具合では、いくら連繫して選挙に臨んでも、とうてい勝ち目はなさそうだ。したがって、石井派のことは、あてにしないように』

そこで自分も思案のすえ、『ではわれわれの側のみんなとよく相談をしてみて、もし自分が候補を辞退したうえ、石井一本の線でいくとした場合、石井君として勝算があるのか？』と訊いたら、『そうしてもらえば、こちら側だけでもまず、七十人ぐらいはまとまるだろう』との返辞だった。

自分はかねがね、党総裁は、いわゆる官僚出の者でなく、政党はえぬきの人物がなることが念願で、この際、自分を捨てて、石井君を推したいと考えておる」

大野は、みんなを見渡すといった。

「で、どうじゃろう。ここはひとつ、そういうことで、了承してもらえまいか！」

永田雅一

萩原吉太郎

こう言い終わると、大野は、拳でそっと、瞼をふいた。

たった一晩のうちに、歯車がどこでどう食い違ったのか。まるでキツネにでもだまされたような感じで、永田も萩原も、ただただ啞然として顔を見合わせた。

児玉は、思わず怒鳴った。

「馬鹿馬鹿しいにもほどがある。一晩のうちに何十人が寝返ったかしらんが、それがもし事実としたら、オヤジが降りて石井が出たところで、寝返った連中が、いまさら池田に投じる票を、石井にまわすわけはあるまい。要するに、これは総裁・総理分離の河野案にからませた石井派の、狡猾卑怯《こうかつひきょう》な作戦にちがいない。こうなったら、金権選挙の醜悪な舞台裏を、そっくりそのまま国民に知らしめ、このような泥まみれ糞まみれの総裁選には応じられないことを力説し、総裁選そのものを拒否し、くつがえすべきではないのか」

そばにいた永田、萩原も、児玉とおなじ意見のようだった。後からやってきた川島正次郎も、大野が降り、石井一本に絞ることは反対だったようである。

児玉は思った。

〈一晩のうちに起こったこのドンデン返しの裏には、もちろんそれ相当のカネがバラ撒かれているだろう。そのいっぽうで、大野派の幹部である水田、村上（勇）の両氏らが、石井派のこけおどしに、まんまとひっかかったのではあるまいか？　それにもう一つは、伴睦老自身が、あまりの煩わしさに疲れきり、石井派の手のうちを看破《みやぶ》るだけの、精神的余裕に欠けていただろうことも原因しているようだ〉

だが、児玉には、別の考えがあった。思いきって、爆弾的意見を述べた。

「いまさら、どうのこうのといってみてもはじまらない。いっそこの場合、大野、河野の両派は、決然と自民党を脱党し、連合で第二の保守勢力をつくってはどうか！　いまのような金権と闇取引の状態では、自民党はやがて世間から見放され、完全に信頼をなくするに決まっている。このドロ沼を浄化するには、現在のままだと〝百年、河清を俟《ま》つ〟も同様である。たとえ少数党であろうと、お互いが自覚し自重し、その気になって保守党革新に当たれば、必ずしも実現できなくはなかろうし、国民一般もきっと、これを支持してくれるはずである」

　この児玉の提案は、両派の有力者たちにとって、奇想天外な考えであったのであろう。

　いずれも眼をパチクリさせ、しばしば声も出なかった。

　児玉の鬱憤《うっぷん》はなかなかおさまらず、大野派の幹部村上勇に向かってののしった。

「あんたは、キンタマがあるのか！　オヤジのクビが一夜のうちにすっ飛んでしまっても、なお石井のなめくじ野郎を担ぐつもりなのか！」

　はては河野にまで、さんざん毒づいたのだった。

　その河野は、これまた強く主張して譲らなかった。

「せっかく石井のほうで、七十人くらいは勢ぞろいさせてみるというのだから、石井一本で勝負しても、いいのではないか！」

　こんなわけで、児玉のせっかくの提案もついに容《い》れられなかった。

　七月十三日、途中立候補しようとしていた松村謙三も、大野とともに立候補を降りた。

　大野は、記者会見で、憤然と心境を述べた。

「岸総理は、政権譲渡の約束を破った。わたしは、党人派結集のため、大死一番、立候補を辞める」

　これに対し、党人派の河野、三木、松村派は「石井支持」に傾斜し、党内は官僚派と党人派の争いになっていった。

　一日延びた七月十四日、午前十時から自民党大会が開かれ、総裁選挙がおこなわれた。

投票の結果は、池田二百四十六票、石井百九十六票、藤山四十九票であった。

誰も過半数の票を獲得できなかったので、一位の池田と二位の石井とで決選投票がおこなわれた。

決選投票では、池田三百二票、石井百九十四票であった。こうして池田政権が誕生した。

なお、この日、総理官邸で池田総裁当選の祝賀会が開かれた。岸も出席し、その後、官邸の食堂から出ようとした。そのとき、右翼崩れの荒牧退助に襲われ、股を刺された。真相は謎だが、一説には、大野副総裁への政権禅譲の密約が反故《ほご》にされたことに対する大野陣営の恨みではないか、との見方も出た。

なお、当時の『読売新聞』の大野番の記者であった渡邉恒雄《わたなべつねお》（現・読売新聞グループ本社代表取締役主筆）が筆者に語ったところによると、渡邉は、大野が結局敗れたあと、言っている。

「あなたは、だまされましたね」

「ちくしょう」

大野はそう怒ったあと、渡邉に言った。

「しかし、人間は、だますよりだまされたほうがいいな」

渡邉は、その言葉で、大野を決定的に好きになったという。

第4章　策動・共存共栄

アイゼンハワー大統領訪日の成功に向けた児玉の動きと稲川聖城の交流

アイゼンハワー大統領の訪日する予定であった昭和三十五年（一九六〇年）六月十九日――新安保条約は、参議院の議決を経ないまま、国会周辺に座り込んだデモ隊の「不承認」のシュプレヒコールのなかで、自然承認となった。

筆者が稲川《いながわ》会会長稲川聖城《せいじょう》をモデルとした小説『修羅《しゅら》の群れ』を書くとき、稲川聖城から聞いたところによると、それから一週間後、稲川角二《かくじ》（のち聖城）組長は伊豆長岡の旅館の二階でひらかれた賭場《とば》で、博打をしていた。

そのとき、玄関の前にタクシーが止まった。稲川組の林《はやし》一家総長の林喜《き》一郎《いちろう》が、巨体を揺るがせるようにして車を降りてきた。怒った顔をしている。林は、怒ったときには、正直に顔にあらわす男であった。

「親分、児玉が……」

林はまずそういって荒い息を吐き、つづけた。

「アイゼンハワー大統領が日本にやってくるのにそなえ、自民党の安保委員会とやらが、財界からこの日のために、六億円近いカネを集めていたらしいんです」

稲川にも、それは初耳であった。

「ところが、その六億ものカネが、アイゼンハワー大統領がこなかったのに、どこへやら消えちまったというんです。どうやら、そのカネを児玉誉士夫が自分の懐に入れてしまったというんです」

稲川は、カッとなった。

〈いくら児玉でも、許せねえ〉

それでなくても、自民党筋から、今回、博徒、テキヤの親分たちに声をかけて応援を頼んでおきながら、

「ご苦労さん」の一言もなかった。

警視庁との打ち合わせで、動員可能なテキヤの一万五千人は、三千人ずつ、五個部隊に分ける。うち四個部隊は、芝の総評会館から御成門、増上寺、芝園橋付近に配置。残る三千人は、遊撃部隊として適所に配置することに決定した。

機動力としては、大型トラック二十台、スピーカー付きの指揮車一台などを調達することになっていた。稲川が「チャンコウ」と呼び慕っていた、住吉一家三代目総長の阿部重作《あべじゅうさく》も、関東一帯の博徒の親分衆を集めた。

「アイク歓迎対策実行委」は、最終的には、稲川組など、博徒一万八千人、テキヤ一万人、旧軍人、消防関係、宗教団体など一万人、右翼団体四千人、その他五千人が動員可能と読んでいた。

六月十日には、アイゼンハワー大統領秘書のハガチーが、日本にやってきた。しかし、羽田で学生、労働者のデモに包囲され、アメリカ軍のヘリコプターで脱出。在日アメリカ大使館へ入った。

いよいよアイゼンハワー大統領訪日が五日後に迫った六月十四日、熱海の稲川邸の広間に、稲川組の幹部が集められた。

稲川の兄貴分の横山新次郎《よこやましんじろう》が、具体的な作戦指令をはじめた。

「アイク訪日の当日は、早朝、川崎市の競輪場に全員集合し、バスを連ねて、明治神宮に参拝する。それから、五千人は、羽田空港に近い消防署付近に配置する。あとの五千人は、見物人にまじって、左翼のデモ隊と対決する」

アイゼンハワー大統領訪日を四日後にひかえた六月十五日——「安保阻止！」を叫ぶ全学連七千人が、国会になだれ込んだ。

稲川聖城

夕刻、石井一昌《いしいかずまさ》の率いる右翼「維新行動隊」百三十人が、トラックで国会裏側をデモ行進中の全学連や新劇人会議に突っこみ、双方で三十人近い負傷者を出した。

この事件により、警官隊とデモ隊のあいだにいっそう激しいもみ合いが起こった。乱闘のすえ、東京大学文学部国史学科の樺美智子《かんばみちこ》が死亡した。彼女の死は、政府にも深刻な衝撃をもたらした。

六月十六日、岸信介総理は、記者会見で発表した。

「アイゼンハワー大統領訪日は、延期いたします」

事実上の中止であった。

そのことで、全国の博徒、テキヤたちは怒りの声をあげているときであった。

稲川は、こみ上げてくる怒りを抑えかねたようにしていった。

「児玉のところに、乗り込む！　話をつけてくる」

喧嘩《けんか》相手として、不足はなかった。

彼の全身の血が、若い頃のように熱く滾《たぎ》っていた。

稲川は、それからまもなく、世田谷区等々力の児玉邸の前に車を止めさせた。

稲川は、書生の案内により、十七、八畳もある広い応接間に通された。

しばらくして、ドアが開いた。いがぐり頭の児玉が入ってきた。質素に見える久留米絣《くるめがすり》の筒袖《つつそで》姿であった。小柄ながら、威圧感がただよっていた。部屋の空気が、にわかに張り詰めた。

児玉は、稲川を見た。細い二つの眼の奥が、一瞬ぎらりと光った。射すくめるような眼の光であった。

稲川も、負けずに、まっすぐに児玉の眼を見た。

児玉は、暖炉を背にして、一人がけのソファーに座った。児玉もまた、供を従えてはいなかった。お互いに、差しであった。

稲川は、児玉の眼を、あらためて見た。しばらくのあいだ、児玉の眼を睨《にら》みつけたまま、一言も発しなかった。このときが二人にとっては、初対面であった。稲川、四十六歳。児玉、四十九歳であった。

張り詰め、殺気立った空気が、流れつづけた。外の木々で鳴く蝉《せみ》の声が、異様に大きく聞こえる。

稲川が、切り出した。

「自民党から、アイゼンハワー大統領訪日にそなえて、財界から集めた六億近いカネが、児玉先生のところで消えた、という噂がある。真実をはっきりうかがいたいと思ってきました」

児玉は、厚い唇を開き、一言だけ発した。

「稲川君、わたしは、自民党に貸しはあっても、借りはない！」

稲川の胸に、ズシリとこたえる一言であった。

児玉が、日本一の右翼の面子《メンツ》に懸けて言っている言葉である。

稲川のそれまでの児玉への怒りが、その一言で鎮まった。その言葉を信じよう、と思った。

児玉は、稲川の眼をジッと見て言った。

「わたしと苦楽をともにしてきた妻が、安保のさなか、車にはねられ、死ぬか生きるかの瀬戸際だった。わたしは、その頃は妻の看病で、病室から一歩も外へ出ていない。そのわたしが、自民党から出たカネを、勝手なことをするわけがない。おれを信じてくれ」

児玉は、安保騒動がすんだら、夫婦でアメリカに旅行し、帰国後は箱根に引っ込んで後輩の指導でもして余生を送るつもりであった。が、安都子は、五月三十一日に自動車にはねられ、広尾の日赤中央病院に入院した。児玉は、つきっきりで看病したが、六月十三日、ついに彼女は息を引き取った。

アイゼンハワー大統領訪日中止の決定した六月十六日には、池上本門寺で妻の葬儀をおこなっている。

児玉は、そのとき、妻といっしょに自分の葬儀も出した。いわゆる生葬《いきとむら》いであった。妻の墓に、児玉の命日、昭和三十五年六月十三日、享年四十九と彫り込んでいた。さらに、比翼塚までつくっていた。

児玉は、いま一言いった。

「そのカネの動きについては、わたしも、うすうす噂は聞いている。そのへんの事情は、川島《かわしま》君に会わせるから、よく訊いてくれ」

川島正次郎《しょうじろう》は、安保のとき、自民党の幹事長をしていた。

稲川は、きっぱりと言った。

「その必要は、まったくありません！」

稲川は、児玉の眼を真っすぐに見て言った。

「よくわかりました」

それから、深々と頭を下げた。

児玉は、いままでの射るような眼をなごめ、稲川に声をかけた。

「稲川君、近いうち、時間をつくってくれないか。ゆっくり話し合いたい」

稲川も、胸を弾ませていた。

「よろこんで、おうかがいいたします」

それから一週間後の夜、赤坂の料亭「中川」の座敷で、児玉と稲川は向かい合っていた。

児玉は、この夜は背広姿であった。家にいるときは着物姿で通すが、外出の際は、背広姿で通していた。

ダークグレイの無地のジャージの上着に、フラノのズボンというラフな格好であった。襟《えり》の小さいワイシャツを着、ネクタイをきちんと締めていた。

稲川も、きちんとネクタイを締めていた。

児玉は、料亭で会うときは、いつも座敷には一人で入った。政財界の大物相手の密談がほとんどであったから、供は、表に待たせておいた。

稲川は、この夜も一人であった。

この夜は、初めて対決したときとは打って変わったなごやかな雰囲気で二人とも向かいあった。二人きりの話が終わるまで、人払いしていた。しばらく話しているうち、児玉が突然言った。

「稲川君、どうだろう。これからは、兄弟分としてつきあってもらえないだろうか」

稲川は、熱い興奮をおぼえながらも、とまどった。

〈児玉先生とおれとは、格も、稼業も、生き方もちがう。児玉先生は、政治の世界の黒幕だ。おれは、一博打うちにすぎない。兄弟分になど、なれるわけがない〉

児玉を熱いまなざしで見返して頭を下げた。

「兄弟分とはありがたいことですが、わたしには、渡世上の親があります。先生には、心の親になっていただきたい。これからは、先生をオヤジと呼ばせてもらいます」

児玉は、何も言わないで、静かに笑い、首を縦に何度も振ったという。

“保険診療スト”を掲げる日本医師会と渡り合い調整する角栄

田中角栄は、昭和三十六年七月十八日、池田勇人内閣の政調会長に就任して、四十三歳の若さで初の党三役入りを果たしていた。政調会長は、幹事長とともに、総理への近道といえるポストである。

田中ら三役は、前三役の益谷秀次、福田赳夫、保利茂《ほりしげる》から、日本医師会との医療費をめぐる問題を未解決のまま受け継がされていた。

日本医師会は七万人あまりの全国医師が属する団体である。当時、所属医師の九割がたの賛成を得、昭和三十六年の八月一日を期して、「医療費の値上げを認めなければ、健康保険の医者は、全部辞める」という脅しを政府・自民党にかけていた。一ヵ月前から闘争に入っていたが、灘尾《なだお》弘吉《ひろきち》厚生大臣が頑として値上げに反対していたため、交渉は難航していた。

日本医師会は、会長武見《たけみ》太《た》郎《ろう》、銀座菊地病院院長の菊地《きくち》真一郎《しんいちろう》が常任理事で、主に政府関係の折衝を二人三脚でおこなっていた。

武見は明治三十七年（一九〇四年）生まれで、慶應大学医学部を卒業後、銀座に診療所を開設。その当初から「現役の大将、大臣と老人、急患を優先する」という独特の方針を打ち出していた。また、銀座という土地柄を十二分に利用し、旧軍部、政財界、学者、文化人とのつきあいを深めていた。吉田茂とは姻戚関係も築き、政治的影響力を強めた。

昭和三十五年に日本医師会会長に選任されると、ワンマン体制を築き、〝武見天皇〟とまで呼ばれるようになっていた。

田中は政調会長になって半月もたたない七月二十四日と二十五日の二日にわたり、御茶ノ水の医師会館で、武見太郎と渡りあった。このときは、中山《なかやま》マサ前厚相のときにできた厚生省案を携えていったのだが、「ケンカ太郎」の異名をとる武見は、ぎょろ目をむいてその案を蹴った。

「こんな古証文では話にならん！　出直してもらいたい！」

そのまま交渉は物別れに終わってしまい、事態収拾の目処《めど》がつかないまま、八月一日の期日まであと一日となってしまっていた。

事態の打開をはかった菊地は、永田町の自民党本部に行き、再交渉のテーブルにつくよう田中を口説いた。菊地は「田中なら、政府を説得してくれる」と、最後の望みをかけていた。

田中は二つ返事で引き受けた。

〈いい機会だ。武見にもう一度会い、話をつけてこよう！〉

党三役に就任したものの、マスコミからは「軽量三役」と手厳しく批評されていた田中は、軽量を返上し、重量であるところを見せつけてやる、という闘志に燃えていた。

田中は、武見会長と会う前に、池田首相と大野伴睦副総裁に釘を刺しておいた。

「交渉は、あるいは決裂になるかもしれません。覚悟しておいてください」

七月三十一日、午前十時、田中は医師会館に乗りこんだ。

会長室に入るなり、いきなり、懐から白紙の便箋《びんせん》を取り出して、武見に迫った。

「武見さん、わたしら素人で、医療のことはよくわかりません。ですから、わたしはこうして白紙を持ってきた。どうか、思うとおりの要求を、ここに書きこんでくださいよ。ただし、政治家にもわかりやすいように、書いてください」

田中ならではのやり方であった。田中は、初めから自分の要求を捨ててかかっていた。

田中は身じろぎもせず、武見会長の返事を待った。

武見は、いきなり、その白紙の便箋を田中の手から奪いとった。ポケットに差していた万年筆を取り出しさらさらと書きはじめた。書き終わると、武見は田中に向かってじつに気迫のこもった声で言った。

「政府がこれだけの要求を呑むのなら、医師の総辞退はやめさせる。びた一文、まからん。覚悟しておいてくれ」

田中は、渡されたメモを睨んだ。メモには「医療保険制度の抜本的改正」「医学研究と教育の向上と、国民福祉の結合」「医師と患者の人間関係に基づく自由の確保」「自由経済社会における診療報酬制度の確立」の四原則と、それに「医療懇談会設置」の付帯事項があった。

田中は、強張《こわば》った顔で言った。

「よし、このメモさえあれば、ひと勝負できる。鬼に金棒だ。任しといてください」

田中は、武見とともに、自民党本部へ取って返した。

菊地は医師会館に残り、待機していた。ところが、待てども待てども連絡がない。

夜の八時半ごろ、ＮＨＫのニュースで、「日本医師会会長の武見太郎、刺される！」というショッキングな報道が流れた。さらにつづけて、「武見会長はすぐ日本労災病院に運びこまれて、現在治療中」と流れた。菊地は、肝を冷やしていた。

が、このニュースは、じつはデマにすぎなかったのだ。

その間、池田首相、党三役の集まった自民党幹部会では、武見をまじえ、白熱した議論がつづいていた。

田中は、武見の要求する四原則を通すよう、主張した。

が、灘尾厚生大臣は、挺子《てこ》でも動かぬ構えを見せ、田中に皮肉を浴びせた。

「田中さん、武見さんにおだてられて、なにをオドオドしてるんだね」

武見の二代前の会長の黒沢潤三《くろさわじゅんぞう》は、厚生省の役人の言うことを、いくらでも聞いてしまう人物であった。

そのため、慣例として、日本医師会は厚生省に牛耳られてきていた。

医療行政のベテランである灘尾は、そのへんの事情をよく呑みこんでいた。完全に厚生省の役人の口車に乗っていた。武見の言うことは脅しにすぎない、実際に総辞退などできるものか、と高をくくっていた。

田中は、灘尾を睨みつけ、口髭《くちひげ》をふるわせて啖呵《たんか》を切った。

「何を言うか！　われわれ自民党の力が足らず、日本医師会総辞退ということになったら、どうするんだ。自民党が困るというだけではない！　患者も、大いに困るではないか。この武見会長の要求を、蹴るなら蹴ってみろ！　政党がどのくらい苦労するか、考えてみろ。日本医師会を敵にまわして、まともな選挙ができると思うのか」

紛糾を重ねたのち、ようやく田中の推す武見の意見が通った。

四原則がまとまったあと、田中は、医師会館に武見を訪ね、浅黒い顔を輝かせ、握手を求めて言った。

「武見さん、これでスッとした。お互い、これまでの政府と日本医師会のわだかまりは、水に流そうじゃないですか。仲良くしましょう」

しかし、武見は、ぎょろりとした眼を剝いて言い放った。

「仲良くなんか、できますか。冗談を言われても困ります」

武見は、田中を十二分に認めていた。が、日本医師会の会長という立場上、容易に握手はできなかった。

田中が帰ったあとで、武見は、菊地に言った。

「あいつは、若いが、信頼できるよ。馬鹿のひとつ覚えのようなやり方は、けっしてしない男だ」

武見は、さらに感心したように言った。

「あいつは、どんな状況にも、戦法を変えて応じてくる。どんな相手に対しても、必ず自分の言うことを納得させるという、天分をもっているよ」

武見と菊地は、それまで、「政治は、『あうん』の呼吸だよな」と、手のひらを裏にしたり、表にしたりして、よく語りあっていた。菊地の眼には、田中も、その呼吸をよく知っていると映った。

〈田中角栄には、紙一重というひらめきがある。紙一重、つまりひっくりかえせば、狂気という男〉

菊地は、予言していた。

〈この男は、いろいろな意味で、恐ろしい政治家になる〉

“全国任侠団体の大同団結”に向けての児玉の動き

児玉誉士夫の頭の中には、雄大な構想があった。

安保での左翼勢力の盛り上がりを見てもわかるように、いずれ日本は共産主義革命の危機にさらされる。

そのときには、一党一派にとらわれない、いっせいに決起できる強固な大組織をつくるべきだ。そのためには、これまでのように右翼だけ集めていては駄目だ。

趣旨に賛同するいっさいの団体や個人を包含していくべきだ。が、現実には、そのような雄大な構想は、実現できない。とりあえず、全国の任侠団体を大同団結させようと考えていた。

しかし、それらの団体の大同団結がむずかしいことは、児玉にはわかっていた。

児玉は、そのむずかしい構想を実現させるため、これまで自分と親しい親分たちを頼りにしていた。岡村吾一《おかむらごいち》はもちろん、義人党党主の高橋義人《たかはしよしと》も頼りにしていた。

高橋義人は、博徒武蔵屋一家の跡目をつぎ、昭和二十年には、新日本義人党を結成したが、やがて解散指定を受けた。昭和二十七年に「反共運動の推進」を旗印に、日本義人党を復活。六〇年安保の前年の昭和三十四年三月には、日本義人党内の青年を中核として日乃丸青年隊を結成した。児玉は、この日乃丸青年隊の最高顧問に名を連ねていた。おなじく児玉の右腕である岡村吾一も、顧問に名を連ねていた。

松葉会の会長の藤田卯一郎《ふじたういちろう》の親分にあたる関根賢《せきねまさる》も、児玉の古い知り合いであった。児玉は、関根組の経営する関根建設の会長にもおさまっていた。

住吉一家三代目総長である阿部重作も、児玉の知り合いであった。

町井久之《まちいひさゆき》ともつながりをもっていた。町井は、大正十二年（一九二三年）七月二十日生まれ。専修大学専門部卒。韓国人で、のちに韓国の朴正熙《パクチョンヒ》大統領とも親交をもつ。日韓問題を通じて、町井と児玉は深いつながりをもちはじめていた。町井は、銀座、新宿を中心に東声会を組織していた。町井は、昭和三十六年四月に東亜相互企業を設立するが、児玉はその企業の会長にも就任している。

児玉にとっては、稲川とつながることによって、大構想の実現も早くなる。

児玉は、稲川と肚と肚を許し合ったことを、ことのほかよろこんでいた。

事実、児玉は、稲川と、自分の親しい親分たちの協力を求め、大構想実現に拍車をかけていく。

なお、児玉は、誤解を解くために、都内のホテルに川島幹事長を呼び、「真相を明らかにする会合」をひらいた。その会には、稲川組長をはじめ、親分衆が集められていた。

川島幹事長が、きっぱりといった。

「問題の資金の行方は、目下調査中だ。自民党は、児玉さんに借りはあっても、貸しはない」

親分衆は、幹事長の言葉にいちおうは納得した。

稲川は、児玉とこうしてつながったが、児玉が関係したさまざまな〝事件〟のことは、何も知らなかった。いっさい関係がなかった。

児玉から、金儲けの話など聞いたこともなかった。ただし、一回だけ例外があった。千葉の鎌ヶ谷カントリーは、昭和三十六年十月にオープンするが、その造成中、用地の一部をどうしても売らない土建業者がいた。

稲川は、児玉に頼まれて、その土建業者の会社に出向いた。

土建業者は、稲川がわざわざ出向いてきたことに恐縮した。

「いやあ、親分にこられたんじゃ、しょうがない」

ただちに話がまとまった。そのとき、礼として八百万円もらった。稲川が、児玉との関係で金銭を得たのはこれだけである。

川島正次郎

昭和三十六年四月八日、青年思想研究会（青思会）が結成された。児玉の影響下にあった日乃丸青年隊の高橋正義《たかはしまさよし》が議長を務めた。児玉系行動右翼として最も先鋭的な集団であった。構成は約三十団体で、日乃丸青年隊のほか、交和青年隊、国民同志会、興論社、昭和維新連盟、愛国青年同盟、大日本生産党、防共挺身隊、大日本桜花隊などが加盟している。

なお、昭和三十六年十一月三十日、中央区銀座八丁目に、児玉機関の副機関長であった吉田彦太郎と兄弟分の恵木正信を理事長とする猶存社が結成された。常任理事は、白垣一。青年隊責任者は、白垣彬らであった。児玉機関副部長であった野上宏は、副理事長となった。

猶存社を結成するにあたり、その名づけ親でもある吉田彦太郎は、児玉に相談した。児玉は、吉田のすることには口をはさまなかった。吉田と児玉の性格は対極的で、「陽の児玉、陰の吉田」と言われていた。吉田は、生涯ほとんど表に出ることはなかった。

児玉は、稲川に惚れ込むや、稲川を次々と政財界の大物に会わせていた。

安保当時、自民党の幹事長であった川島正次郎、大野伴睦、河野一郎、愛知揆一《あいちきいち》、児玉の盟友の萩原吉太郎らにも会わせた。

稲川は昭和三十七年の秋、児玉に連れられて恵比寿の河野一郎邸を訪ねた。その当時、河野一郎は第二次池田勇人内閣の建設相であった。昭和三十七年七月、二選を勝ち得た池田は、その後の内閣改造で河野を建設相にしただけでなく、事実上の副総理扱いにした。佐藤栄作は、蔵相を田中角栄に譲り、科学技術庁長官にまわることになるが、これにより、閣内の比重は河野が佐藤を超えることになった。

池田は河野を信任し、池田派のなかにも、親河野分子が生じはじめた。

佐藤に対しては、「落ち目だから、閑職の行管庁長官がよいところだ」という声さえ出はじめたときであった。

稲川たちが河野一郎邸の応接間で待っていると、まもなく河野が入ってきた。

挨拶をかわしたのち、児玉が厳しい口調で訊いた。

「河野さん、あんたは今度の総理を、ねらっているのか」

河野は、四角い下ぶくれの顔を引き締めて答えた。

「ぼくは、ねらってやしない」

児玉は、深くうなずいていった。

「そうか、それならいい。もしねらっているなら、今後あんたとは絶交する」

一国の総理をねらう邪心が強すぎては、総理の座は摑めないぞ……と警告したのであった。次期総理の呼び声高い人物に、平然とそういってのける児玉に、稲川はあらためて感服していた。

若手官僚を魅きつけ大蔵省に新たにつくりあげていく田中人脈

田中角栄は、いっそうの闘志を燃やしていた。

〈いよいよ、大蔵大臣の椅子が摑めそうだぞ〉

大蔵大臣は、総理大臣の椅子を狙うためには、ぜひ経験しておかねばならぬ閣僚ポストであった。

昭和三十七年七月十四日、池田勇人は、再選を果たし、ふたたび総理大臣になった。

昭和三十七年七月十八日、内閣改造がおこなわれた。

党人派の河野一郎、川島正次郎は、田中角栄、大平正芳が組んで党人派の口を封じ、要職に就こうとしていることを察し、反発した。

田中角栄は、四十四歳の史上最年少の大蔵大臣として初登庁の日、大蔵省三階の大講堂の壇に上がった。

田中は、大蔵省の課長以上が勢ぞろいして見上げる視線を浴びながら、闘志を剝《む》き出していた。

〈こいつらに、負けてなるものか。こいつらを、いまに平伏《ひれふ》させてやる！〉

大蔵官僚たちが、自分を非難していることは、親しい新聞記者を通じて、耳に入っていた。

「大蔵大臣になるのに、四つのふさわしい条件というものがある。『副総理級であること』『財政金融について経験知識をもつこと』『ある程度の年配であること』『各省、党の要求に対して、ノーと言えること』今度の田中は、その四つの条件のすべてを欠いているじゃないか。ひどい大臣がくるものだぜ」

初訓示の出来、不出来は、省幹部の大臣評価の目処になる。が、田中は、居丈高《いたけだか》になることなく、じつに開けっぴろげで自然に訓示をはじめた。

「わたしは、ごらんのとおりの無学です。さいわい、みなさんは、天下の秀才ばかりである。せいぜい、わたしも勉強をさせてもらうが、みなさんは、思いきって仕事をしてください。責任は、すべてわたしがもちます」

大蔵大臣の田中角栄は、文京区目白台の自邸で、二人の官僚と対峙《たいじ》していた。

「きみたちは、このおれが、大蔵省の細かな行政について、何もわかっとらんと考えとるらしい。が、本当にそう思っとるんだったら、けしからん！」

田中は、大蔵官僚たちが、自分を尋常高等小学校卒ということで心の底で馬鹿にしていることはわかっていた。

「おい！」と言って、秘書に応接間の壁の戸を開けさせると、そこには、ずらりとファイルが並んでいた。

田中は、そのファイルを指差して二人に言った。

「見てみろ！　おれは、こうやって、各省庁のすべての資料を、初めから全部とってあるんだ。おれの頭の中には、それが全部入ってる。なんなら、ここで、しゃべってもいいんだぞ！」

さすがの大蔵官僚も、そこまで田中に凄《すご》まれると、恐縮のしっぱなしであった。

最後は、「どうも、すみません」と頭を下げ、肩を落として帰っていった。その一件以来、その大蔵官僚二人は、田中に従わざるをえなくなった。

田中は、この一件で、覚悟を決めた。

〈生意気なあの二人のような、局長、次官クラスは、今後、まともにおれの言うことに耳を傾けまい。それより、実際に省の仕事をしている課長、課長補佐連中から、仕事の段取りを教わろう〉

田中は、それからというもの、課長、課長補佐連中に近づいて言った。

「おれは、小学校しか出とらんから、よく大蔵省のことはわからん。きみたちは、専門家だからよく知っとる。おれに教えてくれんか」

彼らのなかでも、とくに優秀な、見どころのある人間は、直接自宅に呼んで話を聞いた。

帰りには、お土産を持たせた。一万から二万円はするような高級佃煮セットであった。そんな高価なものは、若い連中には買えない。

家族持ちには、盆暮れに、新潟の米コシヒカリを贈った。

課長クラスに対しては、奥さんが病気である、子供が大学へ入った、という細かいことまでよく調べておいて、そのつど、お見舞い、お祝いをした。見どころのある人間の家の冠婚葬祭には、ほとんど出席していた。

そういう細かい心尽くしを受けると、誰でも、胸襟《きょうきん》を開くようになる。田中は、ひそかに彼らから、大蔵省内部の派閥関係まで細かく報告を受けていた。

そうして人脈の流れをつかみ、将来の青写真を描いていった。

大蔵省では、課長までが実務をやるが、それから上の局長、次官になると、実務のことはわからない。

田中は、次官から説明を受けたとき、逆に、彼らにやりかえした。

「おい、ここは、おかしいじゃないか。これは、こうじゃないか」

田中は、課長クラスから前もって得た知識をもとに、具体的に指摘した。

次官も、それからは、学歴のない田中角栄に、一目置くようになった。

他の大蔵大臣では、まちがってもこういう方法をとった者はいなかった。田中は、省内でいちばん仕事をしているプランナーからの情報だけを頼りに、未知の大蔵省を切り開いていったのである。

田中角栄は、そのようにして、相沢英之《あいざわひでゆき》主計局総務課長（のちに経企庁長官）や、鳩山威《はとやまい》一郎《いちろう》主計局次長（のちに外務大臣）、高木《たかぎ》文雄《ふみお》（のちに国鉄総裁）ら大蔵官僚を魅《ひ》きつけた。

相沢英之

その当時、大蔵省の二大系脈といわれていた池田勇人人脈、つまり、森永貞一郎《もりながていいちろう》（のちに日銀総裁）、石野《いしの》信一《しんいち》（のちに太陽神戸銀行頭取）、谷村裕《たにむらひろし》（のちに東京証券取引所理事長）ラインと、福田赳夫人脈、つまり、佐藤一郎《さとういちろう》（のちに経企庁長官）、澄田智《すみたさとし》（のちに日銀総裁）、橋口収《はしぐちおさむ》（のちに公正取引委員会委員長）ラインのあいだに割りこむようにして、田中人脈をつくりあげていった。

なかでも相沢英之は、のちに代議士となったときには、田中シンパとして出馬する……。

任侠団体統合「東亜同友会」構想の〝京都会議〟と「頂上作戦」開始

昭和三十七年の初秋、児玉誉士夫は世田谷区等々力の自宅応接間で、稲川に険しい表情で語っていた。

「稲川さん、若い者たちがやれ肩が触れたの触れないの、顔を潰したの潰されたのと、屁《へ》みたいなことで貴重な生命を取り合うような愚をやめて、もっと天下国家のためになることを考えるべきだ。体を張るのは、人のためとか国のためだけだ。全国の任侠団体がお互いの融和をはかり、いままでとちがった前進した生き方をしてもらいたい」

児玉は、六〇年安保での左右両陣営の対決の経験から、一党一派にとらわれず、日本が共産主義革命の危機にさらされたとき、いっせいに決起できる強固な大組織をつくろうとしていた。そのため、全国の任俠団体を結集し、「東亜同友会」をつくろうという遠大な構想を抱いていた。

東亜同友会を、単なる政治的団体にするのではない。高度成長を迎え各地で多発化しているヤクザ同士の抗争を未然に防ぐために、事件が起こってしまった場合、その解決にあたる全国的な権威ある連絡機関としても活かそうとも考えていた。

稲川は、これまで博徒一筋に生きてきた男である。安保騒動のときには、常日頃ムダ飯を食っている人間として、国のために少しでも役立てれば……と身銭、手弁当で協力してきた。しかし、政治とはまったく縁のないところで生きてきた男だ。政治は、政治家に任せておけばいい。おれたち博徒の口をはさむことではない。そう思っていた。

同時に、関西と関東の任俠団体を団結させようなんて、初めから無理なことはわかっていた。関西と関東のヤクザは、気質もちがう。強引に束ねようとしても、無理がある。

が、児玉は、心の親と決めた人物である。心の親が命を懸けている構想のためには、力を尽くそうと決めていた。

東亜同友会実現のための発起人会は、昭和三十八年一月に関東の会合が東京で、二月初めには、名古屋地区の会合が名古屋でもたれた。そして二月十一日の旧紀元節の日、関西地区の発起人会が京都・都ホテルでひらかれることになった。いわゆる〝京都会議〟である。

関東は稲川組長がまとめたが、中国、四国は、山口組の田岡一雄《たおかかずお》組長が動き、九州は、児玉自身が意思統一にあたった。

京都会議には、神戸の山口組、大阪の柳川組、京都の中島会、兵庫の松浦組、三重の吉田一家、菊田組、岐阜の鈴木組、瀬戸一家、愛知の稲葉地一家など、関西、中部の有力組織の親分が集まった。

その京都会議のおこなわれる数時間前に、神戸市須磨の料亭で、山口組三代目の田岡一雄を兄、児玉と親しい東声会会長の町井久之《まちいひさゆき》を舎弟とする結縁の儀式がおこなわれた。

その夜、いよいよ京都会議がひらかれた。田岡と町井の結縁により、京都会議はよりスムーズに進むかに見えた。なお、ホテルでの会合費、宿泊費その他いっさいの費用は、児玉が鞄《かばん》に提げてきた現金五百万円で支払われた。

その後、二月二十八日に、世田谷区等々力の児玉邸で、全国的な規模の幹部発起人会をひらくまでに漕《こ》ぎつけた。が、東亜同友会構想は、ついに幻に終わってしまった。

児玉は、この挫折《ざせつ》について、毎日新聞社会部編『組織暴力の実態』でこう語っている。

《結局「だれが会長になるか」ということで、ボクにどうかと話があったが、ボクは顧問ならともかく、会長にはならんとはっきり断わった。というのは〝児玉は勢力を結集して政治目的に使うのではないか〟などとかんぐられてはかなわんから……。ところが、いざまとめにかかってみると関西を田岡氏（山口組組長）、本多氏（本多会先代会長）のどちらかに頼めば、どちらかがそっぽを向くのではないかといったような面倒なことがからんで足並みがそろわず、そのうちボクの方でバカバカしくなっておりたんだ。世間の幼稚な批判や「自民党あたりから年々金がはいってくるんだろう」と誤解してみかねないヤクザの色目は、つくづくいやになった》

児玉すら手を焼いた山口組と本多会の対抗意識は、拭いがたいものであった。

本多会の初代本多仁介と山口組三代目の田岡一雄組長は、〝五分の兄弟〟の関係だが、両組の末端での抗争事件は、あとを断たなかった。

とくに、広島事件はすさまじいものであった。広島の打越信夫打越組組長が、昭和三十六年十月、山口組舎弟安原政雄と五分兄弟盃を交わす。

広島で打越と対立していた山村組の山村辰雄組長が、神戸の本多会の本多仁介会長と五分兄弟盃を交わす。この盃により、広島では、神戸の山口組と本多会との〝代理戦争〟が火を噴《ふ》く。

児玉は、挫折直後、稲川に、肚の底から絞り出すような声で言った。

「稲川さん、全国規模での任侠団体の団結はうまく運ばなかったが、なんとか関東だけでも、と考えている。協力してほしい……」

稲川は、引き受けた。

「わかりました」

児玉は、関東だけでも結束をはかるため、根回しをはじめた。

稲川は、昭和三十八年十月十六日に、稲川組を錦政会とあらため、政治結社の届け出をした。錦政会の顧問には、右翼陣営の大物三浦義一、児玉誉士夫、岡村吾一、小沼正、吉田彦太郎らを迎えた。

児玉は、「全国組織が駄目なら、せめて関東だけでも……」と、関東会を結成した。

加盟団体は、稲川会長の錦政会、磧上義光会長の住吉会、藤田卯一郎会長の松葉会、森田政治会長の日本国粋会、高橋義人党首の義人党、町井久之会長の東声会、岡村吾一会長の北星会の七団体であった。

昭和三十八年十二月二十一日、熱海のつるやホテルで、結成式をあげた。

右翼陣営からは、児玉、児玉らが昭和三十六年に結成した青年思想研究会、いわゆる青思会の常任諮問委員の平井義一元衆議院議員、やはり青思会諮問委員、白井為雄、青思会常任実行委員の中村武彦、青思会常任実行委員の奥戸足百の五人が参加した。

顧問級では、松葉会顧問の関根賢、波木一家三代目総長の波木量次郎が参会した。

初代会長は、加盟七団体のなかで年長者である松葉会の藤田卯一郎を推薦した。

会の最後に児玉が挨拶したあと、「天皇陛下万歳！」を三唱し、閉会した。

それから数日後、衆参両院全議員の自宅に、「自民党は、即時派閥抗争を中止せよ」と題する関東会七団体の連署による「警告文」が配付された。

《今日の日本は、自民党の醜い派閥抗争によって亡国の方向へ大きく傾斜しつつある。

先般の総選挙において、自民党のある派閥が他の派閥の候補者に加えた中傷と妨害は最も悪質なものであって、自民党の当面の敵である左翼の候補者に対するよりも、さらにひどい非難と攻撃を加えたものであった。

このような恐るべき醜状が全国到るところで展開された。

自民党の派閥抗争の責を、特定の派閥や個人に集中することは公正ではない。

河野一郎氏一人が政治的に失脚したところで、自民党の派閥抗争は断じて止むものではない。

河野氏の派閥的行動を非難攻撃している人達が、いまだに自分達の派閥を解体しないのは何を陰謀しているのか。

彼らは派閥解消に名を借りて河野氏の政治的失脚をねらっているといわれても仕方ないであろう。

近頃巷に乱れ飛んでいる個人攻撃のデマ中傷は、すべて来年の自民党総裁選挙にそなえての醜い事前運動であろう。

今や自民党の派閥抗争は全く末期的現象を呈している。この責任は自民党の各派閥すべてにある。

河野氏といえども同罪である。自民党の各位が真に心から派閥解消を切望するならば、このいまわしい派閥抗争の責任は自民党衆参両院議員の全員にあることを自覚するであろう。この自覚が生れない限り、自民党の派閥解消は断じて一歩も前進しない。

また自民党が派閥抗争に明け暮れている間に、日本の左翼勢力は着々と革命的実力を蓄積して、暴力革命の好機到来を待機している非常事態に気付くであろう》

この派閥解消勧告文は、河野一郎を暗に擁護するものであった。

稲川をはじめ、加盟七団体の親分衆は、このような内容の勧告文が出されたことは知らなかった。

この関東会の派閥解消勧告文は、政界に大きな波紋を投げかけた。

池田《いけだ》正之輔《まさのすけ》衆議院議員は、強硬意見を述べた。

「ある特定の団体が特定の政治家をおどしたことはいままでもあったが、暴力団が団結して連名で圧力をかけてくるなどということは、日本の政治史上いままでかつてなかったことであり、世界の文明国の歴史にも例はない。由々しき問題だ」

河野派を除く衆参両院議員は、関東会全体が、河野擁護の意思表示をしたかのごとく受け取り、関東会七団体の粉砕を検察、警察当局に指示した。

関東会と党人派との癒着の危険を感じ取った官僚派が、さっそく潰しにかかったのだ。


年の明けた昭和三十九年二月初旬、警察庁内に「組織暴力犯罪取締本部」が設置された。いわゆる「第一次頂上作戦」の開始である。

本格的に、関東会と、その加盟七団体の解散をめざして動き出したのであった。

三月二十六日、警察庁は、あらためて錦政会、松葉会、住吉会、日本国粋会、東声会、義人党、北星会の関東会加盟の七団体をはじめ、神戸の山口組、本多会、それに大阪の柳川組を加えた十団体を広域暴力団として指定した。

それまでは現行犯でないと逮捕されることのなかった博打も、非現行でも逮捕される制度に変わった。

自民党の治安対策特別委員会でも、さっそく議題に取り上げた。

錦政会にとって、厳しい時代のはじまりであった。

児玉は、官僚派の〝組つぶし〟に対し、新聞記者のインタビューに敢然と答えた。

「いまの社会ではヤクザはなくならないと思う。人間のからだにたとえればアカみたいなもの、こすれば出てくる。大学にゆけない青少年の欲求不満を解消してやるようないい政治がおこなわれていれば別だが。政治が腐敗すればするほどアカはうんと出るんだ。しかしヤクザのなかにも正義をもった立派なヤクザもいるし、弱いものいじめをするダニみたいなのもいる。ただやたらに彼らを絶滅しろと叫ぶより、どうして彼らを善導するかを社会も考えてやらなければいけない」

警視庁から広域暴力団として指定された十団体のうち、とくに、児玉の音頭で結成された関東会加盟の七団体は、ねらい撃ちされた。

昭和三十九年には、松葉会、住吉会、義人党が大がかりな手入れを受けた。

政治結社錦政会の看板を掲げていた稲川組も、執拗《しつよう》にねらわれた。昭和三十九年、稲川組は四百三十人も逮捕されてしまった。四十年の一月十四日には、五人が賭博開帳容疑で指名手配、十六人が逮捕された。

稲川は、東京都選挙管理委員会に政治結社錦政会の解散届を提出した。

昭和四十年一月二十四日、ついに関東会は、正式に解散することに決めた。

芝浦の料亭「芝浦園」において日本国粋会の森田《もりた》政治《まさじ》らの動議により、正式な解散宣言をおこなった。

弘文堂とのかかわりでつながり深める渡邉恒雄と児玉

のちに「読売のドン」として力を振るう渡邉恒雄《わたなべつねお》は、『読売新聞』政治部記者時代、大野伴睦を通じて人脈を広げていく。そのなかの一人に、児玉誉士夫がいた。その児玉とより深いつながりをもつようになるのが、これまでベールに包まれてきた弘文堂とのかかわりにおいてであった。

弘文堂は、かつては「東の岩波」「西の弘文堂」とうたわれたほど、アカデミズム出版社の名門であった。明治三十年からある老舗で、本社は京都にあり、河上肇《かわかみはじめ》の『貧乏物語』や内藤虎次郎《ないとうとらじろう》（虎南《こなん》）の『支

愛読者カード

ご購読ありがとうございました。今後の参考とさせていただきますので、ご協力をお願いいたします。また、新刊案内等をお送りさせていただくことがあります。

【1】本のタイトルをお書きください。

【2】この本を何でお知りになりましたか。

1.書店で実物を見て　2.新聞広告(　　新聞)
3.書評で(　　)　4.図書館・図書室で　5.人にすすめられて
6.インターネット　7.その他(　　)

【3】お買い求めになった理由をお聞かせください。

1.タイトルにひかれて　2.テーマやジャンルに興味があるので
3.著者が好きだから　4.カバーデザインがよかったから
5.その他(　　)

【4】お買い求めの店名を教えてください。

【5】本書についてのご意見、ご感想をお聞かせください。

●ご記入のご感想を、広告等、本のPRに使わせていただいてもよろしいですか。
□に✓をご記入ください。　□ 実名で可　□ 匿名で可　□ 不可

郵便はがき

切手をお貼りください。

102-0071

東京都千代田区富士見一―二―十一
KAWADAフラッツ一階

さくら舎 行

住 所	〒 都道府県			
フリガナ		年齢	歳	
氏 名		性別	男	女
TEL	( )			
E-Mail				

さくら舎ウェブサイト www.sakurasha.com

那絵画史』など、アカデミズムの名著を出していた。戦後も「アテネ文庫」を出し好評を博していた。のちに、弘文堂は東京の神田駿河台に本社を移した。

昭和三十年頃、二代目社長の八坂浅太郎が、それまでの木造の社屋を鉄筋ビルに建てかえた。その三千万円近い建築資金を、東海興業から借りた。東海興業は、冷蔵倉庫建設のパイオニアで、のちにロッキード事件のとき児玉誉士夫関連の企業として噂にのぼった会社である。

ところが、建築資金を弘文堂が東海興業に返済できなかった。このことから、魑魅魍魎《ちみもうりょう》たちが暗躍をはじめる。

当時弘文堂の営業宣伝を担当していた早武忠良（その後、暁印書館代表取締役）が、内情を話す。

「東海興業は弘文堂にカネを貸しつける際に、ビルの権利はもちろん、八坂社長の持っている弘文堂の株式まで担保に取っていたわけです。つまり、売渡条件付きの担保ですね。そのため、昭和三十六年頃まで、弘文堂と東海興業とのあいだにビルの権利をめぐるゴタゴタがつづきましてね。どういうわけかヤクザのM会なんかも乗り出してきまして、東海興業が弘文堂を完全に乗っ取ろうとしたわけです」

一時は、弘文堂ビルも株式も、完全に東海興業の手に渡ってしまった。

しかし、弘文堂に中村正光という社員がいた。じつは、日本共産党の東大細胞であった東大新人会時代、渡邉とともに反党分子として日本共産党東大細胞を除名された人物である。中村は、当時読売の有力な政治記者であった渡邉に相談を持ちかけた。渡邉は、昭和三十三年九月、中村の世話で弘文堂から大野伴睦の推薦文つきの『派閥―保守党の解剖』を処女出版していた。弘文堂とは、浅からぬ縁であった。

渡辺から、中曽根康弘《なかそねやすひろ》に話が持ち込まれた。中曽根は、なぜか児玉に相談を持ちかける。

そのいきさつを、昭和四十二年の「大橋富重事件」で児玉が証言している。この大橋富重も、弘文堂に深くからむことになるので、簡単に説明しておこう。

昭和三十二年頃から、京成電鉄の株を、田中角栄の刎頸《ふんけい》の友である小佐野賢治国際興業社主が買い占めにかかった。相手が小佐野と知り、苦りきった京成電鉄社長の川崎千春《かわさきちはる》が、同社の不動産買いのダミーである、興亜建設社長の大橋に、小佐野の株を買収するように依頼した。

ところが、大橋は六百万株も買い占めている小佐野に、逆にほしくもない土地や株券を高値で買わされる。役者が一枚も二枚もちがったわけである。

頭を抱えた川崎社長は、最後の頼みとして児玉に仲介を頼む。

昭和四十二年四月十二日の第十八回公判で、児玉が弘文堂のいきさつについて非常に興味深い証言をしている。

「――大橋を知っているか。

児玉　三十六、七年頃、政界の中曽根さんの紹介で知った。

――どんな紹介か。

児玉　弘文堂という出版社を中曽根さんがわたしになんとか助けてほしいと話があった。ところが資金不足で二千万円ぐらい集めねばならない。中曽根さんは『友人の大橋にも金を出してもらう』といい、初めて会った。そのときわたしが三百万円から五百万円、大橋君に株をもってもらうことになった」

昭和四十三年十一月十一日の第五十八回公判でも、児玉は弘文堂についてさらにくわしく証言している。

「――前回の証言で中曽根代議士の肝いりで、弘文堂を助けるときに大橋が金を出したということを述べたね。

児玉　はい。

――その際の金額だが、もう少し出した記憶はないか。

児玉　株券で二度くらい、計七百万円ぐらいというふうに記憶している。(中略)中曽根さんから大橋の紹介を受けたのは、弘文堂救済のためで、お金が足りない。ぼくにも金を出してくれということで、わたしも協力し、金を出そうと言った晩に、赤坂の料亭で中曽根さんから『若い実業家から金を出させるから今晩紹介する』というので、それが最初の紹介だったと思う」

赤坂の料亭というのは、「金龍」のことである。大橋は、河野一郎派の春秋会に出入りしていて、中曽根とは、昭和二十八年頃からの知り合いであった。資金面の援助までしていた。

大橋の証言によると、その席には、渡邉恒雄もいた。

中曽根は、しきりに児玉を「先生」と呼び持ち上げていたという。

そして大橋は、数日後に七百万円を都合したという。

のち中曽根は、昭和五十二年四月十三日におこなわれた衆議院ロッキード問題調査特別委員会の証人喚問をうけた。が、児玉との〝黒い仲〟は全面的に否定。

「節度は守ってきた」と弁解につとめたが、はたしてこれが節度あるつきあいであったといえるだろうか。

かくして弘文堂に児玉が乗り込むことによって、M会をバックにした東海興業も手を引くことになった。

かわって、児玉を中心とした錚々たるメンバーが株主に名を連ねる。

大橋富重　十三万七千株
北海道炭礦汽船　十万株
東京スタジアム　六万株
東日貿易　六万株
児玉誉士夫　四万株
中曽根康弘　二万株
渡邉恒雄　二万株

中曽根康弘

北海道炭礦汽船は、児玉、河野一郎と深いつながりにあった萩原吉太郎の経営する会社である。東京スタジアムも、やはり児玉、河野一郎とつながりの深い大映社長の永田雅一の経営する会社である。東日貿易は、デヴィ夫人をインドネシア大統領スカルノに世話したといわれている、政商久保満沙雄の経営する会社である。このメンバーを見ると、わずか資本金二千三百万円の、それも京大、東大に食い込んだアカデミズムの出版社の株主の顔ぶれとは誰も想像すまい。政財界を股にかけるフィクサーがズラリそろう。

代表には、渡邉昭男が据えられた。渡邉恒雄の実弟である。渡邉恒雄は、読売新聞社の社員である。いくらなんでも弘文堂の社長にはなれない。代わりに、実弟を据えたのであろう。

かつて弘文堂の編集部長であった西谷能雄（未來社の創業者）が、嘆く。

「渡邉さんが社長になってからの弘文堂は、きわものというか、やたらとジャーナリスティックなものの出版が目につくようになった。以前の弘文堂がもっていたアカデミックな風格というものは、すっかり失われてしまいましたね。戦前からの学者や執筆者も、弘文堂から次々に離れてしまった……」

さて、企画書捺印欄に名を連ねた中曽根康弘、渡邉恒雄、児玉誉士夫は弘文堂をどのように利用したのか。

渡邉恒雄は、初めての著書『派閥』につづき、『大臣』『党首と政党―そのリーダーシップの研究』、それに『大統領になる方法』の共訳などを出している。

中曽根も、三十七年に渡邉恒雄との共訳『政界入門』、三十八年に『南極―人間と科学』、三十九年に『党首争い―英国保守党の主導権抗争』と矢継ぎ早に本を出版している。

三十八年に首相公選推進連盟を設立、中曽根は首相公選論をぶち上げた。この中曽根を応援するように、弘文堂からは吉村正編『首相公選論―その主張と批判』が出版されている。

児玉も、弘文堂に乗り込んだ年の三十六年八月、さっそく川端龍子装丁の『悪政・銃声・乱世　風雲四十年の記録』を出版している。三人とも、弘文堂を巧妙に利用している。

筆者は、『小説政界陰の仕掛人』を書くとき、渡邉恒雄に弘文堂問題について訊いた。

「――弘文堂というのは、どういう経緯で……。最初に渡邉さんに話が持ち込まれて、弟さんにということだったんですか。

そうじゃなくて、あれは弘文堂のいろいろなお家騒動があって、いま死んじゃったけど、井上巌三という人がいて、これは高碕達之助《たかさきたつのすけ》の秘書だったんですよ。その秘書が、前の経営者から、事実上弘文堂を乗っ取った。

それからもう一つは、東海興業という土建屋の中西小一とかいう人が、弘文堂の発注を受けて、弘文堂ビルをつくるんですよ、御茶ノ水の駅前に。そしたら、不況で支払いができなくなって、ビルも株券も、担保にとられちゃった。そこで中西の会社になるか、井上の会社になるかという段階になった。井上は高碕達之助の子分、中西も高碕達之助に頭が上がらない。そこで高碕と中曽根の関係が出てくるわけだ。それから今度は、中西は児玉誉士夫と親しかった、その頃は。それでずっとごたごたがあった。ぼくの本をあそこで出してましたから、そういう関係で、中西さん、井上さんに会って頼んであげようと言った。

ぼくは、中西さんに言ったんだ。弘文堂というのは高級な出版社なんだし、その高級な出版社を土建会社が乗っ取ったって、本なんか出せないじゃありませんか、無条件で返してくれませんか。そのかわり、ビルは差しあげます、ということで、差しあげちゃった。で、四階か五階建てか忘れたけど、そのビルのてっぺんにプレハブで、一階継ぎ足したんですよ。そこに弘文堂は引っ越した。

渡邉恒雄

そのときに、児玉誉士夫にも頼んだのかな。あれは中西と親しかったから、株を手放すようにと言ってくれね。それで口をきいてくれたのかもしれない。お

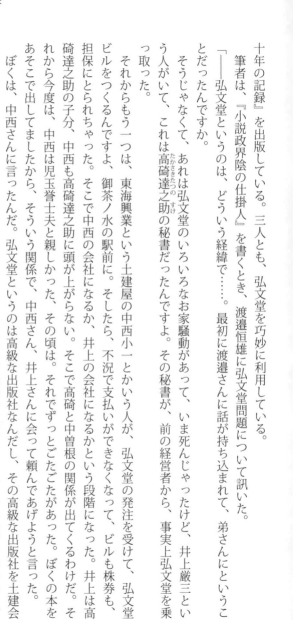

れだけの力でそうなったとも思わないんでね。で、中曽根の本もたしか出してたんで、中曽根も、あの本屋をつぶすのはもったいない、なんとかもりたてようじゃないかという。ぼくも文筆で食っていこうと思うから、一つくらいは親しい本屋に貸しをつくっておいてもいいと思って、増資の資金を十万円くらい出したのかな。いまの金で百万円くらいを、何人かで集まって出した。

児玉誉士夫は、そのまえから自分の回想録をいい本屋から出したいといってたんで、じゃあ、あの弘文堂から出したらどうですかということになって、児玉誉士夫も、弘文堂に非常に関心をもつわけです。それで弘文堂がいちおう復活する。

ぼくの弟は、地方財務協会の出版課長みたいなことをやってたんです。で、出版のノウハウを知ってるというので、専務かなんかで入った。そうしてるうちに、社長になった。

いまは、弟が死んだので、後輩が社長をやってるわけです。

——当時、大橋富重さんから資金を……。

大橋は、児玉の家来で、大野伴睦のところにも出入りしてたんだ。大橋というのは、当時、大野さんもその周辺もあんな詐欺師だとは思わなかったね（手形詐欺事件で逮捕。懲役四年六ヵ月の判決）。朝六時に起きて、夜六時にうちに帰るという、非常に実直な青年実業家だったんだ、ぼくらの知ってる大橋は。裏でなにやってるのか、全然わからない。

大野伴睦は、あんなまじめな青年はいないといって、大橋君、大橋君だった。大野さんが死んでからですよ、馬脚をあらわしたのは。そのころは、まったくまじめな青年実業家でさ、自分の子供の学校の先生の本を出してやってくれとかいってきて、出してやったんだ。そのつながりだけですよ。ほかは、なんにもない。

——あと、児玉さんが少し援助してくれということで、八百万かなんか出したと……。いちおう、資金は出されたんですね。

それは、増資の株だろうと思う。児玉も、おれのほうでも増資に応ずるとかいって、株は多少やったってどうってことない、五〇パーセントとらなきゃいいんだから、それで児玉のところでいくつかやったのがあるんです。

そのなかに大橋がはいっていたかどうか、おぼえてない。とにかく、本を出してやったことは事実です。数学かなんかの本ですよ。

――当時の弘文堂の本は、ものすごくいいのがありますね。

老舗ですよ。法律学だって、有斐閣か弘文堂かといったんだから、一言いっておきたいんだがね。弟の昭男は、その後、弘文堂の過去の腐れ縁を絶ち切ろうと、それは努力したんだ。大学教授たちを執筆陣にたのむには、やはり株主に児玉の名があっては警戒されますからね。それで、いったん解散して、児玉、中曽根の株をゼロにしてしまった。

それから再建し、軌道に乗せて弟は社長の座を後輩に譲り、身を引いたんだ。弘文堂は、いまや、アカデミズムな出版社としてみごとによみがえっていますよ。昭和六十年には、中小出版社の二百社でつくっている社団法人『梓会』が年に一社選んであたえる賞の出版文化賞をとっている。平成元年には、『遺伝管理社会』で、毎日出版文化賞もとっている。土居健郎の『甘えの構造』という大ベストセラーを出したのも、弘文堂なんだ」

日本電建の再建を小佐野に頼みこんだ田中角栄

小佐野賢治は、昭和三十八年九月、文部省前の、千代田区霞が関三の七の国有地である旧虎ノ門公園跡地千百八坪を、大蔵当局に、わずか十一億二千四百九十万円で払い下げてもらっていた。もちろん、大蔵大臣である田中の力添えであった。

この土地は、五年間は転売禁止条項が付いていた。が、小佐野は、五年間という転売禁止条項がありながら、三十九年五月、当の土地所有会社の所有権移転等により、二十七億円の利益を得た。その事実上の「転売」のために、九億三千万円のコストをかけていたから、儲けは、差し引き十七億七千万円であった。

昭和三十九年十月の下旬、田中角栄は、小佐野賢治に頭を下げて頼みこんだ。

「頼む、『日本電建』を再建できるのは、あんたしかいない。あの会社を、そっくり引き受けてもらいたい」

田中角栄は、その日本電建に、入内島金一を引き連れて、三十六年に社長として乗りこんでいた。入内島は、田中角栄が上京して初めてつとめた「井上工業」時代からの友人で、炭管疑獄事件にともに連座していた。

日本電建は、家、建物の月賦販売会社であった。田中は、社長として乗りこむや、営業目的を変更して、「土地、建物の売買」をつけ加えた。

ところが、乗りこんで最初の決算である三十七年三月期に、六億三千万円という巨額の赤字を計上してしまった。

それ以後、田中角栄社長を糾弾する怪文書が出回った。田中も、日本電建の経営には手を焼いていた。累積赤字は、二十億円を超えていた。

「客が積み立てた金が、五十億あった。田中角栄は、それを全部政治活動に使い切ってしまっている」

ということを、小佐野は側近から聞かされてもいた。

日本電建の株は、社長である田中角栄一人で所有していた。そのため、赤旗を持った組合の代表が大蔵省にまで押しかけ、田中は頭を抱えていた。

田中は、小佐野に訴えた。

「おれも、政務がいっそう忙しくなる。いつまでも、日本電建なんかに関わっていたくない。日本電建で下手なことをしていると、おれの政治生命も縮めかねない」

田中は、いま一度頭を下げた。

「なにも言わん。頼む。助けてくれよ」

小佐野も、時の大蔵大臣である友に頭を下げられ、拒むわけにはいかなかった。

小佐野は、常務の上原秀作と専務の長沢良に命じた。

「角さんが言うには、日本電建は、負債こそ七十億あるが、土地のいいのを持っている。内容を、くわしく調べてみろ」

調査した結果、上原は小佐野に進言した。

「国際興業の命取りになる。よしたほうがいい」

小佐野も、その気になった。

「やめるか」

ところが、小佐野は再度田中に口説かれ、一夜にして変わった。翌日、上原と長沢に言った。

「やはり、引き受ける。角さんも、これからは建設の時代だ、と言っている。日本電建の組織は、十八億じゃ、買えないそうだ。やるぞ」

小佐野は、いよいよ日本電建に乗りこんだ。

おりから、電建労組は田中角栄の刎頸の友、入内島金一社長に退陣要求を突きつけていた。

赤坂の山王ホテルで、小佐野はまずは話を聞こうと、労組幹部を集めた。

経営者側から出席したのは、小佐野ただ一人である。労組からは十八人が出席した。

労組幹部たちが、会場である山王ホテルの一室に入ると、すでに小佐野が正面の席にすわっていた。背広は着ていなかった。白いワイシャツ、ノーネクタイであった。

彼らが、テーブルの両側に着席すると、小佐野が切り出した。

「組合が社長に辞めろ、というのは常識外だ。しかし、まあ、とりあえず話を聞こうじゃないか」

べらんめえ口調で話しかける。

正面を向いては、絶対に話さない。視線も彼らとはちがう方向に向けている。向けているというより、投げている。

労組委員から、事情が話された。小佐野は、そのたびに、「ふむふむ」とうなずいたり、

「そりゃあわかるが、無理だな」

と言う。

話をした相手に対し、大きな体をやや斜めに向けている。答えるとき、相手の目を見ない。口数は少ない。

そんな小佐野が、ふいにこう言った。

「いっとくがね。おれにゃあ品とか、道徳とか、社会的善悪とか、いっさい関係ねえ」

べらんめえである。ぞっとするような迫力があった。

労組中央執行委員の迫勉は、一人でここにやってきている小佐野の姿を見たとき息を呑んだ。そして、話すその姿、こんなことをいとも簡単に言いきってしまう小佐野という人物が、魔物のように思えた。

小佐野に、いままで闘ってきた田中角栄とはくらべものにならないほどの迫力を感じた。

田中は迫ら労組員たちに、得意の人情演説をぶった。解雇につぐ解雇を告げた田中は、人情演説をぶち、人員削減やむをえずというムードをつくろうとした。

迫は、演説中の田中に、コップを投げつけたことがある。

「演説なんかやめろ！　社の方針の事前協議制を保証しろ！」

田中には、そうさせる隙のようなものがあった。が、いま眼の前にいる小佐野には、そのようなものはない。ぞっとするような迫力。

田中は、迫がせまったとき、「うん」と言った。しかし、迫は反古《ほご》にされる可能性があるので、その場で正式な約款を結んだ。

あわてふためいて、田中は大ミスを犯してしまったのだ。彼は、どこかあやうい人間の部分を持っていた。

それでも田中は、人員整理をせざるをえない。それまで小佐野に便宜をはかってもらい、労組大会を一流ホテルである強羅ホテルで格安の値段でひらかせたり、ハワイの小佐野のホテルに何人かを招待したりして、懐柔をはかった。最後には、目白の自宅に一人ひとり呼び、自分の考えを涙を浮かべて語った。そうして、相手を持ちあげた。

「きみは、会社にとってかけがえのない人間だ。わたしはこんなに一所懸命やっているんだ。きみもいっしょに、やってくれんかね」

迫勉は、ある日、銀座七丁目の喫茶店「一越」に呼び出された。田中は、組合に人員整理を大目に見てほしい、といってきた。

「人間は、適材適所というものがあるんだ。なにも放り出しっぱなしにしようというんじゃないんだ。いまなら会社で、転職の援助をしようといっている。いまのうちに転職したほうが、本人のためなんだ。きみ、ひとつよろしく頼むよ」

田中は、テーブルの上に、新聞紙の包みを二包み置いた。迫は初め、弁当箱だと思った。が、田中がわざとちらりと見せたその中身は、一万円札の束だった。両方あわせて、二、三千万円はあったであろう。

これを受けとるか、さもなくばクビだ、というのであろう。迫は、断った。そして、まもなくして勤怠従業員として、解雇処分を通達された。

田中は、このようにアメとムチで組合を分断した。組合は三つに分裂し、力が分散し、弱まった。田中の目的はここにあった。

角栄方式とは異なる小佐野の冷徹なアメとムチ

さて、山王ホテルでの小佐野は、どうであったか――。

二時間ほど労組の話を聞き、短く、しかしはっきりと、できることとできないことを言った。そうして、初めから決めていたように、突然こう宣言した。

「よし、わかった。社長を辞めさせる。一時金も全額出そう。ただし、条件が一つある。本部の専従組合執行委員は、全員一人ずつ、わたしに最敬礼して、会長ありがとうございます、とお礼を言え」

全員が顔を見合わせた。要求をすべて受け入れるから、頭を下げろというのだ。

小佐野は、決然と言い放った。

「それがいやなら、会社を潰す。もともとボロ会社なんだ。角栄が泣きついてきたから、手を貸してやったまでだ。いつ辞めたっていいんだ。会社の一つや二つ、わたしには関係ない」

そのあとは、なにをいっても、小佐野は聞かなかった。すべてか、無かだ。組合執行部のなかでも、お礼を言ったほうがいい、という者も出てきた。が、その場では、

「われわれは、いつでも頭を下げるが、まず他の組合員に聞かないと、われわれだけでは判断できない」

と答えた。すると小佐野は、わかったという表情で、

「入内島は辞めさせるからな」

それだけ言うと、部屋を出て行った。

それから一週間ばかりのあいだに、入内島は本当に社長を降りた。田中ファミリーは退陣した。労組は、あっけにとられた。

代わって社長として日本電建に送りこまれたのが、元憲兵で、国際興業常務の上原秀作であった。昭和四十年七月十日のことである。

上原も、いやいやながら引き受けた。七月十日の朝、国際興業に出社すると、小佐野が突然言ってきた。

「今日から電建に、社長として行ってくれ」

上原は、とんでもないとうろたえた。

「冗談じゃない。わたしは国際興業の常務で十分だ」

とてもあんなボロ会社を引き受ける気はない。組合運動はあいかわらず激しいし、再建などまるで自信がない。失敗は眼に見えている。

が、小佐野は言う。

「どうしても行ってくれ」

上原も、そこまでいうならと、あきらめた。

「そんなに言うなら、行きます。ただし、オヤジに条件がある。おれも行くから、オヤジも代表権を持って、いっしょに乗りこんでくれ。電建には、銀行が金を貸さなくなっている。オヤジが代表権を持った会長なら、国際興業が保証したも同然だ。銀行も金を貸してくれる。どうですか」

「よし、わかった」

そうして、二人で日本電建に乗りこんだ。

小佐野が、関連会社の代表権を持ったのは、初めてのことであった。小佐野としても、田中角栄から引き受けた会社を潰すわけにはいかなかったのであろう。

国際興業から、再建資金として八十億円を借り出してきた。三年で赤字を解消する計画であった。

行ってみて、上原はおどろいた。支店まわりをしてみると、前社長、つまり入内島金一は、一度も支店に来たことがないと、どの支店の人間もいうのだ。

上原は、月の三分の二は、前線である支店まわりをした。仕事も、それまでの三、四倍の勢いで取りまくった。

夕方になると、ビールを買ってこさせ、支店の連中と車座になって語らった。彼らのなかには、上原にこう語る者があった。

「十何年この会社にいて、経営者の顔を見たのは初めてですよ」

田中が悪すぎた。それだけに逆にビール一本で、ひと息に打ちとけた。

小佐野は日本電建の経営に本格的に乗り出すや、それまで会社経営の要職にいた役員四、五十人の首を、一年もたたぬうちにあっという間に切った。

首切りの理由は、人によってさまざまであった。仕事のミスや、勤務時間内の無駄、入金日時の細かな遅れやミスといったものをあげつらって、その場に居たたまれなくなるようにした。

さらに、それらの首を切られた役員たちに代わって、遠方の支店長を本社の役職につけた。本社の役職についた者は、ほぼ全員小佐野信奉者になった。

労働組合に対しても、小佐野はアメとムチを使った。

組合員などは、地方の支店長などに大抜擢した。地方に行かせる前に、自宅に呼び、大盤ぶるまいし、洗脳した。こういう者たちは、小佐野のすごさを、地方の社員に自然とPRして歩くので一石二鳥であった。

社内の再配置によって、小佐野シンパを一挙に増やした。

小佐野はさらに、田中によって三つに分裂していた組合の統一を命じた。このときも、小佐野は組合執行部を脅した。

「組合同士でもめたら、会社を潰す」

小佐野シンパとなった幹部たちがそれをＰＲし、こう言ってまわった。

「会社を潰すよりは、せっかくのチャンスだから、組合を一本化し、労使協調でやっていったほうが得だ」

小佐野―上原体制になって、一年もたたずに組合員は骨抜きにされ、統一された。小佐野は、田中とはまったく逆の方法をとったのである。そして、田中とのあいだで交わした組合と会社側の約款も、すべて無効となった。

組合幹部一人ひとりについても、田中と同様、小佐野は会い、懐柔していく。が、これも田中とはまったくちがった、と迫は言う。

「わたしも何度か、上野毛《かみのげ》御殿に招かれました。小佐野の懐柔の方法は二つあった。一つは、国際興業系列の全国の乗り物（電車、バス、飛行機など）や、ホテルなどの宿泊施設の無料パス提供。もう一つは、ハワイのホテルの支配人就任と永住権の提案だった。そして、『みなも、小佐野の言うことを聞いて、結局はよかったと言っているぞ』と誘う。田中が、二、三千万円の現金しか持ってこなかったことを考えれば、その規模の大きさの違いは、歴然としている。要するに、小佐野は一生面倒をみてやろう、というのだ」

外側からじわじわ追いこんでおいて、ホッと、甘い逃げ道を、頃合いをみてつくってくる。小佐野の、このタイミングとやり方は、抜群だった。コロッといってしまうほうが自然なくらいだ。労組員たちは、小佐野を評してこう言った。

「空気銃で、虎は撃てねえや」

結局、迫は、小佐野の言うことはきかなかったが、田中時代にくらった解雇通知は、組合の組織替えとともに撤回され、日本電建に復職した。

小佐野は、こうして日本電建を再建していった。そして四十八年には、業界トップに返り咲かせる。

ところが、翌四十年一月、経済誌『経済春秋』二月十五日号で、「田中大蔵大臣出世のかげに泣いた日本電建」という田中攻撃の記事が出てしまった。田中を攻撃した怪文書の全文まで載っていた。

『経済春秋』が発売されると同時に、二階堂進《にかいどうすすむ》は、『経済春秋』の編集者と国会議事堂の中の控え室で会見した。

二階堂は、田中が三期も大蔵大臣をつとめたこの頃に思っていた。

〈田中角栄は、いずれ総理大臣になる。そのときには、わたしは懐刀として働こう〉

二階堂は、そのためにも、田中の政治生命にかかわるスキャンダルが、これ以上拡大しないようにと必死であった。二階堂は、田中のために、あえて汚れ役を引き受けていた。

控え室は、刺々《とげとげ》しい雰囲気に包まれていた。

二階堂は、『経済春秋』の記者に言った。

「なにとぞ、お手やわらかに頼むよ。第一弾の記事で止めてくれ」

相手が、それ以上どれだけの記事を握っているかわからなかった。薄気味悪かった。

話は、とりあえず成立した。

「九頭竜ダム事件」は〝弘文堂騒動〟の延長・派生だった⁉

つづいて、児玉、中曽根、渡邉とおなじみのメンバーのからむ「九頭竜ダム事件」が起こる。

そしてこの事件もまた、弘文堂と深くかかわっていたのである。

福井県の九頭竜ダムをめぐるこの事件は、時の宰相池田勇人の政治資金調達がからみ、〝政界のマッチポンプ〟田中彰治《たなかしょうじ》衆議院決算委員まで活躍したいわくつきの事件である。

日本産銅という鉱山会社を経営していた緒方克行《おがたかつゆき》は、半官半民の特殊会社電源開発（電発）のためにダムの底に会社が沈むことになるので、昭和三十九年春、電発に対し、五億四千万円の補償を要求した。ところが、電発はまったくとりあげてくれない。緒方は、大野伴睦や地元代議士に頼んだが、埒《らち》があかない。最後、児玉に会い、訴える。場所は、世田谷区等々力にある児玉邸の一室であった。三十九年十二月の暮れのことであった。緒方の著書『権力の陰謀』によると、その一週間後、児玉は、緒方の話を聞き終わると言った。

《「書類その他、よく調べてみた。内容も了解できたので、何とか調停してあげましょう。すでに、この問題に携わるメンバーも決めてあります。中曽根（康弘）さんを中心として、読売政治部記者の渡辺恒雄君、同じ経済部の氏家斉一郎君に働いてもらいます。ま、しばらく成り行きを見ていてください」》

翌日、児玉から緒方に連絡が入った。

「補償はとってやる。資金一千万円を持ってこい」

押しつまっての現金一千万円に緒方は泣いたが、とにかく二十七日に等々力の児玉邸に一千万円を届けにいった。そこには、渡邉恒雄と、いま一人、『読売新聞』経済部の氏家斉《うじいえせい》一郎《いちろう》（のち日本テレビ放送網会長）が座っていた、とは緒方の証言である。

田中彰治

さて、児玉に緒方の件で動くよう頼まれた渡邉は、中曽根を補佐して政治工作にあたった。氏家は、経済記者として親しい仲にある大堀弘電発副総裁との交渉にあたることになった。

この事件を、当時『正論新聞』の社長の三田《み た》和夫《かずお》がスクープした。三田が『小説政界陰の仕掛人』の取材のとき、筆者に語った。

「当時、緒方から聞いたところによると、児玉は現金を数えてからいったそうです。『この中の三百万円は、この男の関係している出版社の株の代金にするからな』この男というのは渡邉のことで、出版社というのは、弘文堂のことです」

つまり、児玉はフィクサーとして暗躍したカネを、弘文堂に流そうとしたと言う。

緒方は、中曽根のこの事件での役割を、『権力の陰謀』で、こう書いている。

《中曽根康弘代議士は、赤坂のリキマンション内の事務所に数度にわたって大堀副総裁を呼び、補償解決の見通しについて話し合った。児玉氏の前では一言も弁明しようとしなかった副総裁だが、中曽根代議士に対しては巧妙な言いまわしで牽制をはかったという。（中略）この牽制に中曽根代議士はひっかかってしまった。（中略）「中曽根はどうしても消極的でだめだ。なんとか解決にもっていかなければ、あなたがかわいそうだ」

と憤慨しながら、私を元気づけ、活動してくれたのは渡辺記者である。彼は敏腕の売れっ子政治記者で多忙な身だった。交渉の経過を聞くために私が渡辺宅へ電話を入れるのは深夜になる。それでも彼は迷惑がらずに応待し、同僚の氏家記者と連絡を取り合って話をしだいに具体的に煮つめていってくれた》

その後、児玉の工作がうまく運ぶかに見えた。ところが、児玉が頼りにしていた中曽根の親分でもあった河野一郎が急死。事態は一転する。

《土用にしてはしのぎよい日だった。私はひさしぶりに等々力の児玉邸を訪れ、風通しのよいひろびろとした二階座敷にとおされた。（中略）小一時間もたったころ、

「やぁ、お待たせした」

と言いながら和服姿の児玉氏が入ってきた。あとに調停工作のスタッフがつづく。正面に児玉氏、それに並んで中曽根代議士、左右に渡辺、氏家両記者という席順ですわった。

児玉氏は重い口調で切り出した。

「約半歳以上、この補償問題の解決に努力してきた。ここにおられる中曽根代議士、渡辺、氏家両君にも協力して頂いた。しかし、今日にいたってもなお、解決の陽の目が出てこない。詳しい事情はあえて言いません。（中略）まことに残念な結果だが、どうか速やかに裁判をはじめて闘って欲しい」

これが児玉氏の下した最終結論だった。

「それから、あなたからお預かりした一千万円だが、ここに現金を用意しましたから、お返しする」

札束を取り出すと、私のほうへ押しやった。予感はやはり的中した。最後の頼みの綱もプッツリ切れたのだった。（中略）その札束は手の切れるような新しさで、拓殖銀行の帯封がされていることだけを、奇妙にはっきり見てとっていた。

中曽根代議士は一言も発せず、腕組みしたまま天井を見上げていた。二人の記者もまた、押し黙ったままだった》

読売OBの三田は、この事件に児玉だけでなく中曽根、渡邉、氏家までからんでいたことを緒方から聞き、昭和四十二年の夏、取材に動いた。

「読売本社にわざわざ出かけていって編集局長の原四郎に会って言ったんだ。『二人の記者がとんでもない事件にからんでいるぞ』あとで、さっそく渡邉から電話が入りましてね。

『中曽根は、いずれ総理になる男だ。一度、彼と会ってくれ』

中曽根や自分が傷つきたくないと思ったのでしょう。なにしろその事件は、その後次々に登場する中曽根にかかわる疑惑（『殖産住宅事件』など）の、いわば原点のような事件ですからね。さっそく中曽根と会いました。そのとき、中曽根はしきりに弁解していましたよ。『緒方という人に会った記憶はない。児玉さんに頼まれて、電発の補償のことを調べたことは記憶している。しかし、電発側の話では、緒方という人はあまりタチのよくない人ということだったので、わたしはすぐ手を引いた』それから、わたしのところの新聞を見て、『この新聞はおもしろい新聞ですね。わたしの選挙区の連中にも読ませたいから少し大量に購読したい』なんて、言いましたよ。あとで、秘書がきて、五百部一年分を予約していきました。それっきりです」

政界の底流にこそ影響していた九頭竜ダム事件

この事件は、結局『正論新聞』昭和四十二年八月一日号で暴かれることになるわけだが、中曽根の名は出ても渡邉、氏家の名は「『読売新聞』政治部のW記者、経済部のU記者」とイニシャルでしか出なかった。その後、この事件は闇の底に沈み、ロッキード事件で蒸し返されるまで問題にされることはなかった。

「児玉は、中曽根すらつかい道がないとまで思った」

じつは、『正論新聞』に渡邉、氏家がW、Uのイニシャルで書かれる二年前、読売新聞社内でこの事件が一度噂になったことがある。

昭和四十年四月十日、「言論時代社」という院内紙の主幹の倉地武雄が、決算委員会で、九頭竜川ダム事件追及の最中、しかも証人に切り替えられる前夜の四月十日、麹町《こうじまち》の事務所で殺害された。

「犯人は、誰か……」

九頭竜川ダム事件の背後には、もっと大物もからんでいるのではあるまいか……『読売新聞』社会部の記者たちは、色めきたって取材をはじめた。ところが、である。当時読売の「七社会」（警視庁クラブ名）担当であった記者が語る。

「取材先で、逆に言われましてね。『熱心に追うのもいいが、てめえのところのＷも困った問題になるんじゃないのかね……』初め何のことかわからなかったが、どうやら『九頭竜川ダム事件』に、児玉といっしょにからんでいる、とわかり、デスクに報告しました。デスクも『おい、社へ出たらそのことはしゃべるなよ』と口止めしました。しかし社会部出身で当時編集局長であった原四郎の耳に、そのことが入った。原四郎の耳に入ったことをナベツネが嗅《か》ぎつけるや、『原チンめ、社会部を使って、おれのケツを洗ってやがる……』と怒り狂ったらしい。ナベツネの社会部への憎しみは、そのときからはじまったわけです。しかし原四郎は当時の実力者。ナベツネは、わざわざ原四郎のところに出かけて行き、『下落合に親代々の土地があり、財産的には何ら疚《やま》しいところはありません』と、財産公開して懸命に火の粉を払ったそうです」

渡邉は、九頭竜川ダム事件についても、『小説　政界陰の仕掛人』の取材で、筆者に答えている。

「――九頭竜川ダム事件というのは、弘文堂と少しつながりますが、あれは動かれたんですか。

九頭竜事件なんてのは、弘文堂となんの関係もないんだ。

――ただ、もっていってもらった金を、弘文堂に入れておくということで……。

全然関係ない。見たことも、聞いたこともない。どうしてああいうふうにでっちあげられたのかというと、緒方克行という人がいて、児玉のところに、おれの土地がダムのために埋没するんだといってきた。あの頃は、左翼だの右翼だの、住民パワーがいろいろやって、だいたい住民はかわいそうなのに、やたらめったらに埋めちまうんだという事件が多かったんです。そういう事件なんだといって、児玉がぼくに持ち込んできた。

ぼくと氏家と中曽根のいるところかなんかで話をして、そういう事件がある、悪いのは電発だということでね。

ぼくは当時九頭竜川なんて、どこを流れてるかも知らないし、電発なんか誰も知らない。で、中曽根さんが、大堀という電発の副総裁を知ってるから、聞いてみましょうと、こう言った。氏家も、調べてあげようと、こうなった。おれはなにも知らねえわけだからね。

そして中曽根はまず最初に、大堀から、『緒方というのは質《たち》のわるいやつだから、あんたはこんなものに触ってはいかん』と釘を刺された。それで中曽根は、蒸発ですよ。中曽根は、あんなもので引張り出されるのは迷惑だと思うよ。

それから今度は、児玉誉士夫からぼくに電話がかかってきた。中曽根さんはだめだというけど、もうちょっと調べてくれんかというんで、氏家に調べさした。すると、六億とか四億とかいう大金を、補償金でよこせという話だった。緒方が銅山かなんかをもってるんですよ。その銅山が埋没するというんで、そのへんの地主から運動費を掻《か》き集めたらしい。

で、運動費をみんなつかってしまって、最後に児玉誉士夫のところに辿《たど》り着いて泣きついたらしい。ところが氏家がよく調べたら、あんなもの、千万円の価値もない。これはだめだ、断れ、こんなものは新聞記事にならないんだというわけです。要するに、新聞記事にしてくれという話なんだから、これは。埋没する哀れな住民と、巨大企業・電発の横暴という、こういうお涙頂戴の話なんだ。その間、児玉誉士夫は、緒方なんかと盛んに会ってたらしい。こっちはそんなことは知らないですよ。緒方と会ったのは、こっちは一度か二度しかねえんだから。

その間、氏家がキューバかなんかにいって、一ヵ月くらいブランクになる。おれは全然電発も知らないし、現場も見てないし、わからないから、ほっぽりだしてた。そしたら緒方から何度か電話があったんで、いま氏家がいないからわからないと言った。氏家が帰ってきて、そういう話だというから、児玉に言ったんだ。

結論は、文句あるなら、緒方が自分で正しいと思うなら、緒方が電発に対して訴訟を起こしたらいいじゃないかと、児玉誉士夫にそう言ったんだ。あなたが口をきいて、顔で解決すべき問題じゃありません。これは、行政とか新聞とかの手の出る問題ではない。それより、訴訟を起こしなさい。裁判所で争うべき問題なんだといったら、児玉誉士夫も、そうですかと、渋々『じゃあ、わたしも手を引きますから』と、こう言ってた。

あとは、児玉と緒方の問題ですよ。それでロッキード事件が起きてから、九頭竜川ダム事件の黒幕で、読売の渡邉政治部長も登場する、と週刊誌に書かれた。それでぼくは弁護士を呼んで、告訴してやるという段取りになったわけです。そしたら原四郎副社長が、編集の中枢にいるやつが裁判所に通ってたら、新聞が製作できない、そんなものは無視しろと、こう言った。それでぼくも訴訟は取り止めた。

しかし、九頭竜の件はいったいどうなったのか、調べろと言ったんだ。氏家もそうとうな男で、電発に行って、あの事件はいったいどうなったと言った。そしたら、民事訴訟を起こした。その判決文があるといって、持ってきた。それでぼくも初めて全貌《ぜんぼう》がわかった。児玉誉士夫が裁判の証人に出てるんです。

――そのなかで、弘文堂に一千万かなんぼかを取り分けるというのを、あずかって、分けたことになってる。ただ、返したんですね。結果的には、弘文堂には入らなかったんです。

なんだか知らないけども、とにかくぼくの訴訟記録で知ったのは、八百万かなんかの賠償金を電発からとって、緒方が控訴しなかったということだ。それで、緒方はロッキード事件の最中に、ヒーローぶってた。九頭竜事件とロッキード事件は同じだなんていって、権力の陰謀だとかなんとか書いてね。

ところがその頃、どっかの週刊誌から毎日のようにぼくのところに電話がかかってきたんで、判決も調べろ、訴訟記録も調べろ、そして緒方に訊いてみろと言ったんだが、控訴しなかったんだね。六億円の値打のあるものなら、八百万円もらって断念するわけねえじゃねえか。値打がねえから控訴もしないで、八百万円もらってやめたんじゃないか。それが正義の味方みたいなことを言うのはおかしいじゃないか。要するに、これはインチキだということを見抜いて、児玉誉士夫に手を引けと言ったのが、いつのまにか、金をもらったとか、フィクサーをやったかのごとくおれは書かれた。こんな馬鹿げた話はない。それを見ろ、と言ったんだ。そしたら、緒方はぱっといなくなっちゃって、もう週刊誌にヒーローぶって出なくなっちゃった。

――その後、児玉さんとのつきあいは。

児玉とは、その後ほとんどつきあいはないんだ。児玉からは、年に一度電話があるくらいなものでね。それも、政局の変わり目と決まっていた。政局がどう動くかを敏感にキャッチすると、見込みのある流れについていた。

――そのあたりの身の処し方は、敏感なわけですね。

児玉は、一時、中曽根すらつかい道がない、とまで思ったことがあるんだ。角福戦争のときにも、児玉は、田中より福田（赳夫）についた。大野、河野、岸などは、右翼とのつながりは深かった。とくに大野、河野の党人派は、右翼や暴力団とのつながりが深かったな。

ところが、田中や池田は、右翼嫌いだった。そのため、児玉は田中とは合わず、反田中で福田についた。福田は、おなじ選挙区の中曽根とはよくない。いっぽう中曽根は、田中についた。児玉と中曽根は、この頃よくなかった。それなのに、ロッキード事件で中曽根やわたしが、児玉との仲をうんぬんされて、じつにめいわくなことだった。

――そういう面では、渡邉さんは社内的立場においては、苦しい時期でしたか。

それは苦しいですよ。流言蜚語《りゅうげんひご》ばっかりで。

――それを無視して、言いたいやつには言わしておけというほど、のんびりではなかったですか。

のんびりじゃない。ただし、ぼくは毎号二頁《ページ》『週刊読売』にコラムを書いていたんです。それで、緒方から詫状《わびじょう》をとった、緒方に『権力の陰謀』なる本を出版させた評論家の青地晨《あおちしん》立会いのもとでね。緒方は最初、一般向けの詫状で勘弁してくれというから、だめだ、活字にしなきゃいやだといった。どうやって活字にするというから、おれが書くといって、青地晨のところでこういうふうに書く、これでいいだろうといって、わたしの連載コラムに載せたわけですよ。活字には活字で対抗したとかいって、評価する人は評価してくれて、社内的にはそれでおさまった」

佐藤内閣での自民党幹事長に就いた田中角栄の凱歌

ここで、この頃の政治状況にも少しだけふれておこう。

皮肉にも、癌《がん》に冒されていた池田勇人は、わずか三ヵ月後の昭和三十九年十月二十五日、オリンピックの閉会を見届けてから辞意を表明する。後継には佐藤が指名された。

十一月九日、第一次佐藤内閣が成立する。

田中角栄は、佐藤栄作首相に呼ばれ、首相官邸の首相執務室を訪ねた。昭和四十年五月末であった。

佐藤は、田中をソファーに座らせるなり、顔をほころばせ、上機嫌で言った。

「六月三日の内閣改造で、きみに幹事長をやってもらうことに決めたよ」

田中は、「幹事長」と聞き、浅黒い顔を引き締め、頭を下げた。

「ありがたく、お受けいたします」

田中は、心の中で凱歌《がいか》をあげていた。

〈ついに、首相になるためのあと一つの役をつかんだぞ〉

入閣候補は、いくらでもいる。つまり、はっきり言えば、誰でもなれる。しかし、総理大臣というのは、そうではない。やはり閣僚では蔵相、党では三役の一つ幹事長、最低この二つをやらないとなれない。合わせて一本である。佐藤栄作、池田勇人、みなそうである。だいたい、財政、経済もわからんヤツが、首相になれるわけがない。

田中は、そう考えていた。そういう意味では、田中は、経済復興をなしとげた吉田茂、高度成長をなしとげた池田勇人の直系を自任していた。

幹事長も、大蔵大臣も、両方とも経済を、つまり金を握っている。幹事長は、そのうえに選挙の達人でなければつとまらない。田中は、新聞記者に、閣僚候補に関して質問されると、

「あれは、総務会長だね」

とか、

「あの男は、政調会長がやれるよ」

などと党三役のポストを例に出して答えていた。

田中が、「総務」と言うときは、これは、いまひとつ実力者としては物足りない、まだ入閣は無理だ、という意味であった。

「政調会長」と言うときは、有力閣僚、つまり、大蔵とか、通産大臣ができる器という意味であった。

「政調会長」というのは、党の予算を把握しているわけだからえらい、という論法である。

田中が、首相になるには大蔵と「合わせて一本」と言うときの党三役は、幹事長でなければならない。他の二役では、総理大臣になるには器量不足という認識があった。

田中はいま、その念願の幹事長の座を手に入れたのだ。

政治ということからは、次のようなものも語られる――。

児玉と『読売新聞』の渡邉恒雄の仲は、いっそう深まっていた。児玉は、『生ぐさ太公望―随想』で、こう書いている。

《韓国はその年の三十七年十二月中に、日韓国交回復の条約がまとまらないと、間もなく行われる朴大統領の選挙に響くという逼迫した情勢にあった。自分は大野先生を説得して自分と共に韓国に渡ってもらった。行ってみると、日本政府の腹がきまらんため、韓国の情勢は想像以上に逼迫している。これは自分一人だけでは駄目だと思ったので、大野先生とごく親しい読売新聞の渡邉恒雄さんにありのままの事情を連絡して、応援にきてもらった。そこで、大野先生と渡辺さんが、早々に金鍾泌《キムジョンピル》（のち韓国首相）氏や、そのほか韓国の最高首脳部の人々との会談になった。そのとき、自分は大野先生に、

「これは、先生がアジアの将来を考えれば腹をきめて決定してしまうことです。先生がこちらで決めたことを、日本に帰って自民党政府が承知しないようなら、先生と河野先生が一緒に自民党を脱党されることです。お二人で脱党となると、いかに官僚主義の池田でも手をあげてしまいますよ。要するに先生が韓国に対して、日本の約束手形を切ってしまえばことはかたづきます」

と話すと、しばらく、じっと考えていた大野先生は、「よしやろう」と決心された》

韓国政府が、平成十七年（二〇〇五年）八月二十六日に、それまで極秘であった外交文書を明らかにした。それによると、児玉は、韓国との国交回復のために、駐日韓国代表部参事官と定期的に接触し、日本政界の情勢を伝えていた。日本の要人の誰と接触すべきかを詳細にアドバイスしている。

昭和三十七年三月十三日に、駐日韓国代表部の参事官と会った際には、日韓国交正常化にかかわり、最大の難関であった対日請求権問題について、情報筋の話を伝えた。

「日本側は、請求権一億ドル、無償援助二億ドルの計三億ドルにするだろう」

日本側が韓国の要求を六億ドルと見積もっているとも伝えたうえで、日本の意向をしめした。

「両国の考える中間の四億五千万ドルに、会談代表の裁量分の五千万ドルを加え、日本側は最大五億ドルで結論を出す方針だ」

最終的には、日本と韓国は、「無償三億ドル、有償二億ドル」、さらに、民間協力資金一億ドル以上で合意した。

児玉は、日本側の交渉戦略について熟知していた。

児玉は、昭和三十七年四月十九日夜には、大平正芳官房長官のメッセージを韓国側に伝達した。

「韓国側が三十八度線以北の部分の支払いを主張するなら、会談妥結の可能性はない」

大平から聞いた日本政府の対処方針まで詳細に話している。

さらに、児玉は、アドバイスした。

「小坂《こさか》（善太郎《ぜんたろう》）外相級では成果は期待できないので、池田（勇人）首相か岸信介氏がソウルへ行くべきだ」

昭和三十七年七月にも、助言した。

「閣内や自民党にいる重要人物を個別に説得したほうがいい」

昭和三十八年三月九日、代表部大使が、韓国外相に公電を送った。

「読売新聞ワタナベ記者が韓国を支援したいとしていた」

ワタナベ記者とは、のちに読売新聞グループ本社会長となる、政治部記者の渡邉恒雄とみられる。渡邉が、いかに、児玉と親しかったか、あらためて明らかになったといえよう。

日韓基本条約は、昭和四十年六月二十二日、佐藤内閣のもとで締結された。

なお、児玉側近によると、昭和三十八年から韓国大統領になっていた朴正熙《パクチョンヒ》と児玉とのあいだで、この頃興味深い話し合いがおこなわれたという。

朴大統領が、児玉に言ったという。

「竹島は、わが国と日本とのあいだで所有権をめぐって、今後かならず揉《も》めに揉める。紛争の種をなくするためにも、いっそのこと、竹島を爆破してはどうでしょうかね」

児玉は、引き受けたという。

「よし、わたしが爆破してみせましょう」

竹島は、北緯三十七度十四分、東経百三十一度五十二分の日本海にある島である。東島（女島）、西島（男島）と呼ばれる二つの主島と数十の岩礁《がんしょう》からなる。総面積は約〇・二三平方キロメートルで、東京ドームの約五倍の広さである。周囲は断崖絶壁で、通常は人の住むことができる環境ではない。日本は国際法上も適法な固有の領土であるとして、島根県隠岐郡隠岐の島町に属させているが、韓国や朝鮮民主主義人民共和国は独島《ドクト》と呼称し、自国の領土であると主張している。昭和二十九年以降、韓国が実力行使をともなう形で実効支配している。

児玉は、竹島爆破を児玉グループに命じたが、朴大統領の考えも変化し、ついに、竹島爆破は実現しなかった。

しかし、朴大統領も児玉も、現在の竹島をめぐる日韓の対立の激化をこの時点で見越していたのである。

表の世界で角栄とつながり闇の世界で児玉とつながる小佐野の真骨頂

小佐野賢治は、表の世界では田中角栄とつながっていたが、闇の世界では、右翼の大立て者児玉誉士夫と深くつながっていた。

箱根宮ノ下にある富士屋ホテルといえば、帝国ホテルと比べられるほどの名門であった。明治十一年（一八七八年）に、山口仙之助《やまぐちせんのすけ》が日本で初めての本格的なリゾートホテルとして開業していらい、明治の元勲《げんくん》や国賓《こくひん》が宿泊した由緒あるホテルである。

財界人の夏の社交場として有名で、服部時計店社長服部正次《はっとりしょうじ》、森村産業会長森村義行《もりむらよしゆき》、亜細亜アリミナム社長塩原祥三、朝日麦酒社長山本為三郎《やまもとためさぶろう》などの華やかな顔ぶれが役員に名を連ねていた。

当時、富士屋ホテルチェーンの資産は、富士屋ホテル約五十四億円、仙石ゴルフコース約六十億円、富士ビューホテル約十二億五千万円、備品その他約三十億円。合計百六十億円は下るまいといわれていた。

ところが、昭和三十五年、横井英樹が、妙なきっかけからこの富士屋ホテルと関係を持つことになる。創業者山口仙之助の長女孝子が、藤沢の別荘を横井に売った。そのとき横井と知り合い、富士屋ホテルに内紛のあることを打ち明けた。自分の味方についてもらおうとしたのである。

横井は、白木屋乗っ取り事件で名を馳《は》せていた。やはり、並の人とはちがうやり手、という印象があった。孝もこの人に頼れば……という気になったという。

横井は、儲けの匂《にお》いには、独特の嗅覚《きゅうかく》がある。さっそく、富士屋ホテルの乗っ取りにかかった。

山口家の内紛の元は、当時ホテルを支配していた会長の山口堅吉にあった。

山口堅吉は、仙之助の次女貞子の婿養子であったが、貞子が死に、千代という後妻をもらった。つまり、山口一族とはまったく縁もゆかりもない人物が、富士屋ホテルを牛耳っていたわけである。

おまけに、その後妻の千代が、〝宮ノ下の宋美齢《そうびれい》〟との異名をとるほどの才女であった。それゆえ、長女の孝子はいっそう山口堅吉夫婦に反発をおぼえた。なんとかして、本家の手に富士屋ホテルを取り戻そうとの執念を燃やした。横井の手を借りたのも、そのためである。

買い占めにかけては、凄腕《すごうで》の横井である。着々と、一族の株を買い集めていった。

昭和三十九年十二月、定期株主総会がひらかれた。この事件の第一のヤマ場である。場所は、ホテル内のクリエーションホール。その総会に出席した一人によると、横井は、総会の席で、声を張りあげた。

「ここに、四分の一を超える株がある！　累積投票を要求する！」

当時の富士屋ホテルの資本金は、一億二千六百二十万円。総株数は、二百五十二万四千株。横井は、自分の買い占めた株のほか、仙之助の長男の脩一郎や三女の美香の委任状を持っていた。いわゆる本家筋の連中を背景に、強気で押しまくった。

会長の堅吉も、負けてはいなかった。

「あなたがたの株は、二五パーセントにも満たないはずだ！」

揉めに揉めたすえ、横井に軍配があがった。横井は、本家筋の四人を役員に送りこむことに成功した。

横井は、すかさず、会長の堅吉に激しく迫った。

「あなたは、退陣すべきだ！」

それに対して、ホテル側からは誰一人反論しなかった。横井を相手にすると、あとで面倒くさいことになる、と怯《おび》えたという。なにしろ、森村義行をはじめ、超一流の紳士ばかりである。

堅吉会長は、

「この人事には、大いに異議あり！」

と叫びながら、退場していった。

横井は、富士屋ホテルの人事を思いどおりに掌握すると、こともあろうに児玉誉士夫を取締役に入れた。横井とすれば、児玉の名を借りることにより、堅吉の反撃を封じこもうと狙ったのだろう。

ところが、横井の前に、意外な強敵があらわれた。小佐野賢治である。

横井と山口一族に追放された堅吉が、小佐野のところに泣きついたのである。小佐野の持っていた強羅ホテルも、米軍に接収されていたことがある。富士屋ホテルも、かつて米軍に接収されていた。同じ接収ホテルのオーナー同士ということで、前から知り合いだった。

堅吉は、小佐野に頼みこんだ。

「あなたに、自分の株は全部渡す。山口一族も切り崩し、株を集める。自分は経営しなくていい、とにかく、あの横井を追い出してください！」

名門好きの小佐野は、さっそく乗り出した。

横井も、白木屋乗っ取りで、最終的には五島慶太に株をゆずった。白木屋は五島のものとなり、日本橋東急百貨店にかわった。

五島慶太の門下生同士が、師ゆずりの〝買い占め〟と〝乗っ取り〟の腕をかけて、がっぷりと四つに組んだわけである。

一年近い暗闘がつづいた。

その間、横井側についていた山口家の本家筋の者が、一人転び、二人転びして、ついにはほとんどが小佐野側に寝返ってしまった。そのうちの一人が、当時を振り返る。

「横井さんは、一匹狼で、人脈もありませんでしょう。小佐野さんはその点、網の張り方がうまいし、スケールが大きい。金のばらまき方も、ちがっていました。横井さんはケチで、絶対に周囲に金をばらまくなんてことはしません。が、小佐野さんは、それをやる。もちろん、より大きな儲けのためなんですが、その点で、二人のやりかたのスケールがちがう。いつの間にか、スケールの大きいほうになびいていったわけです」

結局児玉をどちらにつけるかで、最終的な勝負が決まる。

児玉は、ついに横井から小佐野に寝返ってしまった。京成電鉄株の買い占めのときの恩義も感じていたのであろう。

児玉が小佐野側につくと、本家の者たちも、雪崩《なだれ》を打つように小佐野側に流れた。

「大先生の〝勅令〟が下っては、仕方がないからなあ……」

とボヤいている者もいた。もちろん「大先生」というのは、児玉のことである。結局、小佐野の完全勝利に終わってしまった。

横井が六年もかけて株を集めたのに、小佐野は一年近くで、富士屋ホテルを掌中におさめてしまった。しかも十三億円の金で二百十万株、およそ八二パーセントの株を手に入れた。つまり、百六十億円もの資産のホテルをまんまと握ったのである。

昭和四十一年四月二十七日、横井の握っていた株の小佐野への受け渡しが、等々力の児玉邸でおこなわれた。なにしろ、横井の株が四十五万株、一株千円で小佐野に売却するわけだから、総額四億五千万円。大変な額だったので、児玉邸を借りて取り引きすることになった。

ところが、横井は、四億五千万円もの札束を、一枚一枚勘定しはじめた。銀行員をわざわざ連れてきていた。ついに、朝の十時頃からはじめて、夕方の四時頃までかかってしまった。

児玉も、さすがにあきれかえった。「実業の世界社」編集長の筒井弥二郎に、あとで言った。

「きみい、驚くべきことだよ。小切手ですみそうなものなのに、朝から夕方まで、札を数えるんだから」

それでいて、四十五万株であるはずの横井の株券は、数えたところ、千二百十二株も不足していた。不足株の代金百二十一万二千円は、横井の受け取った四億五千万円の現金から戻すのが当然である。それなのに、横井はその当然のことをせず、これを小切手で渡そうとした。

さすがに小佐野にたしなめられ、渋々現金を戻した。

このとき横井と小佐野とのあいだで交わされた契約書があるが、この「第六条」には「児玉誉士夫、吉田裕彦（彦太郎）、藤三雄は、夫夫乙《それぞれ》（小佐野）の連帯保証人となり、この契約から生ずる乙の債務に関し誠実に履行させることを確認する」とあり、三人の捺印がある。

横井英樹は、富士屋ホテル事件について、「ホテル・ニュージャパン」の火事の直後、筆者に憤懣《ふんまん》やる方ない口調で語った。

「問題は、児玉先生の邸でおこなわれた株の受け渡しです。わたしは、四十五万株、四億五千万円の株を小佐野君に売るのに条件をつけた。山口一族の五人を、一生重役としておくようにね。そして、それを守らせるために、児玉誉士夫、吉田彦太郎、藤二雄の日本の大物右翼三人に、あえて連帯保証人になってもらった。なにしろ、小佐野はときどき嘘を言いますからね。それであえて保証人をつけたわけです。ところが、小佐野は株の受け渡しが終わるや、こう言うんだ。

『山口一族は、けしからんですよ。コロコロと寝返ったり、わたしに株を高く売りつけたり、あんなやつらを重役にする必要はない』

小佐野は、初めから山口一族を追放しようと狙っていたんですよ。わたしは怒ったんだ。

『そういう魂胆なら、いま売った株を返していただく！』

すると児玉先生も驚きましてね。小佐野君をすぐに別室に連れて行き、説得していましたよ。しばらくして部屋に帰ってくると、児玉先生がおっしゃる。

『いまの話はなかったことにしてくれ。約束は守らせる』

それで了解したのに、心配していたとおり、ついに小佐野はそのときの約束を反古にした。山口一族を、ほとんど追放してしまった。わたしはあらためて思いましたね。小佐野君に子供がないことを。やはり子供がないと、ああいう思いきって非情なことができるんですねえ」

ホテル・ニュージャパンの火事での被害者への補償で、非情を責められた横井が、小佐野の非情をなじる。よほど小佐野に一杯食わされたことが悔しかったのであろう。

第5章　権力奪取・金力

福田赳夫と幹事長を交代させられた角栄への陥穽

昭和四十一年（一九六六年）の夏、岸信介は、世田谷区代沢の高級住宅街にある実弟の佐藤栄作邸を訪ね、佐藤に言った。

「佐藤内閣は、日韓会談もやりとげ、やるべきことは、みごとに仕上げてきた。にもかかわらず、世論の評判はかんばしくない。ひとえに、幹事長の田中君と、官房長官の橋本登美三郎《はしもととみさぶろう》君の責任だ」

田中は、幹事長として腕をふるい、めきめきと頭角をあらわしていった。福田赳夫を次期総理にと後押しをしている岸は、田中が頭角をあらわすにつれ、不安になっていたのだ。

佐藤は、昭和四十年六月二十二日に懸案であった日韓基本条約の調印式をすませていた。

その他のことも問題なくすませているのに人気がいっこうに上がらないのは、幹事長と官房長官のマスコミ対策のまずさである、という田中批判であった。

そこに向けて、田中に思わぬ陥穽《かんせい》が待っていた。「黒い霧事件」である。寝わざ師といわれた川島正次郎がつねづね言っていたように、まさに「政界は、一寸先は闇《やみ》」である。

昭和四十一年八月五日、田中彰治《たなかしょうじ》が、自民党幹事長田中角栄にまつわる恐喝と詐欺の疑いで逮捕されるという衝撃的な事件が起きた。これは、小佐野と田中角栄が組んだ大博打であった。

田中彰治は、三度、衆議院決算委員長をつとめ、一貫して決算委員会をバックに汚職を追及。国有財産の不当処分問題をはじめ、二十九年の造船疑獄、グラマン、ロッキード機種選定などをめぐって、野党も舌を巻く政府追及をおこなった。が、裏面でそれを利用、もみ消しに回ってカネを取るため、「マッチ・ポンプ」の異名をとっていた。

田中彰治は、資金繰りに窮し、角栄と小佐野賢治のからんだ虎ノ門公園跡地払い下げに目をつけた。

田中角栄は、その問題を経済誌『経済春秋』に暴かれたが、腹心の二階堂進を使って、それ以上大きな火の手があがらないようにしていた。が、もっともうるさい田中彰治に嚙《か》みつかれたのであった。

田中彰治は、四十年に、この問題を国会に持ち出し、鋭く追及した。

「これは、明らかに転売だ。五年間譲渡禁止の条件があったのに、田中大蔵大臣が、便宜をはかったのだ」

これを材料に田中彰治は、田中角栄に手形割り引きを斡旋《あっせん》させ、小佐野へのルートを得た。

小佐野から、カネをふんだくろうというのだ。

田中角栄は、小佐野に電話を入れた。

「彰治はうるさいやつだから、適当にやってくれ」

小佐野も、田中角栄のたっての頼みと思い、求めに応じたのであった。

しかし、田中彰治は、それ以後も何度も小佐野に手形の割り引きを迫った。

さすがに小佐野が断ると、脅しをかけた。

「田中角栄の鳥屋野潟《とやのがた》などの疑惑も追及する！」

鳥屋野潟疑惑とは、新潟市にあるこの淡水湖の埋め立て予定の情報をあらかじめ摑んで、水面を買い占めておき、転売で大儲けしたというものである。

池田の後をうけた佐藤栄作も、佐藤内閣の屋台骨をゆすられても困る、という判断で、田中角栄をかばい、田中彰治を逮捕させた。

佐藤栄作

逮捕理由は、田中彰治の息子の彰が、父親の代理で小佐野をゆすった件であった。その証拠書類として、児玉誉士夫が提出したメモがあった。児玉は、昭和三十三年から三十四年に起こった第一次F－X争奪戦では、河野一郎のほかに田中彰治ともタッグを組み、疑惑を追及している。それでいて、今回は田中彰治を追い込もうとしている。

〝森脇メモ〟の森脇将光が、筆者に証言した。

「虎ノ門事件で田中彰治は逮捕されたが、あれは、はめられたんだなあ。田中彰治の息子が小佐野を脅したというが、田中彰治から聞いてみると、田中彰治は小佐野からカネを借り、手形を切っていた。その手形が落ちそうにないので、書き換えを頼んだ。しかも、事前に田中角栄を通じて書き換えてくれるよう、小佐野に頼んであった。それで田中彰治の息子が手形を持って、国際興業に行き、書き換えをしてくれと迫った。

ところが、小佐野はあらかじめ児玉を応接間に待機させていた。児玉は、田中彰治の息子と小佐野のやりとりをメモしておき、それを脅しの証拠として提出したんだ。『その恐喝の日に、私はその隣りの部屋に居合わせて、田中らの恐喝ぶり、その言辞を一部始終聞いていた』といった要旨でね。

しかしねえ、となりの部屋で聞いていたといったって、壁を隔ててそんなに聞こえるわけはないと思う。もともと、国際興業の小佐野の部屋も、児玉がいたという部屋も広くて大きいし、ドアも閉じられていて、経験則上、かりに児玉がいたとしても聞こえるはずのものではない。二人の計画に、まんまと引っかかったんだねえ。児玉という男は、恐い男だよ」

田中彰治は、入院していた文京区の順天堂大学病院から、着物姿のまま連行された。

田中彰治は、連行されながら、懸命に叫び訴えた。

「すべては、田中角栄、小佐野賢治、それに小佐野の弁護士正木亮と、東京地検特捜部長河井信太郎の仕組んだ陰謀だ！」

田中彰治は、のちに懲役四年の一審判決を受けた。

佐藤栄作は、ひとまず佐藤内閣の安泰を保つと、いよいよ今度は危険な爆弾である田中角栄の切り捨てにかかった。田中は、四十二年二月の内閣改造にからみ、幹事長を降ろされた。後任の幹事長は福田赳夫であった。

　田中角栄は、都市政策調査会長という閑職に追いやられた。これで田中は完全に福田に差をつけられた、と周囲の誰もがみた。

　当時の田中と小佐野のことを知る経済評論家の三鬼陽之助が述懐する。

「あの頃の田中角栄の後ろ姿は、寂しそうだったですね。小佐野は、そんな田中を見て、申しわけないと思ったんですよ。田中は都市問題の研究会をつくり、ここで『日本列島改造論』を完成させていくんです。小佐野は田中に申しわけないという気持ちから、田中がいつの日か総裁選に立ったあかつきには、資金を全面的にバックアップしようと決意したんです。あの『虎ノ門事件』には、そういうのちの意味もあるのです」

　が、田中は、なお執念を燃やしていた。

〈福田との争いで、まだ白旗はあげないぞ。いまに巻き返してみせる〉

　田中は、雌伏の期間の過ごし方でこそ、男の価値が決まる、と思っていた。

〈都市問題こそ、将来の日本の大問題になる。従来にない、都市政策をつくってみせよう！〉

福田赳夫

　と読み、猛勉強した。

　経済企画庁の総合開発課長であった下河辺淳《しもこうべあつし》を中心に気鋭の官僚や学者を集め、七十回にもおよぶ会合を開いた。秘書の早坂茂三《はやさかしげぞう》と麓邦明《ふもとくにあき》を中心に、都市政策大綱をつくらせた。都市の過密、公害、交通ラッシュを分析し、住宅や交通の長期計画を練り、都市の人口集中と、地方の過疎の平均化、工業の平準化をはかる政策であった。

この大綱は、昭和四十三年五月二十七日、党総務会で了承された。

田中は、自信をもっていた。

〈いずれ、この政策で勝負を賭けるときがくる〉

のちの『日本列島改造論』の基礎になる政策である。

が、いくら政策づくりに燃えても、所詮は閑職の身である。福田と争っている田中には、焦りがあった。

福田は、田中にかわって幹事長をつとめていた。派閥を超え、自民党内に、広く深く、議員たちと接触し、関係をもち、多くの支援を得、着々と勢力を固めていた。

絶頂の極みにあった小佐野への政界進出の誘いと断念

田中角栄が苦しんでいるとき、小佐野賢治は、絶頂の極みにあった。

資産二兆円とも三兆円ともいわれる小佐野に、政界進出の噂が流れはじめたのは、ハワイ進出を成しとげる前、山梨交通乗っ取りに成功した直後からであった。

「山交を乗っ取ったのも、集票能力を高めようという布石だ」

とささやかれた。

実際、小佐野のもとへは、出馬をうながす声がさかんに聞こえてきた。金をつかめば、あとは名誉である。小佐野もまんざらではなかった。

小佐野は、動きだした。側近たちに、天下国家を吹いてみせることが多くなりだしたのは、昭和四十年に入ってからであった。

小佐野の発言は、いきおい具体的になった。

「おれは、衆議院には出ないぞ。衆議院は忙しすぎる。おれは国際興業の船長だ。サラリーマン社長なら、衆議院に出て会社を潰しても、社長を辞めればすむ。しかし、おれが衆議院に出て失敗したら、おれも船もいっしょに沈んでしまう。見てみろ。財界人が代議士になると、ろくなことはない。会社まで潰してしまった者が多いじゃねえか。二兎《にと》を追って、一兎も得ずだ」

が、それで小佐野の話は終わったわけではない。国会議員という名誉は、金の亡者ともいえる小佐野にしても、魅力であった。

「参議院なら、おれは出る」

小佐野は、そういった。なみなみならぬ意気ごみが、うかがえた。

ついに、「小佐野会」という後援会組織のようなものをつくり、山梨県下に会員二万人を集めた。小佐野は、山梨県地方区から、本気で参議院選挙に出馬するつもりであった。

決起大会をひらく段取りまで練られた。場所は甲府の山梨県民会館だ。

必要なものは用意した。客に配る手拭い、牛乳、パン、日本酒の一合瓶……そろえるだけそろえたところで、突然待ったがかかった。金丸信《かねまるしん》であった。

金丸とは、深い因縁があった。山交紛争の真っ最中に、今井新造とともに小佐野支持で動いたのが、金丸の父で山交の常務取締役であった金丸康三であった。もっとも金丸康三は、最終場面で口をつぐんでしまったが、それでも小佐野は金丸と田中角栄の関係を考えて、金丸康三を役員に残しておいた。金丸信は、のちに田中派の大番頭となっていく。

金丸は、小佐野のもとに、田中角栄の名代としてやってきた。

「小佐野さん、角さんがやめたほうがいいといっている。あんたが政界に出たところで、悪い虫がむらがってくるだけだと。財産も全部食い潰されちまう」

小佐野は、その一言で、政界進出をあきらめた。

田中角栄は、金丸にそう言わせたものの、じつは別のことが本当は重要な問題としてあった。

「小佐野は、大物すぎる」

というのである。

つまり、下手に政界進出させても、陣笠の一つに使うほど小さなタマではないというのだ。陣笠は、もっと小物のやることだ。

小佐野も、むろん田中の心中を察したのである。

「政治家になるより、政治家を使ったほうがいいさ」

小佐野は、そう側近に言った。

政界進出は、まぼろしに終わったが、小佐野はその言葉どおり、政治家を使うことに集中する。使う政治家は決まっている。田中角栄である。

再任の田中幹事長による衆院選采配は「木曜クラブ」中核を生む

昭和四十三年十一月下旬、田中角栄は、首相執務室で、佐藤栄作首相に申し渡された。

「今度の改造で、ふたたび幹事長をやってくれ」

田中は、精悍《せいかん》な顔をほころばせて答えた。

「引き受けさせていただきます」

田中は、興奮していた。これで、福田との戦いを、ふたたび五分に持ちこめるのだ。

田中は、首相執務室から出ると、絨毯《じゅうたん》の上をついはずむような足取りで歩きはじめた。

佐藤内閣は、福田に金を扱わせていては、勢いを得るわけにはいかない。やはり、自分の出番だと気持ちがはずんだのだろう。

田中にとって、自分の勢力を一気に伸ばす、絶好の機会がめぐってきたのである。

十二月一日、田中角栄は自民党の幹事長に就任した。

昭和四十四年十二月末の総選挙は、田中が幹事長として采配《さいはい》をふるうことになった。

昭和四十四年十二月、第三十二回の衆議院総選挙が公示された。

それからまもない夜、代議士の一人から、赤坂の田中の秘書である佐藤昭の自宅に電話がかかってきた。

代議士は、あわてていた。

「資金不足で、当落が危ないんです。今日の十一時の夜行列車に、使いの者を乗せます。どうか援助してください」

時計は、夜の十時になろうとしていた。早寝早起きの田中は、すでに床に入っているにちがいない。起こしては悪い。

田中が次の総理総裁の椅子を狙いはじめたころから、資金援助を求めてくる政治家たちがひときわ多くなった。今回の選挙では、さらに多かった。佐藤昭の自宅に電話がくることも多々あった。

佐藤昭は、資金援助を求めてきた代議士に言った。

「わかりました。お渡ししますので、事務所までご足労ください」

いくら田中が寝ている時間とはいえ、金を渡さなければ、田中の沽券《こけん》にもかかわる。

〈勝手に金を渡して、田中が怒るようであれば、わたしが一年分の給与をもらわなければいいのだから〉

肚《はら》は、据わっていた。

佐藤昭

佐藤昭は、田中とは田中が衆院選に初出馬したときに初めて会い、選挙の手伝いをしている。そのとき田中の応援演説をおこなった男性と結婚している。彼女がその男性と離婚後、二十七年から田中の秘書になっていた。田中の金庫番として信頼を得ていた。

田中がだいたいどれほどの金を渡すか、いつも見てきた。田中は、いつも公平にしようとしていた。が、個々の代議士によって状況がかなりちがう。

佐藤昭は翌朝早く、砂防会館の事務所に出かけた。

金庫から金を出すと、その代議士の使いの人に手渡した。そしてこう言った。

「このお金は、お返しいただかなくても結構ですよ。どうぞ、頑張って当選してきてください」

政治家たちは、いくら貸してくださいと頼んでくる者でも、金を返す者はほとんどいない。貸してくださいということは、くださいという意味だった。額も、のちに金権政治といわれるほどの高額ではない。それゆえに、相手に負担に思わせないために、初めからそう言っておいたのである。

朝、田中は、砂防会館の事務所に入ってくるや、佐藤昭に訊いた。

「今朝、あいつが来たろう」

「ええ、ちゃんと渡しておきましたよ」

「そうか、わかった」

それ以上、いくら渡したか問い質しもしなかった。田中は、佐藤昭に全幅の信頼を寄せて任せていた。以後、田中と連絡がとれないときなど、佐藤昭は独断で資金を渡したりもすることになった。このことが原因となり、佐藤昭は、のちに「越山会の女王」と呼ばれることになる。

しかし、田中は、一つだけ佐藤昭に口を酸っぱくして言い聞かせていたことがある。

「金はもらうときより、渡すときのほうに気をつけろよ。相手に負担のかかるような渡し方をしちゃ、死に金になる。だから、金をくれてやるというような態度で渡してはいけないよ」

田中は、幼い頃から、父の借金のために苦労させられた。親戚たちにも、下げたくもない頭を何度も下げた。その悔しさやつらさを、忘れていなかった。そのため、佐藤昭には、執拗《しつよう》と思えるほどに念入りに釘を刺したのである。

田中事務所は、選挙の準備のためにおおわらわとなっていた。

田中が幹事長になって初めての選挙である。田中の名をあげるためにも、この選挙は負けられない。

佐藤首相は、沖縄返還の約束をとりつけ得点をあげた余勢を駆り、日米安保条約の自動継続について、この選挙で国民の信を問うという狙いでいた。

田中は、いよいよ勝負のときだと思った。

〈この選挙で自民党を圧勝させ、自分の力を見せつける。同時に、新人議員をたくさん出し、自分の子飼いの議員にしてみせる〉

自民党二百八十八人、社会党九十人、公明党四十七人、民社党三十一人、共産党十四人、無所属十六人で保守系無所属を加えると、三百議席の大台に乗ったのである。

佐藤栄作も、この選挙の結果に上機嫌であった。

田中は、佐藤にその功績を買われ、党幹事長に留任した。田中も、この選挙の圧勝で手応えを感じていた。

福田との雌雄を決する戦いに、勝てると燃えていた。

なお、このときの初当選組が、のちの田中派「木曜クラブ」の中核になる面々である。

渡部恒三《わたなべこうぞう》、高鳥修《たかとりおさむ》、小《お》沢一郎《ざわいちろう》、羽《は》田孜《たつとむ》、奥田敬和《おくだけいわ》、斉藤滋与《さいとうしげよ》史《し》、梶山静六《かじやませいろく》、小《こ》坂徳三郎《さかとくさぶろう》、綿貫民輔《わたぬきたみすけ》、石《いし》井《い》一《はじめ》、左藤恵《さとうめぐむ》、中山利生《なかやまとしお》、佐《さ》藤守良《とうもりよし》、林義郎《はやしよしろう》、稲村利幸《いなむらとしゆき》、野《の》中英二《なかえいじ》、有馬《ありま》元治《もとはる》らがいた。

一つの派閥のなかで同期当選組は、たいてい四、五人しかいない。が、四十四年初当選組に限っては、のちに田中派となる者が十七人もいた。

田中のもとで当選した彼らは、「田中派の初年兵」を自任していた。

党大会が終わり、首相官邸で、佐藤総理を囲み、ガーデンパーティーが華やかにひらかれた。羽田孜は、離れた階段の高いところから、じっと庭の様子を見ていた。

庭の真ん中で佐藤総理のそばを、田中が歩いている。すると、ドーッとどよめきが聞こえる。人の輪が、うねりながら動いていく。その輪の中心に、田中がいた。羽田には、どよめきが聞こえるというより、どよめきが見える、という感じで、それはものすごい盛りあがりようであった。田中が動くと、人の輪が、田中といっしょに動いていく。

佐藤といっしょに歩いていても、佐藤より田中の周りに人が集まっている。ほかにも、福田赳夫をはじめ、閣僚が来ているが、人波がうねっているのは、田中のところだけである。

羽田は、興奮を禁じえなかった。

〈これが、時の勢いというものか〉

首相官邸の庭で、みなに取り囲まれた田中は、闘志にあふれていた。この官邸の主に、必ずなってみせるという自信に満ち満ちていた。

小佐野・横井・児玉が奇妙にからむ「西武鉄道買い占め事件」

小佐野賢治と横井英樹、児玉誉士夫の三人は、「富士屋ホテル事件」につづき、「西武鉄道買い占め事件」でも奇妙なからみ合いを見せる。

この事件の発端は、横井が昭和四十四年の末から、西武鉄道の株の買い占めにかかったことにはじまる。

〝強盗慶太〟の異名をとった五島慶太に対し、〝ピストル康〟と呼ばれた堤康次郎《つつみやすじろう》の七回忌の前年であった。当時の西武鉄道社長は、康次郎の大番頭であった小島正治郎《こじましょうじろう》である。堤清二《せいじ》と堤義明《よしあき》は、ともに副社長であった。まだ西武グループのうち鉄道グループを義明、流通グループを清二と、分割統治することは決められていなかった。

そこで、内紛好きの横井が、清二と義明の異母兄弟間に、必ず近いうち骨肉のすさまじい争いが起きると予測し、約百八十万株買い占めた。

そして、何故《なぜ》か義明でなく、清二のところに出かけ、買い取りを要求した。昭和四十五年七月のことである。

横井は、当時は四百円前後だった株を、三、四倍もふっかけ、

「大阪の仲間も、おたくの株を買い漁《あさ》っている」

とグループ買いもほのめかした。

清二は、横井の態度に、さすが頭に血をのぼらせた。靴を脱いで、横井を張り倒してやろうか、というくらいに怒ったという。

横井は、交渉決裂後も、いっこうに怯むことはなかった。持ち前の粘り強さで、異常なほどの執念をみせて買いすすんだ。

執念深い横井は、四十六年の五月までに、三百六十万株も買い集めてしまった。最初、堤清二のところに高く引き取らせに行ったときの、ちょうど倍である。

あわてたのは、西武側である。なにしろ、三百六十万株といえば、国土計画、安田信託、三井信託に次ぐ、第四位の大株主に躍り出ることになる。もし横井が個人名義にでもすれば、個人筆頭株主横井英樹という名が出てしまう。社長の小島正治郎ですら、百三十二万株しか持っていない。

うろたえた西武鉄道幹部が、小佐野のところに駆けこみ、訴えた。

「横井のことだ、株を持っているのをいいことに、これからどんな難癖をつけてくるかわからない。富士屋ホテルのときのように、横井からなんとか株を巻きあげていただきたい」

小佐野は、東急だけでなく、西武の堤義明とも深いつながりがあった。

小佐野が言った。

「それなら、児玉さんに頼んでみましょう」

児玉は、小島と縁があった。児玉は、引き受けた。

「横井の持っている株を、わたしがあいだに入ってちょうだいしましょう」

昭和四十六年の九月二十七日、午後一時、西武系の東京プリンスホテルの一室で、株の受け渡しがおこなわれた。

西武側は、社長の小島正治郎、専務の宮内巌、岡野関治（西武不動産取締役）の三人の幹部で、堤義明、清二は出席しなかった。

立会人としては、小佐野、児玉が出席した。三百六十万株を、横井が西武側に渡した。

その代金の二十五億円は、横井の要求によって、そのうちの元手分十五億円を現金、あとの十億が小切手で支払われた。

じつは、小佐野は、かつて西武の堤義明に借りがあった。小佐野が四千坪もの土地を芝の増上寺《ぞうじょうじ》から買った。そのとき、増上寺の檀徒総代の一人である堤義明の世話になっている。

藤田観光の故小川栄一会長が、『民族と政治』（昭和五十一年四月号）で、その件について触れている。

《たまたま児玉誉士夫氏が小佐野賢治氏の代理として私を訪問され、（中略）買いとることを申し出たので、（中略）プリンスホテルの所有者である西武鉄道を通じて取り引きすべきことを要求したところ、すべての話がまとまって、増上寺は西武鉄道に売却し、西武鉄道が小佐野賢治氏に転売する手段が成功し、同時にまもなく一切の立ち退きも完了した》

おもしろいことに、児玉が小佐野の代理として動き回っているのだ。

「魔の日米繊維交渉」を解決させた田中通産相の手腕

田中角栄は、昭和四十六年七月五日、佐藤内閣改造で、通産大臣になった。福田赳夫は、外務大臣に就任した。幹事長は、田中の指名どおり保利茂であった。

秘書官は、小長啓一《こながけいいち》に決まった。

小長は、大臣室に挨拶に出向いた。

「小長です、よろしくお願いいたします」

田中は、扇子をせわしそうにパタパタとあおぎながら言った。

「きみは、立地指導課長だったな。きみたちの工場を地方分散化するという発想はいいんだが、きみの生まれはどこだ」

「岡山でございます」

小長啓一

「温暖な気候の岡山の人間にとって、雪というのはロマンの対象だよな。川端康成の『雪国』のようにあくまで叙情的な世界だよ。だけど、新潟県人のおれにとって、雪はロマンじゃない。雪というのは、生活との戦いなんだ。おれの言う地方分散や、一極集中を排除しなければいかんと言っている発想の原点は、雪との戦いなんだ。きみが雪をロマンの対象とみている限りにおいては、おれとは本質的にちがうよな」

通産大臣に就任した田中角栄には、「魔の日米繊維交渉」が待ち受けていた。

昭和四十四年一月、アメリカ大統領ニクソンが、選挙中に、繊維産業保護の公約をおこなった。それに基づいて、五月、スタンズ商務長官を日本に派遣、毛・合繊製品の対米輸出規制の協定締結を要請した。これに対して、日本側は、

「米国案は自由貿易の精神に反する。被害がなければ規制はない。被害があるならガット（関税・貿易に関する一般協定）にしたがって対応すべきだ」

と拒否した。が、十一月、沖縄返還交渉のため渡米した佐藤首相とニクソン大統領の首脳会談で、話しあいがおこなわれた。

四十五年に入って、米国側は、日本の毛・合繊製品のうち対米輸出の大部分を占める二十八品目について、自主規制の枠を示した。そのほかは対米輸出水準が一定水準に達したとき規制を協議する、トリガー方式という第二次案を出してきた。

これに対して、日本の繊維業界は、日本繊維産業連盟を発足させて抵抗した。

四十六年に入って、アメリカは、初めての貿易赤字を記録した。その原因が、日本のテレビ製品、繊維製品の輸入過超にありとする意見が主流を占め、日本製品が、つまりは日本が、アメリカの槍玉《やりだま》にあげられた。日米間に険悪な空気が充満した。

四十六年二月、ミルズ・アメリカ下院歳入委員長のミルズ案が示された。三月、連盟は日本側の一方的な自主規制を発表した。ところが、ニクソン大統領はただちにこの発表を拒否、八月十五日、金とドルの交換一時停止と同時に輸入課徴金導入の実施を発表した。

田中は、九月九日と十日の両日、ワシントンで開かれる第八回日米貿易経済合同委員会に出席した。日本側からの主な顔ぶれは、福田外務大臣、田中通産大臣、水田三喜男大蔵大臣であった。

アメリカ側からは、ロジャーズ国務、コナリー財務、スタンズ商務各長官であった。田中と福田は、お互いにウィリアムズバーグの宿舎でホテルの別棟に部屋をとったばかりでなく、旅行中、つねに顔を合わせることを避けあった。

しかし、田中は、福田の出席する会議には、必ず出席した。コナリー財務長官と福田が会うときも、田中はわざわざ顔を出した。コナリー財務長官は、テキサス州出身で、ニクソンの次の大統領候補といわれていた人物である。

アメリカ首脳にとっては、田中は、福田ほど安心感のある人物、つまり自分の国の言うことを聞いてくれる人物とは映っていなかった。なにか危険度の高い人物、つまりいつかアメリカに牙を剝《む》くのではないか、と思われていた。そういうアメリカ側の田中観に、田中は気づいていた。そのため自分のイメージを変えるのに必死だった。

田中は、この間、自分に言い聞かせつづけていた。

〈繊維問題は、外務大臣の福田でなく、通産大臣であるおれの専管事項である。福田の介入を許さない、というイメージを鮮烈に植えつけるように動かねばならぬ〉

田中は、佐藤の肚も読んでいた。

〈佐藤さんは、沖縄返還交渉の詰めにきたいま、ここで日米間の摩擦を大きくしたくはないはずだ。そのため、日本の業界の反対を抑えてでも、政府間でうまく交渉を妥結してほしいはずだ〉

佐藤は、日米繊維交渉に関し、宮澤《みやざわ》（喜一《きいち》）前通産大臣の理想主義的なやり方を評価し、宮澤が片づけてくれるだろうと思い起用した。が、宮澤は期待にそわなかった。そこで、宮澤に替え、田中に重荷を課したわけである。

「田中君、おい、きみがなんとか片づけてくれ」

田中は、佐藤の期待どおり、日米繊維交渉を解決しようとしていた。

〈宮澤は、日米繊維紛争を外交問題として片づけようとしたために失敗したわけだ。おれは、これは、政治決着で片づけてみせる〉

二階堂進、久野《くの》忠治《ちゅうじ》、西村英一らが「なにもいま、わざわざ泥をかぶることはないではないか」と、秘書の佐藤昭に言っていたという話を田中は聞いていた。

だが、田中は、秘策を思いついていた。

〈二面作戦をとれば、必ず成功する〉

じつは、田中は、会議開催に先立って立ち寄ったウィリアムズバーグにおいて、デイビッド・ケネディ米大統領特使と重要な秘密会談をおこなっていた。

その秘密会談の席で、ケネディは強調した。

「日米繊維交渉の問題解決は、急がねばなりません。アメリカ政府内では、対敵取引法に基づく一方的措置をとる準備が着々と進んでいる。公式交渉再開に全力を傾けてください」

スタンズ商務長官は、公式討論で訴えた。

「政府間協定締結が必要である！」

田中は、わざと大げさな身ぶりで絶対反対を唱えた。

「日本の業界では、自主規制計画が、順調に実施されています。日本製品が、アメリカ産業に被害を与えていることを示す証拠は、見当たらない！　いずれにしても、政府間協定を受け入れることは、政治的に不可能である」

田中は、さらに皮肉まじりの口調で演説した。

「アメリカの対中国政策転換の結果、中国製繊維製品の輸入が増え、アメリカとしては、日本に対する前例にならって、中国からの輸入も規制せざるをえなくなるであろう。その結果、中国との関係改善は、困難になるのではないか」

スタンズは、田中角栄の火を噴くように激しい攻撃に、驚いた。

田中は自分の大芝居に、してやったりと思っていた。

〈これで、他の閣僚や官僚との関係において、繊維問題に関するおれの立場を守れる。交渉が妥結する寸前まで、業界や親業界派の議員たちの政治的圧力をそらすこともできる。さらに、強大国の圧力に、捨て身で抵抗する国益擁護の旗手、という大衆的イメージも保つことができる。そのうえ、独特の粘り強さによって、土壇場で、アメリカ側から譲歩を勝ち取った、という神話までつくりだすことができる〉

帰国後まもなく、田中は、通産省の事務次官を大臣室に呼び、言った。

「おれは、きみに言われたとおり、やってきた。向こうが納得したとは思わんけど、とにかく日本の主張は十分貫いてきた。が、このままやっておっても、事は解決しないと思うんだが、どうだ」

「…………」

「したがって、何かここで収拾策を考えないといけない。いまのままの調子で、ただ『被害のないところに規制なし』と言っているだけでは問題の解決にならない。そうだろう」

日米貿易経済合同委員会で迫力満点の議論をした直後である。それだけに、説得力があった。かりに弱腰であったならば、へなちょこの大臣が何を言っているんだ、と反発を買っているだろう。

田中はつづけた。

「繊維業界の利益を極力損なわないかたちで、秩序あるアメリカ輸出というのは認めよう。しかし、二〇パーセントは伸びすぎだ。適正な伸び率、たとえば五パーセントにする。そうすれば、アメリカも満足するはずだ。業界だって、マイナスなら大変なことだが、伸びているんだから納得するだろう。業界の圧力を軽減し、また説得もし、アメリカ側もそれなりに納得するというような案はないのかね」

事務当局とすれば、二〇パーセントの伸び率を五パーセントに落とすことはできる。が、問題は国内対策だ。担当者は、田中に伝えた。

「繊維業者の機械をすべて壊し、機械一台につき、補償金を出すということなら可能だと思いますが」

「そうか。その総額は、どのくらいだ」

「二千億円近いでしょう。いま通産省がもっている予算の総額を超えます。とても、そんなことはできませんよ」

田中は言った。

「そんなことは、心配するな。その部分は、おれが大蔵大臣に交渉するし、総理ともやるから任せておけ。きみらは、その線で仕事をしてくれ」

田中は、繊維業界の強い反対を押し切って、政府間交渉の締結を進めた。

業界は、怒りをあらわにした。

「糸を売って、縄を買うのか！」

縄というのは、沖縄のことである。つまり日米繊維交渉でアメリカの言い分を認め、繊維業界を犠牲にし、沖縄返還をスムーズに進めるのか、という怒りである。

田中は、佐藤首相、水田大蔵大臣と協議した。佐藤首相は、決断を下した。

「金で解決できることなら、やってしまおうじゃないか。いくらかかる」

田中は答えた。

「二、三千億円はかかります」

沖縄返還をスムーズに進めるため、背に腹は替えられなかった。

力はもっていた。

田中は、さっそく、大蔵省の首脳に会い、相変わらず煮えきらない態度の彼らをすさまじい形相で睨《にら》みつけた。

「その線で進めよう」

田中は、大蔵大臣を三期もつとめ、大蔵省には顔も利いていた。大蔵省から二、三千億円を引き出す実

「おれが、政治生命を懸けてやろうとしているのに、おまえらには、それがわからないのか！」

田中は、精力的に動きまわった。いよいよ詰めの段階では、ケネディが、シナリオどおりの動きに出てくることになっていた。

アメリカ側は、十月十五日までに、政府間協定が結ばれない場合は、一方的措置をとる、という「最後通牒」を突きつける。田中は、怒り狂ってテーブルを叩き、アメリカ側から最後の譲歩を勝ち取ったところで、ついに両者が協定案に合意する、ということになっていた。

田中の動きにより、約束の十月十五日に、日本側がアメリカ側の提案を呑んだかたちで、了解覚書に署名することができた。田中は、自信を抱いた。

〈おれが泥をかぶり、これで確実に佐藤さんに貸しをつくった。アメリカ政府にも、おれの顔を売った〉

こうして、三年にわたる日米繊維交渉は田中の手によって解決をみたのである。

小長秘書官は、田中のリーダーシップに驚かされた。

〈業界を抑えるために補償金を出すといってみても、予算ゼロから二千数百億円を獲得するのは簡単なことじゃない。事務当局も、当初は、「そんなことをおっしゃるけども、できるんですか」と半信半疑だった。が、田中大臣は、おれに任せておけ、と本当にやりとげてしまった。凄《すご》い人だ〉

通産省の先輩たちの発想は、だいたい自分の発想の延長線上のものであった。尊敬はするが、新鮮さは

感じない。が、田中は、延長線上にはない角度から発想をいきなり出してくる。それも、発想だけではない。行動につながるような決断を下す。

小長は、畏敬の念を覚えた。

〈この人は、そんじょそこらの人じゃない〉

国土開発の全省庁に浸透した田中思想とシンパを結集した新政策とは

日米繊維交渉が決着して間もない、ある日のことである。

田中角栄は、小長秘書官に言った。

「おれは代議士になって以来、国土開発問題に取り組み、国土総合開発法、ガソリン税法、有料道路法などいろんな議員立法を手がけてきた。しかし、せっかく通産大臣になったのだから、今度は産業サイドからみた国土開発を手がけたい。三年前に都市政策大綱をまとめたが、抽象的で、理屈が多すぎる。内容もむずかしい。専門家は評価してくれたが、もっと国民にわかりやすいものをつくりたい。何かできないかな」

小長らは、これまで産業サイドから見た国土開発論を勉強してきた。が、それを政治的にとりあげてくれた政治家はいなかった。大臣がそれをやろうというのなら、願ってもないチャンスである。

小長は答えた。

「いいですね。関係者と話してみます」

小長は、さっそく通産省の関係者に相談した。彼らは、みな乗り気であった。

「やろうじゃないか」

小長は、田中に報告した。

「大臣、みなオーケーですよ」

「そうか」

「わたしのほうで省内の関係局の課長クラスを集めます。まず、大臣がどのような方針でおられるのか、みんなにレクチャーしてください」

「わかった。出版社は、日刊工業新聞社に頼もう」

田中は、『日刊工業新聞』の白井十四雄社長と親しかったのである。

さらに、冗談めかして言った。

「大手の新聞社のどこかから出すと、ほかの大手新聞社がひがむからな」

小長は、日程を調整し、田中を塾長とする勉強会を開いた。メンバーは、立地指導課長をはじめ関係局の課長、日刊工業新聞社の記者二、三人の合わせて十人前後であった。メンバーのなかには、企画室の堺《さかい》屋《や》太《た》一《いち》（のちに経企庁長官）もいた。

田中は、国土開発に関する自分の考えを熱い口調で語った。

「高度成長時代は、東京へ、東京へ、という流れでやってきた。この流れを放任しておったら日本はパンクしてしまう。その流れを百八十度変えて、地方の流れにしなければならない。地方に二十五万人程度の中核都市を百ほどつくる。それこそが日本の新しい生き残り戦略の最大のポイントだ。そのためには、地域にそれなりのインフラを整備しないといかん。新幹線鉄道網であり、交通道路網であり、航空路の整備に取り組む」

田中は強調した。

「東京に一極集中されれば、地方はどんどん過疎になる。過疎になれば、ますますインフラの整備ができない。日本は、いびつな不均衡発展になる。これは、もう大変なことになる。それを避けることを、いまから計画的にやっていかないといけないんだ」

田中の口調は、迫力を増していった。

「東京にいれば、酔っぱらって具合が悪くなり、道端でひっくり返っても、すぐに救急車が来て助けてくれる。命に別状もない。おなじことをインフラの整備されていない過疎地域でやったら、どうなるか。救急車の数も少なく、すぐには来られない。命を落としてしまう。おなじ人間の命で、そういうことがあっていいのか！　どこにいてもちゃんと命が保証されるということでないと、いかんのではないか！」

田中は、しだいに興奮してきた。

「日本海側は、裏日本といわれているが、そんな差別用語みたいなことを言うのはけしからん！　江戸時代以前の帆船だけしかない時代は、日本海側こそ、むしろ交通の要所だったんだ。太平洋側は、船が航行できない。蒸気船ができて初めて航行できるようになった。昔、立派に栄えたところが、いまや裏日本と呼ばれ、過疎地帯みたいな言い方をするのは、おかしい」

ふと気がつくと、すでに五時間が経過していた。なんと、五時間もしゃべりつづけたのである。

小長は唸《うな》った。

〈大臣の国土開発に懸ける思いは、血肉化しているんだな〉

この五時間にもわたる勉強会は、その後も四回ほどつづき、計五回ほどおこなわれた。

田中の考えをひととおり聞いたメンバーは、小長をコーディネーターとし、それぞれ担当分野を決めた。テーマによっては、建設省の道路局や河川局、運輸省の鉄道監督局などの関係省庁の協力を仰がなければならない。

小長は、ある省庁の担当課長に電話を入れた。

「大臣の指示により、産業サイドから見た国土開発をまとめているんですが、資料をいただけますか」

小長が細かく説明するまでもなく、担当課長は即答した。

「わかりました。あなたがほしいのは、××の視点からの××の資料でしょう」

「はい、そうです」

「明日にでも、届けますよ」

各省庁とも、おなじようなやりとりであった。関係省庁の資料は、きわめてたやすく手に入った。

小長は、田中の人脈の広さに驚かされた。

〈国土関係のあらゆる省庁に、田中さんの思想が浸透している。そして、田中シンパがいるんだな〉

小長らが執筆作業をしている過程で、風雲急を告げる事態が起こった。田中の総裁選立候補論がいよいよ本格化してきたのである。

田中の秘書が言った。

「オヤジは、総裁選に立候補するかもしれない。この本を立候補宣言用の材料にする。出版は、来年の三月だ。急いでほしい」

小長らは、翌年夏の脱稿を目標に作業を進めていた。が、それが四ヵ月も早まってしまった。

小長は、よけいに情熱を燃やした。

〈この本には、田中さんが代議士になって以来、自分の一生の仕事として取り組んできた国土開発政策の熱い思いがつづられることになる。このような政策を掲げて戦った総裁候補は、おそらくいないだろう。これまでにない、新しい試みだ。われわれも、頑張らねば〉

小長らは、土日を返上し、執筆作業に没頭した。

サンクレメンテでの田中・福田の政治ドラマと『日本列島改造論』刊行

佐藤栄作総理は、昭和四十六年の暮れ、福田赳夫外務大臣に、総理官邸の応接室で言った。

「じつは福田君、ニクソン大統領から、フランス、イギリス、西ドイツの首脳に次々に会うが、わたしにも、来年早々、カリフォルニア州のサンクレメンテで会いたい、と言ってきた。日本の総理として、会わんわけにはいかんね」

佐藤は、ニクソンと沖縄返還交渉をしめくくるその会談を花道として、引退するつもりであった。

福田はうなずき、答えた。

「当然、行くべきでしょう」

佐藤は訊いた。

「田中君の問題、どうするか……」

佐藤は、福田に、その年の秋頃から、二、三回身内に話すような親しさで言っていた。

「さて福田君、田中君にはいつ話すかな」

つまり、自分が総理を引退したとき、次に福田に政権を渡す、と決めていることを、いつ田中角栄に打ち明けようか、ということであった。

福田は、佐藤からの禅譲を信じきっていた。余裕のある、勝者の口調で言った。

「田中君にお話があるというなら、サンクレメンテは、いい機会じゃないですか。同行をお願いしたら」

もし福田だけを同行させれば、総裁選に向けて、福田の株がはるかに上がる。

が、田中が今回の日米首脳会談の話を聞きつけ、強引にねじこんできていた。

「経済面で問題が多いから、わたしも行かなければなりません」

佐藤は、田中の要求を蹴るわけにもいかず、いちおう福田に了承をとったのであった。

佐藤は、福田の返事に胸を撫《な》でおろしていた。

「わかった。田中君も同行させよう」

佐藤は、翌四十七年一月五日から十日にかけて、福田外務大臣、田中通産大臣、水田三喜男大蔵大臣をしたがえて訪米し、ニクソン大統領と、サンクレメンテで会談をすることに決めた。


一月七日正午から、西部ホワイトハウスで、ニクソン大統領招待の昼食会が開かれた。

正午までの佐藤・ニクソン会談では、最大のテーマである沖縄返還日も五月十五日と決まった。繊維交渉とニクソン・ショック（昭和四十六年七月のニクソン訪中発表と、八月の金・ドル交換一時停止などのドル防衛政策発表）で傷ついた日米関係の手打ちの儀式が、めでたく終わろうとしていた。

ニクソン大統領は、会談場から出ると、無蓋《むがい》のゴルフカートをみずから運転し、昼食会の開かれるプールサイドに向かった。

ニクソン大統領は、上機嫌で、佐藤を隣の席に乗せた。

会談場から飛び出し、その光景を見た田中は、とっさに判断した。

〈乗り遅れて、なるものか〉

田中は、ゴルフカートに飛び乗った。後部の日米通訳官が腰かけるシートに、割りこむように席を占めた。

二〇〇メートル走ったあと、ゴルフカートは止まった。

ニクソン大統領は、昼食会場に到着すると、田中の肩を叩き、抱きかかえんばかりにしてテーブルに案内した。

ニクソン大統領を囲んで、右に佐藤総理、左に田中が座り談笑をはじめた。

遅れて到着した佐藤文生《さとうぶんせい》代議士は、片言の英語で話しあう田中の背中越しに、テーブルのネームプレートを確認した。

田中の座っている第一テーブルに座るメンバーは、前もって決められている。アメリカ側は、ニクソン大統領、ロジャーズ国務長官、キッシンジャー特別補佐官で、日本側は、佐藤総理、福田外務大臣、牛場《うしば》信彦《のぶひこ》駐米大使、佐藤文生と決まっていた。

田中は、第一テーブルでなく、第三テーブルに、スタンズ商務長官、ケネディ特使らと同席することに決まっていた。あきらかに、割りこみである。

案の定、田中の座っている席には、「BUNSEI　SATOH」というネームプレートがあった。

驚いた佐藤文生は、三人の会話のすきを見つけ、田中の袖《そで》をおそるおそる引いた。

「大臣、お席が……」

ところが、興奮に赤くなっている顔をふりむけた田中は、佐藤文生を睨みつけるようにして言った。

「わかっている！　わかってるよ。これで、いいんだ。いいんだ。一生、恩に着る。これでいいんだ」

佐藤文生は、とっさに察した。

〈いま、日本の次期総理大臣の椅子をめぐって、大政治ドラマが繰り広げられているのだ〉

少し遅れて入ってきた福田は、驚愕《きょうがく》した。田中が、ニクソン大統領の隣で談笑しているではないか。福田は、いま一度眼を凝らして田中を見た。見まちがいではない。

〈いったい、何が起こったのか〉

田中は、口をへの字に結び、三白眼を宙にさまよわせた福田を尻目に、ニクソン大統領に、

〈次の総理は、わたしです〉

といわんばかりに売りこみつづけた。

田中は、ほくそ笑んでいた。

〈サンクレメンテの福田との決戦は、おれの勝ちだった〉

田中は、ニクソン大統領に、ひそかに重要な点で、自分を売りこんでいた。一つは、日中国交回復についてであった。

「わたしが、次期総理になったら、すぐに日中国交回復をやりたいと思っている。ついては、あなたが、一九七一年（昭和四十六年）七月十五日に訪中発表をして道をつけてくれたわけだから、あなたに迷惑はかけられない。日本としては、一歩も二歩も貴国に譲らねばならない。どの程度、日中国交でふるまえばよいだろうか」

ニクソンの頭には、訪中発表の時点で、日本の頭越しに発表しておけば、日本が中国との国交回復をやるときは、アメリカの枠内、つまり、対ソ封じこめの意味合いをこめたうえでの国交回復にならざるをえないという考えがあったはずだ。田中は、そう読み、日中国交回復について売りこんだのであった。

田中は、このときニクソン大統領が困っているロッキードの売りこみについても、助け船を出していた。

「わたしは、一九七一年十月に繊維も一発で片づけたじゃないですか。わたしの実力は、買って損はない。なんでも言ってください」

昭和四十七年三月、田中通産相の小長啓一秘書官たちは、次期首相をめざす田中の政策構想として「都市政策大綱」をまとめた原稿を入稿した。原稿は、校正作業を経て、六月二十日、日刊工業新聞社から出版されることになった。

書名は『日本列島改造論』。日本全体の工業化を促進し、日本を公平化していこうというものである。いわば、東京、大阪、名古屋など一部の大都市の経済を発展させるのではなく、全国の経済を発展させる。

地方分権のはしりであった。

それにより、公害など環境問題が出てくるだろう。が、おかしな歪みが出れば、そのときに処理するという方向性も示した。経済の成長だけではなく、環境問題にも配慮する時勢に合った政策であった。

構成は七章だてで、前半は田中の政治に対する基本認識、国土改造の目的、在来の国土開発政策の反省などの総論を述べたもの。「人口の三二パーセントが国土の一パーセントに住む」「許容量を超える東京の大気汚染」などの見出しで、東京圏に人口が集中して過疎・過密化が深刻化していることを訴えている。

後半では「工業再配置で描く新産業地図」「工業再配置を支える交通ネットワーク」「ダム一〇〇〇ヵ所の建設を」といった見出しを掲げ、新幹線や高速道路など交通ネットワークの構築や大規模工業基地の建設など、列島改造の方法を具体的に提示してあった。

田中の人気ともあいまって、この本は八十八万部も売れた。

しかし、批判の声もあった。

「これは、産業を偏重した考え方だ。国民の気持ちを代弁していない」

「もう少し安定した経済成長にしなくてはいけない。日本列島改造論は、高度成長を突き放したような話になる」

日本列島を改造することで日本経済は活性化され、好景気となる。それが、間接的に土地の投機を招く要因にもなる。

しかし、バランスを考えた政策は抽象的になってしまう。あまり、はっきりしたものにはならない。それよりも、一つの大きな方向づけを出す。「これからの日本の産業を発展させていく」「経済を活性化させていく」というかたちのほうがわかりやすい。

木村武雄

佐藤首相の福田後継指名を覆す田中角栄擁立の決起

沖縄返還を花道に引退を示唆していた佐藤首相は、自分の後継者として福田赳夫蔵相を指名した。が、佐藤派議員の多くは、すでに田中から運動資金をもらい、田中を担ごうとしていた。

通常国会の会期末も押し迫った昭和四十七年五月九日の夜、柳橋の料亭いな垣の大広間で、田中派結成の旗揚げがおこなわれた。

この日、午後の三時ごろには雨がぱらついていたけれども、夜になり、すっかり雨はやんでいた。

この会合の呼びかけ人は、佐藤派の長老木村武雄《きむらたけお》であった。会費は二千円で、縦に並べられた細長いテーブルの上に、黒塗りの弁当が置かれているだけの質素な宴席であった。

しかし、参加者は、木村の予想をはるかに上まわる八十一人であった。

木村は、八十一人もの顔を一人ひとり眺めながら、いっそうの闘志をわきたたせていた。

〈これで、福田との勝負はあったな……〉

衆議院では、佐藤派から、二階堂進、亀岡高夫《かめおかたかお》、足立篤郎《あだちとくろう》、仮谷忠男《かりやただお》、小渕恵三《おぶちけいぞう》、橋本龍太郎《はしもとりゅうたろう》、大村襄《おおむらじょう》治《じ》、箕輪登《みのわのぼる》、山下元利《やましたがんり》、小沢一郎、羽田孜、梶山静六、高鳥修、奥田敬和、石井一、左藤恵、中山利生、佐藤守良、林義郎、斉藤滋与史、野中英二、綿貫民輔、山田《やまだ》久就《ひさなり》……ら三十八人。それに、無派閥の渡部恒三、小沢辰男が参加し、四十人であった。さらに、予想外だったのは、参議院から、衆議院を上まわる四十一人が、参加したことであった。メンバーは、郡祐一《こおりゆういち》、平島敏夫《ひらしまとしお》、田口長治郎《たぐちちょうじろう》、長谷《はせ》川仁《がわじん》、前田《まえだ》佳都《かづ》男《お》……らであった。

木村は、確信をもった。

〈これで重宗王国時代に築かれた「参議院は福田」という伝説は、完全に吹

き飛んでしまった〉
ただし、出席者の参議院議員の長谷川仁は、福田赳夫色の強い議員で、その周囲の議員から、疑いの声があがった。
「あんたは、福田派のスパイじゃないか!?」
このような席には、必ず敵陣営からの偵察隊がしのびこむものであった。

小沢一郎

しかし、八十一人というのは、佐藤派百二十四人中約三分の二の勢力にあたる。宴席は、熱気に包まれていた。木村代議士が、上機嫌で挨拶した。

「この日の会合は、歴史的に意義あるものにしたい。佐藤政権を八年間支えてきたのは、われわれが一致結束してきたからで、佐藤首相がやめるまで、最善の努力をしたい。しかし、いずれ首相もやめ、国民に信を問う機会もあると思うが、次の総選挙に勝つためには、国民的人気のある人が自民党総裁になるべきだ。その意味で、田中角栄氏は国民の信を託すに十分な人物で、今後、田中氏と行動をともにしたい」

木村は、一年生議員の小沢一郎に、乾杯の音頭をとるよう指名した。

小沢は、いきなり指名を受け、立ちあがるや、高ぶる気持ちで、声を張りあげた。

「田中内閣の樹立をめざして、頑張ろう！　乾杯！」

小沢は、この日の会合を決起大会にしよう、と決めていた。その決意が、田中内閣の樹立をめざして、という言葉になったのであった。

その威勢のいい声をきっかけに、出席者の気持ちも、吹っきれた。堰《せき》を切ったように出席者が次々に立ちあがり、田中擁立の熱弁をふるいはじめた。

口火を切った小沢一郎も、興奮していた。

〈うまく火が点《つ》いたぞ。よかった、よかった〉

田中の秘書の早坂茂三と麓邦明《ふもとくにあき》の二人が、田中に頼みこんだ。麓は、田中が総裁選を戦うために著した政権構想『日本列島改造論』をつくりあげるのに協力した貴重なブレーンの一人であった。

「オヤジ、小佐野さんと佐藤昭さんを、この際切ってください」

小佐野賢治は「政商」のレッテルを貼られている。小佐野との緊密なつながりをここでつづけていくことは、田中にとってマイナスだというのだ。

小佐野は、この間、地方鉄道、バス、ホテルを買収しつづけ、ハワイにもホテルを買収し、国際興業社主として、四十数社を支配下に置いていた。資産も、十兆円は下るまい、と世間では噂されていた。また、帝国ホテル、日本航空の株も買い占め、重役になり、ホテル王、航空王への道を着実に歩んでいたのである。

佐藤昭は、田中の金庫番である。田中との男女の仲を取り沙汰《ざた》されかねない、というのだ。総理総裁となった暁には、この二人の関係は必ずスキャンダルとして大きくマスコミに扱われてしまう、と考えてのことであったか。

田中は、涙を流しはじめた。二人を見て言った。

「もうおれにはついてこられない、ということだな。おまえたちの言うことは、よくわかる。しかしな、このおれが長年の友人であり、自分を助けてくれた人間を、これからの自分に都合が悪い、というだけの理由で切ることが、できると思うか。自分に非情さがないのはわかっている。だが、それはおれの問題だ。小佐野や佐藤と、おれの問題だ。自分で責任をもつ。責めは、自分で負う」

それほどまでに、田中にとって小佐野と佐藤昭は、切っても切れぬ関係だったのである。

早坂は、田中の生きざまを呑みこんで、一時小佐野の日本電建に移り、やがて田中事務所にもどった。

が、麓は田中のもとを去った。

中曽根康弘の田中支持の動きの背景

中曽根康弘は、大正七年（一九一八年）五月二十七日、群馬県高崎市に生まれた。田中とおなじ年、おなじ月の生まれである。東大法学部卒業後、内務省に入った。戦後、警視庁警視監察官をつとめたが、田中とおなじ昭和二十二年の選挙で初当選。河野派に属し、四十年に河野一郎が死去すると、中曽根派の領《りょう》袖《しゅう》となっていた。

福田は、昭和四十七年六月十九日の夕方、赤坂プリンスホテルの福田事務所で、駆けこんできた自分の派の議員から、思わぬことを聞いた。

「大変です。同じ群馬の中曽根が、出馬を断念し、田中支持の意向を固めたそうです！」

福田の顔が、強張った。

〈最も悪いことが起こってしまった〉

議員はつづけた。

「午後二時に、中曽根が、自民党本部の総裁室で、佐藤総理にはっきり、田中支持を打ち出したそうです」

「理由は、何だ？」

議員は、親しい記者たちから耳にした三つの理由をあげた。

「まず、田中、福田両陣営の勢力を計算した結果、かりに福田先生が第一回投票で一位になったとしても、決選投票で過半数を獲得することは、かなりむずかしい、ということだそうです。

二番目は、中曽根派内も、田中支持色が濃く、派内は田中支持のほうがまとめやすいためだそうです。

三番目は、田中、福田両勢力がほぼ互角にみえる現在、田中支持を打ち出し、中間派に『雪崩《なだれ》』の要因を与えれば、中曽根派がイニシアチブをとって、田中勝利をもたらすことになり『次の次』を狙う党内的に有利な地位を得る布石となる、ということだそうです」

福田は、腕を組み、宙を睨み据えた。

〈わたしが、甘く考えすぎていた〉

福田は、長いあいだ、中曽根派の城代家老の野田武夫《のだたけお》を通じ、中曽根派の協力を得るために工作をしてきた。中曽根自身は別として、筆頭の野田武夫をはじめ、稲葉修《いなばおさむ》、櫻内義雄《さくらうちよしお》、山中貞則《やまなかさだのり》の中曽根派首脳陣は、全員自分を支持してくれると信じていた。支持してくれない幹部は、大石武一《おおいしぶいち》ただ一人と信じこんでいた。

さらに中堅の倉成正《くらなりただし》、蔵内修治《くらうちしゅうじ》も、自分の支持者だと思っていた。大勢は、自分のほうへ傾いていると疑っていなかった。

ただ、六月七日、最もパイプの太かった野田が急死した。その頃から、動きに変化が起こっていたのだ。それなのに、まだ他の幹部とのパイプが残っている……と安心しきっていた。

佐藤総理も、中曽根を口説いてくれる、と都合よく考えていた。

中曽根は、佐藤内閣ができてから一時、反佐藤であった。ところが、昭和四十六年七月五日、中曽根総務会長が実現した。

このときは福田も佐藤から相談を受けたが、前の日まで、中曽根総務会長という話はなかった。野田武夫総務会長、保利茂幹事長、小坂善太郎政調会長、という体制で決まっていた。それが、一晩のうちにひっくり返り、朝、いきなり中曽根総務会長ということになった。福田も驚いた。

そのあと、佐藤総理が福田にささやいた。

「あれでいいんだよ。あれは一つの布石だよ……」

佐藤から福田へ政権を渡すための配慮を佐藤がした、と福田は信じていた。総裁選が近くなったときも、佐藤は、中曽根に会い、要請をつづけていた。

「ひとつ、福田君を助けてくれ」

そういう総理の動きに呼応しながら、野田武夫が中曽根派を固める。すべては思いどおりに進んでいる、と福田は思いこんでいた。

いちおうキャスチングボートを握ったかたちの中曽根派は、衆参で四十人、その四十票が自分に加わった場合と、逆に田中に四十票がまわった場合では、八十票のちがいになる。福田は、票読みしていた。

〈中曽根がかりに中立だというふうに考えると、田中の基礎票は、佐藤派の三十八票だけだ。わたしのほうは、佐藤派二十二人、わたしの正式な派閥紀尾井会三十六人。五十八票ある〉

さらに中間派も、自分につく、と考えていたが、これも甘かった。

福田は、あらためて四、五日前、中曽根の立場を代表する議員がやってきて言った言葉を思い出した。

「福田さん、中曽根君はあなたに協力したいんだ。それには中曽根君を幹事長、または大蔵大臣にするという約束ができないか」

福田は、それに対して、はっきりした返事をしなかった。

〈あれが、中曽根の態度決定に影響をもっていたにちがいない〉

中曽根の態度を知らせてきた議員が言った。

「田中が、中曽根派の一人ひとりに、一千万円の金を配ったという噂もあります。そのほかに、派閥の運転資金として一億円、そのうえ、さらに一、二億の金を配り、六、七億円も渡したと言われておりますよ」

福田は、あらためて自分の甘さに舌打ちした。

〈中曽根派の動きにより、椎名《しいな》（悦三郎《えつさぶろう》）、水田（三喜男）、船田（中）の中間派各派が、田中支持に動か

ねばいいが〉

中曽根は、最初「自分は、福田でいく」と言明していた。大詰めになり、福田・中曽根会談がおこなわれることになっていた。つまり、その席で福田と中曽根がエールの交換をすることになっていたのである。ところが、中曽根側から、突然、その会談を断ってきた。

森喜朗《もりよしろう》は、察した。

〈中曽根さんは、田中支持に決めたな〉

森は初出馬の際、幹事長だった田中角栄から「泡沫候補」と呼ばれて公認を得られず、その反撥《はんぱつ》などから福田派入りし、このとき福田に近侍していた。

いっぽう、田中の〝刎頸《ふんけい》の友〟といわれた国際興業社主の小佐野賢治も、全力で田中を総理総裁の座につけようと動いているという噂が、永田町を走っていた。問題は、中曽根康弘をいかに取りこむかであった。田中の総裁選のために小佐野が使った金は、三十億、いや、その倍の六十億ともささやかれていた。

中曽根攻略のために、小佐野はもってこいの人物にも接触した。右翼の大立て者、児玉誉士夫であるといわれていた。

児玉は、河野一郎と親しかった。そのつながりで、かつての河野派の中曽根とも親密な関係であった。中曽根は一時期、児玉の秘書、太刀川恒夫（のちに東京スポーツ新聞社長）を秘書としてあずかったこともある。

小佐野は、児玉を通じ、中曽根を田中陣営に抱きこむことにつとめているという。

永田町では、中曽根派の噂が飛び交っていた。

「田中角栄が、中曽根派の一人ひとりに、一千万円の金を配った。それに派閥の運営資金として一億円。さらにふたたび一、二億の金を配り、最終的に六、七億円も渡した」

そして六月二十一日、中曽根は、「立候補せず、田中支援」と新聞で表明した。福田は、それでもなお、「いや、まだ脈がある……」と思っていた。しばらくして、中曽根から、「お会いしましょう」と言ってきた。森は、確信した。

〈中曽根は、確実に田中と決めたな。これは断りのあいさつのために会うだけにちがいない〉

森は、福田の車に同乗して、中曽根の待つホテルニューオータニの選挙対策本部に向かった。森は、福田に進言した。

「中曽根をこちらにつけなければ、勝てませんよ。しようがないから、よくいわれているように、金でも積んではどうですか」

福田は、一喝した。

「馬鹿なことを、言うな！　総裁選で金を積むなんてことは、とんでもないことだ。若いきみが、そんなことを言っちゃいかん」

森も、なんとかして福田を総理に、と必死であった。引き下がらなかった。

「しかし、みんなそうやってるじゃないですか」

福田は、聞く耳持たぬ、という厳しい表情であった。

「では、金がだめなら、幹事長のポストを約束したらどうですか」

「総裁になる前から、人事の約束はできない。そんなことは、すべきではない。第一、すぐに中曽根君を推していいかどうか、わからんじゃないか」

「別に、すぐに幹事長にしなくても、いいじゃないですか。任期中に、何回か改造があるから、その何回目かに幹事長に据えればいいじゃないですか」

福田は、憤然として言った。

「とにかく、そういう年寄りくさい、つまらんことを言うな。これ以上言うんだったら、車から降りろ！」

森は、あらためて思った。

〈福田さんは、理想家だな〉

ホテルニューオータニの中曽根派の選挙対策本部で、福田・中曽根会談がおこなわれた。

会談中、中曽根の秘書上和田義彦が森のところに来て、申し訳なさそうに口にした。

「森さん、もう決まっているんだよ。田中に決めたんだよ。だから、いちおう、ご挨拶をしているんだよ」

中曽根は、その直後、田中陣営に馳せ参じ、やおら壇上の田中に向かって手にした扇子を振り気勢をあげた。

その扇子には、将棋名人により「五五角」の揮毫《きごう》がしてあった。「五五角」とは、将棋の天王山ともいわれ、攻守どちらにもきく強烈な一手である。それを「ＧＯ！　ＧＯ！　角」になぞらえて応援したわけであった。

戦後最も若い宰相となった田中の自民党総裁当選の日

昭和四十七年七月五日、午前十時四分、日比谷公会堂で、佐藤栄作首相が引退声明をしたあと、後継者を選ぶ第二十七回自民党臨時党大会が開かれた。

壇上には、実行委員、大会議長、選管委員長の面々が、細長い長方形のテーブルの席について座っている。選管委員は、各派閥から一人ずつ選ばれていた。

田中角栄は、前列二列目に座っていた。周りを、田中派の若手グループがぐるりと取り囲んでいた。

十一時二十分、開票がはじまった。各派の選管委員が、首を鶴のように伸ばし、のぞきこむ。田中派の選管委員は、足立篤郎であった。

選管の者たちの眼は、

〈本当に、約束どおりにうちのオヤジに入れているだろうか〉

と探る眼でもある。

投票は、あくまで無記名である。誰が誰に投票したかわからないことになっている。ところが、選管の者たちは、その投票用紙から、誰の投票用紙か見当をつけているのだ。

候補者にとっては、確約した人間が、本当に自分に投票したのかどうか、ぜひ知りたい。ましてや、金を渡したとか、ポストを約束した相手なら、なおさらのことである。

一方、「あいつは、本当におれに入れるか」と、疑惑の目で見られている人間は、「あなたに投票しましたよ」という証拠を残したい。そこで生まれたのが、サイン戦法である。各派、それぞれ工夫している。たとえば、「隠し玉」と目されているA議員には、「うちのオヤジの名の第二字目を、極端に小さく書くように」と指示する。B議員には、「オヤジの姓は漢字、名は、平仮名にしろ」と命令する。

さらに、書体だけでなく、筆記用具にも工夫を凝らしている。C議員には、特定のボールペンを渡して書かせる。D議員には、変わったサインペンを事前に渡す。

選管委員の表情は深刻だが、候補者の表情はなお険しかった。

田中も、開票が進むにつれ、いつもの気さくなふるまいを消していた。

紅潮した顔を天井に向け、静かに眼を閉じていたかと思うと、突然眼を開け、ちらりと険しい視線を開票台に向けた。

精悍な顔には、汗がじっとりとにじんでいる。

トレードマークである扇子は右手にしっかりと握ってはいるものの、いつものように、バタバタとは動かさない。

十一時四十三分、足立篤郎が、指一本、高々と立てた。田中角栄一位のサインである。田中支援勢から、どっと拍手がわきおこった。

田中の顔が、いっそう紅潮した。

十一時四十五分、秋田《あきた》大助《だいすけ》選管委員長が、投票の結果を報告した。

「一位、田中角栄君」

会場は、そのとたん、割れんばかりの拍手に包まれた。

秋田選管委員長は、つづいて得票数を読みあげた。

「百五十六票！」

次の瞬間、拍手が鳴りやみ、なんともいえぬどよめきが起こった。

「え？」

「本当か……」

拍手は、波が引くようにまばらになっていった。

田中は、一瞬、

〈少ない。いったい、何が起こったのか〉

と虚《うつ》ろな表情になった。

この日の朝、ホテルニューオータニ「芙蓉《ふよう》の間」でおこなわれた田中派の朝食会には、百七十四人もの同志が駆けつけてくれた。

それなのに、予想より二十票も少ない。

秋田選管委員長の声が、つづいて響きわたった。

「福田赳夫君、百五十票」

田中と福田の差は、わずか六票である。田中に頼まれ、田中にくる票を大平にまわすようひそかに動いた小沢辰男は、さすがに肝を冷やした。

〈危なかった……〉

秋田の声がつづく。

「大平正芳君、百一票」

田中は、大平の票を八十二票と読んでいた。そのため「大平の票が少なすぎる……」と心配して票をまわしていた。そこに油断があった。

つづいて、

「三木武夫君、六十九票」

の声が響いた。

ただし、いずれも過半数に達しなかったため、ただちに、一、二位の決選投票に入った。

田中の顔は、いっそう引き締まった。全身が熱く燃えた。

〈この勝負のために、おれは、これまでの人生を戦いつづけてきたんだ〉

投票が終わり、票読みがはじまった。

午後零時四十分、中曽根派の選管委員、天野《あまの》光晴《こうせい》が、親指と人差指を丸めて、「田中、勝つ」のサインを出した。

つづいて、左手五本、右手三本の指、つまり「二百八十票台」のサインを出した。

田中は、サインを確認するや、体をぐいと前に乗り出し、ようやくホッとしたようにハンカチで汗をぬぐい、眼を閉じた。

午後零時四十五分、秋田選管委員長が、

「田中角栄君、二百八十二票」

と正式に勝利の宣言をした。

田中は、すっくと立ちあがった。高々と右手をあげた。五本の指をぴんと伸ばし、きちんとそろえた武骨なサインであった。

右手を高々とあげた姿勢で、ぐるりと一回転した。

うながされて顔をあげ、二階席にもサインを送った。

田中の顔面は真っ赤に紅潮していた。汗で、てらてらと輝いている。テレビのライトが、顔に当たる。

カメラのフラッシュがたかれる。会場を、拍手と歓声が包む。

田中は、心の中で叫んだ。

〈おれは、ついに、ついに……〉

秋田選管委員長の声がつづいた。

「福田赳夫君、百九十票」

福田赳夫は、田中角栄のほうを向こうともせず、口をへの字に結んだまま眼を閉じた。

田中の前には、佐藤前首相、岸元首相が座っているが、口をつぐんだまま、一言も話さない。

田中は、客席から、壇上に登った。

先に上がっていた佐藤が待っていた。田中は、佐藤と握手を交わした。が、佐藤は、笑顔を見せなかった。「おめでとう」とも言わなかった。

本来なら、決選投票を争った福田が、ライバルの勝利を祝福しに田中に駆け寄るのが普通である。

しかし、福田は、壇上に登ろうともしなかった。

田中は、議長にうながされ、新総裁として演壇に立った。

田中は、新総裁として、声を張りあげ、挨拶した。

「わたしは、ただいま、みなさんのご推挙により、自民党総裁に選任されたことの重大さを痛感しております。内外の時局は重大であります。いまただちに解決すべき問題が、山積しています。この解決には、幾多の困難が予想されます。しかし、自民党には、その責任があります。わたしは、その責任を果たします。民主政治は、政策の一つひとつがいかに立派でも、国民の支持がなければ、政策効果は上げられません。わたしは、党員のみなさんとともに、国民の支持を求めて前進するつもりであります」

田中は、明治十八年の初代伊藤博文《いとうひろぶみ》首相から数えて四十人目の首相に就任したのであった。五十四歳という若さは、戦後の首相のなかでは、当時最も若い宰相であった。伊藤首相以来、これまでの歴代の首相のなかでも、五番目の若さであった。

なお、それまでの三十九人の首相は、国立大学卒から官僚、それから政治家へ、あるいは、陸・海軍大学卒から軍人、それから政治家へというコースがほとんどであった。党人宰相といわれた少数の人物も大学卒であった。

田中角栄のように大学を出ていない苦学力行型は、初めてであった。

「田中総理はおれがつくった」刎頸の交友関係を見せつける小佐野

小佐野にとって、カネをたとえ六十億円使おうとも、田中角栄が一国の総理総裁ともなれば、安い買い物であった。大きな利権がころがりこんでくる。

東北、上越新幹線の利権が、小佐野の脳裏にちらついていたと見てまちがいあるまい。

そのために、昭和四十年を過ぎた頃から、角栄と綿密な情報交換をし、花巻温泉をはじめとする東北の施設や土地をたてつづけに買収していた。

これからも、大いにそれはつづける。前もってルートを知り、いや、というより自分がルート決めに加わり、その周辺の土地を国際興業のダミーを使って買い占める。ルートが発表されたのち、高値で売る。ボロ儲けだ。

永田町では、総裁選間近となり、中曽根派の噂が飛びかっていた。

「田中角栄が、中曽根派の一人ひとりに、一千万円のカネを配った。それに派閥の運営資金として一億円。さらにふたたび一、二億のカネを配り、最終的に六、七億円も渡した」

小佐野は、自分が天下の総理大臣をつくり出していることに、大きなよろこびをおぼえていた。

七月五日の自民党臨時党大会の日、小佐野は、国際興業六階の会長室のテレビの前に、釘づけだった。

田中角栄が選ばれることはまちがいない。が、それでも気が気でなかった。

そして、角栄に総裁の栄冠が輝いたとき、いっせいに国際興業の電話が鳴り響いた。

会長室の電話も鳴った。

「おめでとうございます。おめでとう」

まるで、小佐野が総裁に選ばれたかのような祝福の仕方である。

小佐野は、よろこびでいっぱいだった。

「ありがとう、ありがとう！」

片っ端から電話に出ると、小佐野はよろこびをあらわにした。

しばらくして落ち着くと、周囲の者たちにうそぶいた。

「おれが三十億だとか六十億だとか使ったといわれてるが、そんなもんで天下を取れるんだから、安いもんだ。戦国時代は、相手の命を取らなきゃならなかったんだからな」

いずれにせよ、田中角栄は五十四歳で、史上最年少（当時）の総理大臣となった。小佐野は、その直後、側近に複雑な表情で漏らした。

「七票、票がちがっている。おれのところにカネを取りにきた議員のなかに、福田派のカネと二重取りしたやつが、七人もいる。政治家ほど信じられないやつはいない……」


田中角栄が総理総裁の座についてからというもの、小佐野は、委細かまわず砂防会館の田中のもとに、ずかずかと訪ねてくる。新聞記者たちがいるところに、あまりにもあけすけに訪ねてくる。これでは「政商」と田中の親密さを、天下に知らしめるようなものである。

小佐野側近たちも、気が気でなかった。来客がなにかの陳情にくれば、すぐに電話をとり、田中に電話をかけてみせる。

「小佐野ですがね。角さんいる？」

とくる。田中が出ると、

「いやあ、角さん、じつはね」

と、刎頸の友ぶりを見せつけた。

側近の一人は、思いあまっていった。

「会長、あまりお客さんの前で総理に電話しないほうがいいんじゃないですか。それに、角さんと呼ぶのもどうでしょうか」

しかし、小佐野は、まったくおかまいなしだった。

アメリカで、のちロッキード事件に火を点けることになるロッキード社のカール・コーチャン副会長が訪ねてきたときも、小佐野は、おなじように親し気に田中に電話をした。コーチャンに、田中とのつながりの深さを必要以上に見せつけてしまったことを、この側近は悔やむ。

小佐野は、誰が見ても、

「田中総理大臣は、おれがつくったんだ」

という自負で満ちあふれていたのである。

田中角栄にとって、砂防会館に戻ってからの時間が、一日のうちで一番ほっとする時間であった。田中は、砂防会館に戻ると、秘書や仲間たちと将棋をさし、心おきなく世間話に興じていた。小佐野が、田中の事務所を訪れるのは、決まってそんな時間であった。

やっとプライベートに戻った田中が、油断をして話のできる友達が小佐野であった。お互いのメリット、デメリットの部分もさることながら、二人は商売の話もよくしていた。

田中が言った。

「会長、横浜のあそこの土地は、いま五万円だよ」

小佐野が答える。

「総理、おれが買ったら、その二十倍にしてみせるよ」

小佐野は、そんな国内の不動産のことから、世界情勢についても話ができる人間であった。そういう意味で、田中は、友人として小佐野との間柄を楽しんでいた、と田中の秘書の朝賀昭は確信している。

東急副社長・田中勇の東亜国内航空異動に口をきいた角栄

昭和四十七年六月、東急副社長の田中勇は、五島昇に呼ばれ東急電鉄社長室に行った。

社長室に入るなり、五島は田中にいった。

「おめでとう。今度からきみは、東亜の役員だ」

田中は、思わず聞き返した。

田中勇

「東亜って、飛行機会社ですよね」

「そうだ。取締役として、田中香苗さんと、下村さんの手助けをしてほしい」

田中は、返す言葉がなかった。

東亜国内航空（のちの日本エアシステム）は、日本国内航空と東亜航空が合併し、社名を変更してからまだ三年目であった。田中香苗《たなかかなえ》は東亜国内航空の会長で、毎日新聞社長でもあった。下村彌一《しもむらやいち》は、東亜国内航空の社長である。東亜国内航空が四十二億円という膨大な累積赤字をかかえ、頭を痛めていることは田中も知っていた。

田中は思った。

〈おれを平取で入れといて、のちのち社長にする気だな……〉

一言もない田中に、五島は心配していった。

「どうした、不満か？」

田中は、溜め息をついていった。

「しばらく、考えさせてください」

田中は、そう言うや、五島を振り切るように部屋から出た。

自分の机に戻っても、どうも仕事が手につかない。田中は、困り果てた。

いくら五島昇の命令とはいえ、東亜国内航空に行くつもりは毛頭ない。なんとか、東亜に入らないための作戦を考えなければならない。

が、苛立《いらだ》っていた田中は、そこまで頭が回らなかった。

田中は、溜《た》まっていた鬱憤《うっぷん》をどこに向けていいのかわからず、思わず机を叩いた。

「とにかく、おれは東亜になど、行かん！　あんな会社の社長をするくらいなら、辞めたほうがましだ！」

そう思うと、つい口から出ていた。

周りにいた部長クラスの人間が、ぎょっとした顔で田中を見つめた。それもそのはずである。当時、田中は副社長であった。副社長の田中が「辞めた」などと、大声でいうことは常識では考えられなかった。

が、田中の放言は、このときだけにおさまらなかった。田中は、おりを見て、「辞めた」という言葉を口にした。

田中は、半年近く放言をやめなかった。

当然、田中の放言は五島の耳にも入った。

五島は、それから田中に会っても、東亜の話を持ち出すことはなかった。田中も、作戦が功を奏し、五島があきらめたと思い安心していた。

ところが、その年も押し迫った十二月のある日、田中のもとに五島から電話が入った。

「いま、砂防会館の田中角栄さんのところにいるんだ。きみもきて、挨拶しといたほうがいい」

田中は、五島の呼び出しに快く応じ、砂防会館の田中角栄の事務所を訪れた。

部屋に入ると、五島、田中角栄の顔とともに、小佐野の顔も見えた。

田中角栄は、じろりと田中勇の顔をなめるように見た。一瞬、この視線はなんのことなのか、田中にはわからなかった。

考える間もなく、田中角栄が切り出した。

「勇さん、五島君から前々から聞いてたんだけどね、東亜国内の社長、引き受けてやってくれよ」

田中は、しまったと思った。田中は、ちらりと五島のほうを見た。五島も、真面目な顔をして田中勇を見ている。

田中は思った。

〈時の総理の前なら断るまい、という五島さんの計算だな……〉

田中は、意を決して田中角栄に言った。

「いえ、お断りします」

田中角栄は、身を乗り出すようにして聞き返した。

「なんで、いやなんだ！」

「なんでなんだっていわれても、あんな会社をみんなで株集めして買ってきたときだって、わたしに一言の相談もなかったじゃないですか」

田中角栄も、困った表情になった。

「いまさら、そんなこと……」

一言切り出すと、強気になった。田中勇はつづけた。

「いまごろになって、にっちもさっちもいかなくなったからって、おれに任せるなんて、ムシがよすぎます。たしかに東亜国内は、資本金九十八億何千万の大会社だ。でもね、赤字も資本金に相当するくらいの膨大な金額なんですよ。相談があって、おれが賛成したならわかる。だけど、それもなくて、いまさら言ってこられても、おれ、知りませんよ」

田中角栄も言った。

「そんなこといわずに、ね、おれ、どんな援助でもするから」

田中は、それからしばらく黙りつづけた。田中角栄は、説得をつづけた。

が、どんなに頼まれようと、赤字の額は並み大抵ではない。田中は、なにをいわれようと、断る意を変えなかった。

突然、田中角栄が、頭を下げはじめた。田中勇に、言った。

「頼むよ。田中角栄、これ、このとおりだ」

田中角栄は、テーブルに手をついた。口調も、懇願さながらである。

何度も頭を下げる田中角栄を見て、田中は思った。

〈天下の総理大臣が、ここまで頼むんだ。自惚《うぬぼ》れかもしれないが、おれならできるかもしれん……〉

田中は、田中角栄の演技じみた行動を見ていて、自分も一つ芝居をぶってやろうという気になった。

田中勇は言った。

「角栄さん、もういいです。引き受けましょう」

「本当か」

「まあ、時の総理からこれだけ頼まれるのも、光栄の至りですから。やりましょう」

五島も、田中角栄も、小佐野もみなお互いの顔を見合わせては、微笑みあい、「よかった」を連発している。

田中は、ひとついやがらせをしてみたくなった。口調を強くして言った。

「ただし」

三人は、ギョッとした顔で、田中の顔を見た。

田中は、田中角栄のほうを見て言った。

「ただし、わたしの思いどおりにやらせてください。潰れようと再建しようと、足引っ張ったり、手引っ張ったりしないでほしい。おれの思いどおりやらせてくれるなら、やりましょう」

手を引っ張る、という表現は、田中のいった「どんな援助でもする」という言葉に対する皮肉であった。

田中角栄も言った。

「わかった。よけいなことは金輪際いわん。なんとか頼む」

田中勇は、五島の顔を見た。五島は、したり顔をして田中角栄に眼で感謝していた。

田中勇は、昭和四十七年十月に、東亜国内航空の社長に就任した。

航空王を目指した⁉　小佐野が進めた日本航空株集め

松尾《まつお》静磨《しずま》が、日本航空の会長であったときのことである。小佐野の日航株を買い集める真意がどこにあるのか、不気味でならなかった。株を取得するだけが目的なのか、あるいは取得した株を高く売りつけるのが目的なのか。

当時の日航の情報に詳しい古手の記者によると、松尾は、小佐野の盟友田中角栄に探りを入れたという。

田中は、築地の料亭「新喜楽《しんきらく》」裏にある料亭「藍亭《らんてい》」で待っていてくれるように松尾に伝えた。おそらく田中は、松尾と会うことを小佐野に伝えたのであろう。

小佐野も、これから株を買い占めようとする会社の社長に会っておいて損はないと思ったことであろう。

小佐野は、田中から松尾と藍亭で会うことを聞いて、自分も藍亭に席をとった。それも、田中と松尾が予約しておいたとなりの部屋を予約した。

そうとは知らない松尾は、座敷で田中と差し向かいになり、小佐野の意図を聞こうとした。

田中は、答える代わりにいった。

「松尾さん、あんた、じゃあ直接小佐野さんに聞いたらどうだい。となりに、本人がいるから」

となりの部屋にいた小佐野が、間髪を入れず襖《ふすま》を開けて入ってきた。松尾は、突然姿をあらわした小佐野の姿を見て、飛び上がらんばかりに驚いた。

そもそも松尾は、潔癖な人間であった。

昭和三年九州大学工学部を卒業後、東京瓦斯《ガス》電気工業に入社し、航空エンジンの設計にたずさわった。その実績を買われ逓信省《ていしん》に入った。

戦後は、逓信省航空局次長からＧＨＱ（連合国軍最高司令官総司令部）の初代航空保安部長となる。のち航空保安庁初代長官から日航専務として引き抜かれた。

昭和三十六年、社長に就任した。松尾は、航空機事業は利潤追求と同時に、安全優先で長期的黒字に転換していかなければならないという方針を貫いた。

松尾は、このように技術系のエリートで、潔癖であった。松尾にとって、小佐野のような海千山千の男に、半官半民のいわば国家事業に近い日航を、みすみす手をこまねいて渡してしまうことは、許しがたいことであったにちがいない。それは、運輸省の首領でもある佐藤栄作総理の意志でもあったにちがいない。

松尾は、田中のやり方に腸《はらわた》が煮えくりかえったことであろう。佐藤栄作に、その模様を報告した。

佐藤は田中を呼び、釘を刺したという。

「おまえ、あまり行儀の悪いことはするな」

が、ホテル王につづき航空王への野望を燃やす小佐野は、この後も日航の株を着々と買いすすめていった。

昭和四十四年三月三十一日には、七十万株を持ち、日航六位の大株主として日航顧問となる。四十五年三月三十一日には、九十九万四千株と買い増し、日航四位の株主となる。個人としては、筆頭株主に躍り出た。四十六年三月三十一日には、日航の持ち株は百二万六千株となった。全日空株も、三十七万株、東亜国内株も一万二千五百株をにぎった。五月には、七十四万三千株を持ち全日空個人筆頭株主、全体では九位の株主として、役員待遇の社賓に就任。四十七年三月三十一日には、日航の持ち株を百八万株に増やし、民間筆頭株主となって、両社への支配力をいっそう強めた。

「いよいよ、小佐野が日航を乗っ取るそうだ」

という噂が飛びかった。

『週刊新潮』にも、小佐野が日航の朝田静夫《あさだしずお》社長を追い出そうとする反乱グループに味方し、朝田倒しを画策している、という情報が書かれた。

小佐野は、三月三十一日、さらに日航の株を買い増し、二百三十四万株を持った。五月三十日、日航の株主総会で社外重役となった。

反対派のテロ危機下に日中国交正常化に北京に飛ぶ田中角栄

田中が首相に就任してまもない八月末の『朝日新聞』の世論調査では、内閣支持率は、歴代内閣の最高である六二パーセントを記録した。

「田中ブーム」が起こっていた。田中は「今太閤」ともてはやされた。

いっぽう、田中にとって頭の痛い問題も残されていた。

日中国交正常化推進派と台湾派が激しく対立している党内調整である。「日中国交正常化協議会」が、その議論の場であった。会長は、小坂善太郎《こさかぜんたろう》。

台湾派は、賀屋興宣《かやおきのり》に代表される戦前派と、中川一郎《なかがわいちろう》、渡辺美智雄《わたなべみちお》、中山正暉《なかやままさあき》らのちに「青嵐会《せいらんかい》」を結成する戦後派に分かれていた。

田中とおなじ新潟県人で、田中を総理にするため宏池会《こうちかい》から田中派に移った小沢辰男は、首相官邸に田中を訪ね、訊いた。

「あなたは、共産党が大嫌いのはずだ。それなのに、なぜアメリカの頭越しに中国と国交正常化をしようというのか」

田中は答えた。

「総裁選のとき、三木（武夫）と中曽根（康弘）が、『どうしても、日中国交正常化をやってくれ。それを呑めば、われわれも協力する』と条件をつけたんだ。おれは、たしかに共産党は嫌いだ。だけど、『おれは総理になったら、すぐに日中国交正常化をやる』と約束したんだよ」

「そうだったんですか」

台湾派で、タカ派といわれた議員たちは、連日、中国との国交正常化反対を唱えていた。

さらに、佐藤昭がＳＰ（セキュリティ・ポリス）の一人から聞いたところによると、田中が首相として渋谷で第一声をあげたとき、刃渡り三〇センチのドスを持った男がうろついていたという。まさしく、日中国交正常化に反対する者たちが、田中を威嚇しているのである。

歴代の首相は、いつも右翼につけ狙われた。池田勇人が福島で狙われたという話もある。あるいは、日中国交正常化に向けて動こうとしていた佐藤栄作も、つけ狙われていたともいう。佐藤昭は、田中が暴漢に襲われはしないかと気が気でなかった。

いっぽう、小沢辰男のもとに高橋幹夫《たかはしみきお》警察庁長官から電話がかかってきた。二人は、東大時代の同級生で、ともに内務省に入った仲である。

高橋は、唐突に言った。

「角さんの護衛を頼むよ」

「どうしてだ」

「中国との国交正常化に反対する連中が、刺客を送りこんだという情報が入った」

「どこの連中だ」

高橋は、はっきりとは口にしなかった。

「とにかく、危ないという情報が入っているんだよ」

「そうか、ありがとう。じゃ、おれが角さんにずっとついているよ」

「いや、きみのような背の低い小さな男じゃだめだよ。護衛にならん。総理には私服警官がつくが、脇にはつかない。ちょっと離れている。脇にぴったりとついて護衛をしないといけない。きみの派閥のなかで、体のでかい奴を二人ほどつけて両脇を固めてくれ」

「わかった」

小沢は、さっそく二人を人選した。体の大きい山下元利《やましたがんり》と羽田孜である。

小沢は、二人に命じた。

「角さんには、私服警官がつくが、いろいろとぶっそうな噂もある。きみたちは、護衛役として両脇について歩いてくれ」

昭和四十七年九月二十五日、日本時間午前八時五分に、いまにも雨の降りそうな曇り空の中を飛び発った特別機は、現地時間午前十一時半、抜けるような秋晴れの北京空港に着陸した。気温は二十五度。日章旗と五星紅旗が翻っていた。

午後六時三十分、周恩来《しゅうおんらい》首相主催の「田中角栄首相歓迎夕食会」が、人民大会堂大広間で開かれた。周は、四十九名の随行員一人ひとりに握手をして迎えた。

周が、やがて挨拶に立った。

「一八九四年から半世紀にわたる日本軍国主義者の中国侵略によって、中国人民はきわめてひどい災難をこうむり、日本人民も、大きな損害を受けました」

先の戦争での日本側の責任をきっぱりと指弾したのだ。

つづいて、田中が挨拶した。

「……このたびの訪問にあたって、わたしは空路東京から当地まで直行してまいりましたが、日中間が一衣帯水のあいだにあることをあらためて痛感いたしました。このように両国は地理的に近いのみならず、じつに二千年にわたる多彩な交流の歴史をもっております。しかるに、過去数十年にわたって日中関係は遺憾ながら不幸な経過をたどってまいりました。この間、わが国が中国国民に多大のご迷惑をおかけしたことについて、わたしはあらためて深い反省の念を表明するものであります」

この「多大のご迷惑をおかけしたことについて」の部分を日本側通訳が中国語に訳すと、会場にざわめきが起こった。

側近の秘書官らは、気になった。

〈どうしたんだろう……〉

中国側とすれば、この問題については、もう少し深い陳謝の表現があるものと期待していたのである。それなのに、「ご迷惑」という軽い表現で扱われたことに不満を洩《も》らしたのである。

二十六日午前十時十五分から、人民大会堂の「接見庁の間」で、大平・姫鵬飛《きほうひ》外相会談がおこなわれた。

この席で、外務省の高島益郎《たかしますお》条約局長が中国側の復交三原則を取り上げ、主張した。

「『台湾は中国の一省である』という主張を認めることはできません。また、中国との戦争は、日華条約第一条で終結しており、賠償問題も処理済みです」

この発言は、中国側を刺激した。

田中のところに、姫外相との外相会談を終えた大平がやってきた。大平は、台湾問題で強硬に突っこまれていた。

大平は、田中に話しかけた。

「おい、どうする？　これじゃ、帰れんなあ」

田中は、いつものだみ声で言った。

「こういうときになると、大学出のインテリはだめだなあ」

「じゃ、どうしたらいいんだ」

「そこを、大学出のきみたちインテリが知恵を出さなきゃ」

と発破をかけ、大笑いとなった。

田中は、それから真顔になって、大平を励ました。

「ここまできて、それほど譲歩する必要はない。よくよくだめなら、帰ればいい。観光に来たと思えばいいさ。あとのことは、おれが責任をもつ。もういっぺん、ねばってやってくれ」

〝喧嘩〟とユーモア・トークのうちにおこなわれた日中共同声明調印式

九月二十六日、迎賓館で第二回首脳会談がおこなわれた。

午後二時五分、周は、冒頭から切り出した。

「外相会談における高島局長の発言は、問題だ。日中国交正常化は、政治問題だ。法律論で処理しようとする人物を中国では法匪《ほうひ》という。高島局長は、法匪だ。あの人のいる限り、まとまる話もまとまらない」

田中は、色をなした。

「彼は、わたしの忠実な部下だ。わたしの意を体して言っているのに、法匪とは何事だ！　彼は、条約上の条文解釈はこうだ、という発言をしただけだ」

周は、前日の田中の挨拶についても指摘した。

「昨日の夕食会で、あなたは『多大のご迷惑をおかけした』と言った。がそれは、中国では、家の前の道路に水を打っているとき、たまたま通りかかった女性のスカートにその水をかけてしまった場合に詫びる程度の言葉だ」

つまり、日中両国の過去に対するお詫びとしては納得できないというのだ。

田中は、苦虫を噛みつぶしたような表情になった。

周は、さらにつづけた。

「日本は、わが国を長いあいだ侵略した。国民は、日本の軍隊によって蹂躙《じゅうりん》された」

田中は、言い返した。

「隣同士で息子と娘を結婚させようというとき、相手の家の悪口ばかり言ってもしようがない。結婚する二人の将来のためにこれからどうやっていくかということを、前向きに話しあわないといけないのではないか」

が、周は、なおも執拗に日本を批判した。

田中は、眉間《みけん》に皺《しわ》を寄せた。

「そんな過去の話ばかりしに来たわけではない。明日から、どういう歴史を切り拓いていくかということを話しあいに来たのだ。過去の話をしたら、きりがない」

田中はつづけた。

「あんた方だって、日本を侵略しようとしたじゃないか」

座は、水を打ったように静まり返った。

田中は、冗談めかして言った。

一二〇〇年代、二度にわたって元寇《げんこう》があった。風が吹いて上陸はしなかったけど、あきらかに侵略の意図があった」

周は、笑みを浮かべた。

「あれは、漢民族じゃない。モンゴル人ですよ」

「ああ、それは失礼」

このユーモアたっぷりのトークに、緊張感で張り詰めていた座はなごんだ。

翌朝、田中は秘書官らに強い口調で言った。

「ここで、おれがやらなかったら、日中関係はいつまでも不正常の関係がつづく。何があろうと、絶対にまとめてみせる」

九月二十七日午後四時二十分、第三回目の首脳会談がおこなわれた。

田中は、周恩来相手に一歩も引かなかった。

「中国の言い分も、わかる。これまで数十年にわたって不幸な関係になり、隣同士で敵対してきた。しかし、今日から隣同士で仲良くしようと考え、わたしは、中国に飛んできたんだ。わたしの背後には、反対派というのもずいぶんおる。日本に帰ったら、あるいはわたしは殺されるかもしれん。それほどの決死の覚悟できているんだ」

田中は、しだいに興奮してきた。

「あなた方とこれから仲良くしようと言っているときに、言葉尻をとらえてスカートの水うんぬんを問題にするとは何事だ！　そのことによって、全体の判断をまちがった方向に進ませることは絶対に避けるべきだ！　わたしが飛んできたということは、仲良くしようというあらわれじゃないか」

田中は、神妙な顔で周に水を向けた。

「太平洋戦争のとき、わたしも、二等兵で満州（現・中国東北部）にいた。わたしの鉄砲が、どっちに向いていたかは、わかるでしょう」

「……………」

田中は、ニヤリとした。

「わたしの鉄砲は、中国じゃなく、ソ連に向いておったんですよ」

一同は、爆笑の渦につつまれた。

第三回首脳会談は、二時間半後の午後六時五十分までおこなわれた。午後七時半すぎ、人民大会堂にいた田中らのもとに、中国側儀典長の韓叙が訪ねてきた。

「今夜、毛沢東《もうたくとう》主席がお会いしますので、お越しください」

急遽、午後八時半から毛主席と会談することになった。場所は、北京・中南海の毛沢東邸。日本側から、田中首相、大平外相、二階堂官房長官、中国側から、周恩来首相、姫外相、寥承志《りょうしょうし》外務省顧問が出席した。

毛沢東は、付箋《ふせん》の付いた書籍に埋《うず》まるようにして椅子に座っていた。田中らが入っていくと、三人と握手をした。

一同が席に着くと、毛は、小さな葉巻を吹かしながら、みんなを見まわして言った。

「もう喧嘩《けんか》は、すみましたか。喧嘩しなくちゃだめですよ。喧嘩して、初めて仲良くなるのです」

毛は、「喧嘩はすんだ」という表現で、日中交渉はおおむねまとまったのだろう、という意思表示をしたのであった。

田中は言った。

「周首相と、円満に話しあっております」

毛は、同席していた中日友好協会会長でもある寥承志を指差して、冗談を言った。

「彼は、日本で生まれたんですから、田中さん、ぜひ、今度日本に連れて帰ってください」

田中も、ユーモアで答えた。

「寥先生は、日本でもなかなか有名です。参議院選挙で立候補されたら、当選されます」

この会見で、交渉は事実上のヤマを越した。

九月二十八日午後六時三十分、人民大会堂大広間で、田中首相主催の答礼の夕食会が開かれた。田中は、挨拶した。

「いまや国交正常化という大事業を成就できるものと確信しております」

翌二十九日午前十時十八分、人民大会堂「西大庁の間」で、日中共同声明調印式がおこなわれた。

角栄の資源外交でOAPECは日本を友好国としたが……

田中角栄は、昭和四十八年九月下旬から十月上旬にかけてヨーロッパ、ソ連を訪問することになった。

その目的の一つは、資源問題である。

アメリカのメジャー（国際石油資本）は、イギリスやオランダなどの石油会社と提携しながら世界の石油資源を牛耳っている。そのようななかで、日本経済の発展のために、どのようなかたちで資源を確保していくのか。田中は、その世界的な戦略を思い描いていた。

九月二十六日、田中首相一行を乗せた飛行機が羽田空港を飛び立った。

フランス、イギリス、西ドイツ、ソ連の四ヵ国を歴訪し、日本のエネルギー供給源の確保を狙いとした、いわゆる資源外交であった。

おりしも、十月六日、エジプト軍はスエズ運河東岸を越え、シリア軍はゴラン高原停戦ラインを越え、イスラエル攻撃を開始した。第四次中東戦争の勃発であった。イスラエルに武器の補給をしているアメリカとアラブ諸国の対立に発展した。

田中が帰国してから一週間後の十月十七日、アラブ石油輸出国機構（OAPEC）と石油輸出国機構（OPEC）は原油生産の削減、原油価格の大幅な引き上げを断行した。イスラエルを支援する西側諸国を牽制したのである。

十月二十三日、メジャーのエクソンとシェル両社は、原油価格の三〇パーセント引き上げを通告。他のメジャーも追随し、十月二十五日には、一〇パーセントの供給削減を通告し、いわゆる「石油ショック」が起こった。

日本は、アラブ諸国から非友好国扱いにされた。石油の供給が制限され、価格の高騰を招いた。この石油ショックは、インフレと重なりあい、田中政権に打撃を与えた。

田中は、アラブ寄りの外交方針を決断せざるをえない状況となった。

十一月十四日、アメリカのキッシンジャー国務長官が、中東と中国訪問の帰途、日本に立ち寄った。

キッシンジャーは、田中と会談し、強調した。

「いま、アメリカは、中東和平工作を進めている。これまで日本がとってきた中東諸国とイスラエル間での中立政策を、変えないでほしい」

田中は、語気を強めた。

「日本には、油がないんだ。油は、外国から買わなければいかん。もし、あなたがアラブ寄りの外交をやめろと言うのであれば、日本が中東から輸入している油すべてをアメリカがかわって日本に供給してくれるのか。それをやってくれるなら、いい」

キッシンジャーは、言葉を返せなかった。

十一月二十二日、田中は、日本のアラブ支持を明確にした新中東政策を官房長官談話として発表した。

「一、武力による領土の獲得および占領反対
一、一九六七年戦争の全占領地からのイスラエル兵力の撤退
一、同域内のすべての国の安全保障措置

一、パレスチナ人の正当な権利の承認と尊重」

田中は、この政策を発表したあと、石油危機打開の政府特使として三木武夫副総理を中東八ヵ国に派遣した。

十二月二十五日、OAPECは、日本を友好国として必要量の石油供給を決定した。

国内物価は、前年から上昇をつづけており、この石油ショックで産業界は大幅値上げに走った。「狂乱物価」といわれる急上昇を示した。

日々上昇する物価に不安を感じはじめた消費者は、日用品の買いだめに走り、モノ不足現象を引き起こした。スーパーマーケットには、トイレットペーパーを求める主婦たちが行列をつくり、将棋倒しとなって負傷する事件も起きた。

これに対して国内的には、生活関連物資などの価格と補給の調整をはかる国民生活安定緊急措置法と、石油の消費節約や価格の安定を目的とする石油需給適正化法を成立させた。これら「石油二法」を十二月二十二日に公布した。

第6章　増賄収賄・陰謀

予兆――金権「七夕選挙」の惨敗と『文藝春秋』の田中金脈追及

「空前の金権選挙」と言われた昭和四十九年（一九七四年）七月の参院「七夕《たなばた》選挙」での惨敗後、田中の宿敵・福田赳夫と三木武夫が閣僚を辞任し、公然と田中に反旗を翻した。

読売新聞社の渡邉恒雄は、中曽根が、田中角栄の次の総理をねらう位置につけた昭和四十九年八月三日号の『週刊読売』誌上の「水爆インタビュー」で、児玉誉士夫にインタビューをしている。その中で、児玉は、なかなか予言的なことを言っている。

「あと二年、あの人（田中）がやろうとしても、やれません、野たれ死にしますよ」

いまから考えると、児玉は田中とロッキード事件で深くからんでいた。自分でからみながら、あまりに田中が露骨なので、この男は、あまり長くはもつまい……と判断していたのか。

その後、渡邉は、「では、このあと自民党では誰が（総理に）いいのか」と児玉に誘い水をかけている。

児玉は、まるで自分に総理を決める決定権でもあるかのように答えている。

「これは簡単にいえる。中曽根さんクラスでいいじゃあないか。あのクラスでは中曽根さんがいいだろう。中曽根さんも、わたしは二、三年前にあの人はスタンドプレーが多いので、これはダメだと、それで腹を立てておったことがあるが、その後あの人のやり方をみておりますと、実に人間ができてきた。今度のような場合（田中政権末期の後継争いである三福大角戦争）にも、うろうろしませんよ」

渡邉は、ねらいどおりのインタビュー記事ができ、大いに満足だったのではないか。児玉のパブリシティにもなり、かつポスト田中は、中曽根がふさわしい、というアドバルーンを児玉をして上げさせたわけである。

まさか、二年のちに児玉がロッキード事件で逮捕されるなど、夢にも思っていなかったろう。渡邉とすれば、中曽根を総理大臣にし、いっぽう、裏の世界では児玉とも知り合いである。光の世界と闇の世界、いいかえれば、表の世界と裏の世界の両方の首領とつながる、知的フィクサーをめざしていたのではあるまいか。

竹下登《たけしたのぼる》が、昭和四十九年十月十日、砂防会館の田中角栄事務所に顔を出した。

竹下は、佐藤昭に皮肉まじりに言った。

「なるほど、〝淋しき女王〟だわなあ」

ニヤニヤしながら、彼女の顔をのぞきこんでいる。佐藤は、竹下が何を言っているのか、さっぱりわからなかった。

「何を言っているのよ。気味が悪いわね」

が、竹下は、言葉を濁したまま事務所から去っていった。

その後、田中の秘書朝賀昭が、あわててやってきた。

「ママ！　これを、見ましたか」

「何よ、これ……」

朝賀が持ってきたのは、月刊『文藝春秋』十一月号であった。

竹下登

「ここですよ」

めくられたページを見た。佐藤は、思わず眼を見開いた。『文藝春秋』では、立花隆《たちばなたかし》の「田中角栄研究――その金脈と人脈」とともに、児玉隆也《こだまたかや》が、「淋しき越山会の女王」というタイトルで、佐藤の出生から「女王」と呼ばれるまでの権力ぶりを書きたてていたのである。

以前にも、女性週刊誌が、やはりおなじ筆者による「田中をめぐる五人の女」というタイトルで、佐藤のことを書くという情報が入った。そのときには児玉隆也と話しあい、掲載は中止されたと聞いていた。

〈一度手打ちをしたにもかかわらず、こんなことをするとは〉

佐藤は、頭にきていた。田中派の若い連中は、苦り切った表情で言った。

「これは、福田赳夫の陰謀にちがいない」

佐藤は、あらためて自分の置かれた立場を思い知った。

〈世間では、わたしのことを、こんなふうに見ているのだわ〉

田中角栄がいなければ、彼女は、平凡な女にすぎない。しかし、田中のその巨きさゆえに、自分をこのように見るのか。

昭和二十七年から二十二年間、田中のもとで、田中はどう考え、どう動くかのみを見てきた佐藤昭である。ふだんの田中の話から、どう判断するかは手にとるようにわかっていた。

しかし、冷静に考えてみると、外部から見て、「女王」と呼ばれかねない一面もあった。

田中に会えない人たちは、こぞって彼女に話をもってくる。一〇〇パーセント、田中に伝わるからである。そんな彼女の立場からか、政治家たちは、外国に行ったとか、選挙区に帰ったというたびに、彼女に土産を買ってきてくれた。田中には買ってこなくとも、彼女だけには忘れなかった。さらに、彼女が一本電話をするだけで、わざわざ国会を抜け出してやってくる議員もいた。彼女としては、権力を振りまわしていたつもりはなかったが、相手は、こう受け取っていたにちがいない。

「ママと親しくすることが、オヤジと直接つながることなんだから」

議員にとって、彼女は、なんでも気楽に相談できたし、彼女もだれかれの分けへだてなく、田中の名代として、みなの面倒をみてきた。田中に最も近いところにいるというだけで、「越山会の女王」と呼ばれ、それが独り歩きしてしまっている。

彼女は、さすがにとまどった。

〈自分は、いつの間にか、こんなところに押しあげられてしまったのね〉

事実、田中はすべて彼女にまかせ、全幅の信頼を置いていた。

『文藝春秋』の記事を読んだ保利茂は、直感的なものを強く感じた。

〈打開する道はない〉

立花の記事には、田中の企業経歴や個人資産のほか、田中が設立した幽霊会社の実態や、信濃川河川敷買収にからむ黒い疑惑、小佐野賢治とのつながりなどが、多くの資料をつかって指摘されていた。

記事の内容は、これまでに衆参両院の予算委員会や決算委員会で個々に取り上げられた金脈問題だ。おそらく、取り上げていなかったものはないはずだ。しかし、このように集大成されて発表されてみると、別の意味をもってくる。

保利は、直感というか、経験からみても、政治というものの本質から考えても、これは、弁解の余地がないかたちになっていると思った。個々の銃弾なら、あるいはかわすこともできるかもしれない。しかし、全体がまるで蜘蛛《くも》の巣を張りめぐらされたようなかたちで、言い訳がつかないようになっている。

田中眞紀子

田中は、『文藝春秋』の記事に端を発した金脈問題で、針の莚《むしろ》に座らされた心境であった。児玉隆也の「淋しき越山会の女王」で、佐藤昭との関係まで天下に知れわたった。
家では、はな夫人は、ひたすら黙って夫に何も言わなかった。が、長女の眞紀子は、父親の女性問題を許さなかった。顔を合わせるたびに、激しく詰め寄った。

眞紀子は、昭和四十三年には早稲田大学第一商学部を卒業していた。翌四十四年には、日本鋼管営業課長の鈴木《すずき》直紀《なおき》と結婚して、養子に迎え入れていた。この金脈問題のとき、三十歳であった。

田中は七人兄弟だが、男は自分だけで、あとの六人は女性である。女性たちに取りかこまれて育った田中は、剛直な面ばかりでなく、女性的な繊細な神経も持ちあわせていた。だからこそ、弱気になると、脆《もろ》いところがある。

田中は、金脈問題で、精神的にも相当まいっていた。血圧も二百を超え、血糖値も三百を超えていた。

梶山静六を中心にした田中派の若手議員は、田中に進言した。

「断固、辞めるべきではありません。ここは中央突破をはかりましょう。内閣を再改造して衆議院を解散してください。総選挙で、国民に信を問うべきです」

田中は、十一月二十六日午前九時半、首相官邸に椎名悦三郎副総裁のほか、党三役である二階堂進幹事長、鈴木《すずき》善幸《ぜんこう》総務会長、山中貞則政調会長を呼び、ついに総裁辞任を告げた。

田中は、派閥の議員を集めて挨拶した。退陣することを表明したのである。

三木は、昭和四十九年十二月九日に内閣を発足させた。

強固だった小佐野・児玉・田中スクラムを崩すロッキード事件

ロッキード事件での小佐野と児玉、そして主演の田中角栄の三人には、別の人事もあやつったという話がある。それは、三和銀行の人事で、副頭取の村野《むらの》辰雄《たつお》を全面バックアップしたというのである。ある経済評論家が、次のように言う。

「昭和四十六年、田中が通産大臣のとき、村野は三和銀行の頭取になった。これはどうも、小佐野、児玉、田中の三人が背後で画策したからなんです」

これは、会長であった渡辺忠雄《わたなべただお》としては認めざるをえなかった。

「ところが、渡辺はアメリカに行き、いちはやくロッキード事件が起こることを察知するや、さっそく帰国し、もう恐れるに足らずと村野の首を切った」

三人のスクラムは、それほど堅固なものだということをあらわす話だ。

笹川良一は、つねづね息子の笹川堯（のち衆議院議員）に言っていた。

「田中も、小佐野も、児玉も、いずれカネでつまずくぞ」

笹川良一の予言は、ロッキード事件でピタリとあたる。

ロッキード社は、日本の航空会社にL－１０１１型航空機の売り込みを成功させるには、販売代理店である丸紅とは別に、すでに秘密コンサルタントとして実績があり、かつ、政財界に力をもつ児玉誉士夫の援助がぜひとも必要であると考えていた。

昭和四十四年になって、ロッキード社東京駐在事務所代表のクラッターが、児玉に、L－１０１１型航空機の売り込みについてぜひ力を貸してほしい、と要請した。これに対し、児玉は、コンサルタント報酬を増額するよう要求した。

そこで昭和四十二年からロッキード社の社長に就任していたコーチャンは、ロッキード社販売担当副社長ロバート・ミッチェルと相談のうえ言った。

「わたしが、児玉さんと直接会って、報酬を増額するに値する人物かどうか確かめる」

コーチャンは、昭和四十四年四月中旬に来日した。クラッターとジャパン・パブリック・リレーションズ代表取締役で通訳の福田太郎《ふくだたろう》をともなって、

笹川良一

世田谷区等々力の児玉宅を訪ね、児玉と会った。

その結果、報酬の増額を承認し、コンサルタント契約が成立した。しかし、児玉は、依然、契約書はいっさい作成しなかった。児玉はロッキード社からコンサルタント報酬として年間五千万円の支払いを受けることとなった。

「全日空に売り込むように」

と当初していたコーチャンは、児玉と初めて会ったとき、児玉が日本航空社長松尾静磨と旧知の間柄であることを知った。

コーチャンは、児玉に頼んだ。

「日航に航空機の採用を働きかけてほしい。日航関係者の航空機に対する評価・関心度、その購入の可能性などについて、調査をしてほしい」

児玉は、さっそく日航を訪れ、松尾社長と会った。日航側のL－1011航空機に関する評価・購入の見通しなどを、打診した。

松尾社長は、はっきりと口にした。

「日航は、ダグラス・ファミリーである。そのうえ、L－1011型機が使用しているロールス・ロイス社製エンジンを、好まない」

児玉は、そのことをそのままコーチャンに伝えた。

なお、日航は、昭和四十七年度にエアバス三機を国内線に導入する計画のもとに、昭和四十二年頃から提示されていたDC－10－10型機のオファーの期限の関係で、各部局に指示して機種選定の調査をおこなわせていた。昭和四十四年四月下旬に、四十七年度のエアバスの導入はしないことを決定した。さらに昭和四十四年七月二十五日、四十八年度のエアバスについてもその採否の決定を留保した。

コーチャンらは、児玉の情報を参考にして、日航はＬ－１０１１型航空機以外の大型機を採用するにちがいないと推測した。

いっぽう、全日空は、ロールス・ロイス社製エンジンをつけたＹＳ－11旅客機を現に運航している。Ｌ－１０１１型機が使用しているロールス・ロイス社製エンジンに、慣れている。抵抗はない。国内幹線を主軸とする旅客需要からみて、エアバス級のジェット旅客機を購入する可能性が強いと判断した。

昭和四十五年頃から、全日空に対する売り込みに全力を投ずることにした。が、最も強力な競争相手は、ＤＣ10－10型機であった。

全日空の大庭《おおば》哲夫《てつお》社長は、昭和四十四年七月、三井物産に対し、要請していた。

「ＤＣ10－10型機三機を、全日空のために確保してもらいたい」

三井物産は、その頃、マクダネル社にＤＣ10－10型機購入に関するレター・オブ・インテント（発注内示書）を提出した。

さらに、昭和四十五年二月二日、ＤＣ10－10型航空機四機を確定発注し、六機をオプション（仮発注）する購入計画を締結した。

マクダネル社は、その頃から三井物産との契約に基づき、ＤＣ10－10型機の製造を開始した。

いっぽう、全日空は、昭和四十五年一月に、大型ジェット機を昭和四十七年四月に導入することを目処《めど》として機種選定をおこなうため、新機種選定準備委員会を発足させた。

昭和四十五年二月には、機種選定調査団をアメリカに派遣するなどして選定作業を進めた。候補機種は、Ｂ－７４７型の短距離型機であるＢ－７４７ＳＲ型機、ＤＣ－10型機、Ｌ－１０１１型機の三機種であった。

大庭社長は、いずれ選定委員会から機種選定を社長に一任する合意を取りつけた。そのうえ、その年九月にマクダネル社と正式な契約をする肚づもりでいた。が、その年六月一日、融資問題から社長を辞任せざるをえなくなった。

コーチャンは、昭和四十四年末、アメリカ・ロサンゼルス郊外のサンフェルナンドバレーにある会社が、全日空向けのDC－10－10型機の炊事室装置を製造しているとの情報を入手した。全日空がDC－10－10型機を購入するのではないか、と危惧《きぐ》し、児玉に事実の調査を依頼した。

児玉はさっそく調査し、コーチャンに伝えた。

「大庭社長は、取締役会に相談することなくマクダネル社、三井物産宛にDC－10－10型機を数機発注していた。やはり、取締役会の承認を得ることなく、融資の取り決めにサインしていた。それが報道され明るみに出た。社長は、ほどなく退陣した」

昭和四十六年頃から、騒音問題は大阪空港周辺で環境公害問題の一環として重視されはじめた。児玉は、福田太郎から航空情報を入手して検討し、昭和四十七年になってコーチャンに進言した。

「わが国における空港騒音問題の深刻さから、L－1011型機のセールスポイントとして、騒音が低い点を大々的に宣伝して全日空に売り込むように」

ロッキード社は、アメリカ航空局の測定値で離陸時の騒音が他機種より若干低いことなどをセールスポイントとして、全日空に売り込みをはかった。

昭和四十七年六月、全日空の大庭社長の次の社長となった若狭《わかさ》得治《とくじ》は、語った。

「環境問題を満足させないような航空機を買うことはできない」

ロッキード社は、昭和四十七年七月二十三日から二十五日までのあいだに、東京と大阪でL－1011型航空機のデモフライトをおこなった。L－1011型機を「ささやくジェット機」のキャッチフレーズのもとに、他機種より騒音が低い点を宣伝した。

コーチャンは、航空公害防止協会会長である笹川良一が環境問題について大きな影響力をもっていることを知った。笹川に対し日本の航空会社がＬ－１０１１型機を使用する利点を話して、協力を得ようと考えた。

昭和四十七年六月、児玉に依頼した。

「笹川さんを紹介してもらえないでしょうか」

児玉は、笹川をコーチャンに紹介した。

コーチャンは、笹川にＬ－１０１１型航空機の利点を説明し、販売に協力するよう依頼した。

笹川良一は、児玉とロッキード社との関係について『人類みな兄弟』の著書で語っている。

笹川が気になったのは、ロッキード社側の通訳をしていたジャパン・パブリック・リレーションズ代表取締役の福田太郎という男の存在だったという。

《はじめて私の部屋に児玉君が福田君を連れてきたとき、三人で話していて、いつもの癖で私が福田君の目の玉をじっと見据えると、彼はあわてて視線をそらす。また、福田君は物をいうときに、私のほうを見ないのである。これまでの経験から、目の玉を見ないで話す人間には、どこか偽りや他人に隠している部分があると私は信じている。そこで、児玉君に「あの男には気をつけろよ。君の足を引っ張るようなことを仕出かすかも分からん」と注意しておいた。

太っ肚なところがある児玉君は、たぶんそのままにしておいたのだろう。福田君は勝手に暗躍してロッキード社から、多額の裏ガネを引き出したことが、彼のサインのある領収書が物語っている。その大部分は児玉君の手に渡っていない。曲者を信用したばかりに、児玉君はもらってもいないカネを懐に入れたようにいわれ、晩節を汚したのである》

笹川良一は、児玉のようにロッキード事件には、いっさいからむことはなかった。

ロッキードの売りこみは全日空若狭社長・田中総理会談にまでいたった

Ｌ－１０１１型機の強力な競争相手であるＤＣ－10－10型機が、昭和四十七年五月から七月にかけて、三回にわたり連続してエンジン事故を起こした。

児玉は、クラッターに助言した。

「ＤＣ－10－10型機のエンジン事故の写真を、可能な限り収集してください。ＤＣ－10－10型機が、将来も同種の事故を起こしかねない点を強調して、全日空にＬ－１０１１型機を売り込むように」

児玉は、福田太郎を通じ、クラッターに、Ｐ－３Ｃ対潜哨戒機の売り込みの見通しについて説明し、助言した。

「Ｐ－３Ｃ対潜哨戒機の輸入に反対し、Ｐ－３Ｃ対潜哨戒機を買わなくても、積載するコンピュータ装置のみを機体と分離して輸入すれば足りる、とする動きを封じ込めなくてはいけない。そのためにも、ロッキード社から、輸出などに発言権を有する米国防総省に働きかけるんだ。機体とコンピュータ装置の分離輸出は認めない、との決定をしてもらうようにしたほうがよい」

コーチャンは、昭和四十七年七月中旬、国際興業の社主である小佐野賢治が田中角栄総理と「刎頸《ふんけい》の友」といわれるまでの仲であることを知った。また、小佐野が、全日空など航空会社の大株主でもあって、航空会社に対し強い影響力をもつ人物であることを知った。

小佐野は、児玉の協力で、横井英樹を敵にまわし、富士屋ホテルの買収に成功している。その後、児玉を国際興業の顧問とし、年間百万円の顧問料を支払っていた。

全日空に対するＬ－１０１１型機の売り込みを成功させるためには、小佐野の援助を得る必要があると考えた。そこで、コーチャンは児玉邸を訪ね、児玉に頼んだ。

「小佐野さんと接触する機会が、ほしい」

コーチャンは福田太郎を通じて小佐野との面会の約束を取りつけた。デモフライトの関係で来日していた昭和四十七年七月二十九日、福田太郎とクラッターとともに東京・中央区八重洲二丁目にある国際興業本社を訪れた。

コーチャンは、応接室で、小佐野と初対面の挨拶を交わした。コーチャンは、小佐野に懇請した。

「ロッキード社が全日空にトライスターの売り込みをしているが、ボーイング社やマクダネル社との競争が激しい。なんとしても売り込みを成功させるために、全日空の大株主であるあなたの援助をお願いしたい」

小佐野は「機会があれば話してあげる」と答え、好意的な態度を示した。

コーチャンは、小佐野と面識を得た直後、福田太郎に指示した。

「小佐野さんをロッキード社陣営に取り込む対策を、児玉さんと協議するように」

コーチャンは、全日空に対する最後の売り込み活動の指揮をとるため、昭和四十七年八月二十日来日した。八月二十二日、福田、クラッターとともに児玉に会った。児玉に要請した。

「Ｌ－１０１１型機を全日空に売り込むために、小佐野さんの援助を得て、いっしょに働いてもらいたい」

児玉は、コーチャンに言った。

「小佐野の援助を受けるには、五億円が必要だ」

コーチャンは、五億円を追加報酬に上乗せすることを約束した。

児玉は、小佐野に会い頼んだ。

「Ｌ－１０１１型機を全日空に売り込むために、ロッキード社を援助してもらいたい」

小佐野の了承を得た。

コーチャンは、昭和四十七年九月十六日、福田太郎とともに国際興業を訪れ、応接室で児玉も同席して、小佐野と話し合った。

コーチャンは、小佐野に懇請した。

「全日空に対するL－1011型機の売りこみについて、尽力していただきたい」

さらに頼んだ。

「九月一日ハワイでおこなわれた田中・ニクソン会談で、エアバス導入の話が出たかどうか。また、ニクソン（米大統領）が田中（角栄）総理に日本でトライスターを買ってくれればありがたいとの話が出たかどうか。政府筋の人に、聞いてほしい」

小佐野は、トライスターを支持する意向をしめした。

席上、児玉は小佐野と、L－1011型航空機を全日空に売却するために、どのようにして話を進めるかについて話し合った。

九月一日のハワイにおける田中・ニクソン会談で、経済、貿易、金融問題等が話し合われた。その後、日本政府は、民間航空機の緊急輸入について、方針を明らかにした。

「日本の民間航空会社が、米国から約三億二〇〇〇万ドル相当の大型機をふくむ民間航空機の購入を計画中だ。日本政府は、購入契約が締結され次第、これら航空機の購入を容易にする意向である」

コーチャンは、小佐野から田中・ニクソン会談における大型ジェット旅客機に関する情報を何としても聞き出したかった。

小佐野は、九月中旬、東京都千代田区平河町二丁目の砂防会館にある田中事務所で、田中角栄に会った。

田中は言った。

「じつは、この前のニクソンとの会談でハワイへ行った際、ニクソンから日本が導入する飛行機は、ロッキード社のトライスターにしてもらうとありがたいと言われた。全日空の方針は、どうかな」

小佐野は、田中から、暗にその意向を全日空側に伝えるよう依頼された。

小佐野は、全日空にトライスターを導入することが日本とアメリカのためになるものと考えた。

九月中旬、国際興業本社応接室で、全日空副社長渡辺尚次に対し、田中総理の意向を伝えた。また強く言った。

「全日空がL－１０１１型航空機を選定するよう」

小佐野は、その後全日空で若狭得治社長に会い、機種選定状況を聞くなどした。

十月十四日、コーチャンと小佐野会談がおこなわれた。

十月二十四日、田中総理、若狭会談がおこなわれた。

東亜国内航空田中社長・コーチャン会談にも広がるロッキードの攻勢

昭和四十七年十月五日早朝、コーチャンは、滞在中のホテルオークラで、福田太郎から電話で思わぬ報《しら》せを受けた。

「日本政府の決定は、DC－10－10型機を全日空に、B－747SR型機を日航に、L－１０１１を日航にという方向に向かいつつある。が、日航は、現在L－１０１１型機を必要としないので、のちに注文することになる」

コーチャンは、日航がロールス・ロイスのエンジンを好まないところから、将来日航がL－１０１１型機の発注をしない事態が生ずるおそれがあると考え、驚愕《きょうがく》した。

「これは、なんらかの陰謀ではないか……」

小佐野、児玉に会って調査を依頼し、政府の決定をくつがえしてもらうことにした。

コーチャンは、その日午前十時すぎ、国際興業本社応接室で福田太郎とともに小佐野に会った。耳に入った情報を伝え、いった。

「ロッキード社としては、そのような決定は受け入れがたい」

が、小佐野の考え方がコーチャンにとって満足できるものでなかったため、その日午後八時頃、東京・中央区銀座四丁目の塚本素山ビル三〇六号室にある児玉事務所で福田とともに児玉と会った。

やはり日本政府の情報を伝え、政府の決定をくつがえすよう助力を要請した。

児玉は、これを承諾した。

コーチャンは、翌日昼、児玉から福田を通じて、「状況が元に戻った」と連絡を受けた。

児玉はコンサルタント報酬を受け取りつづけていたが、日本円の現金で受領することを強く要望していた。クラッターは、必要に応じロッキード社に日本円の送金を依頼した。

ロッキード社は、関連会社であるロッキード・エアクラフト・インターナショナルA・Gとロッキード・エアクラフト・インターナショナル・リミテッド社などに日本円の調達と日本への送金を指示した。

指示どおり、ロサンゼルス・ディーク社にドル資金を払い込み、その社に日本円を調達させ、これを日本に居住するクラッターに送るよう依頼した。

クラッターは、東京で運び人から日本円を受け取り、これを一時ロッキード社東京事務所に保管し、そのなかから児玉に支払った。

児玉はそれらのコンサルタント料を、東京・世田谷区等々力の自宅で受け取った。

ただし、児玉は、依然、ロッキード社との関係が公になることを極度に警戒していた。

そのため、クラッターは、カネを渡すことについて細心の注意を払った。あらかじめ福田太郎を介して児玉と支払いの日時、金額などを決めた。みずから現金を大型封筒、鞄または段ボール箱に入れ、人目を避けるため丸紅から供与されていた輸入大型車を使用せず、福田の運転する国産車で児玉宅を訪問した。しかも、家人などを避けて秘密裡にカネを手渡した。

全日空の若狭社長は、昭和四十七年十月二十八日、役員会を招集し、新大型ジェット機はＬ－１０１１型機を選定すると報告した。

翌二十九日、経営管理室長藤原亨一は、丸紅常務取締役大久保《おおくぼ》利春《としはる》を介し、この選定の状況をコーチャンに伝えた。

全日空は、十月三十日、Ｌ－１０１１型航空機を採用する、と公表した。

十一月二日、ロッキード社に対しＬ－１０１１型機六機を確定注文し、十五機をオプションするとのレター・オブ・インテントを発した。

翌四十八年一月十二日、そのレター・オブ・インテントに基づく購入契約を締結した。同年十二月十九日、トライスター一番機を全日空に引き渡している。翌昭和四十九年三月十日には、トライスターは、東京－沖縄線に就航した。

ロッキード社は、さらに対潜哨戒機Ｐ－３Ｃオライオンを日本政府に売り込みにかかった。

そのため、児玉の尽力を要請していたが、コーチャンは、昭和四十八年七月、国際興業本社応接室で、児玉同席のうえ小佐野に会った。

コーチャンは、Ｐ－３Ｃの性能などについて種々説明し、依頼した。

「ロッキード本社がＰ－３Ｃを日本政府に売却する活動を、援助してもらいたい」

小佐野は、これを了解した。

若狭得治

小佐野は、その頃児玉とP－3Cについて話し合い、コーチャンに対し、すすめた。

「日本政府にP－3Cを売りこむためにも、児玉氏がロッキード社との間に暫定的《ざんてい》に取り決めている追加報酬を、増額すべきである」

コーチャンは、これを了承した。その後間もなく修正契約が児玉とロッキード社間に締結された。

東亜国内航空は、昭和五十一年四月には国内幹線に進出できるとの予測のもとに、その頃同幹線に大型ジェット旅客機を導入することを目途としていた。その機種選定作業をおこなわせるため、四十八年十一月一日、新機種導入委員会を発足させた。

委員会は、四十九年三月までに機種を選定するため、対象機種を、DC－110型、エアバス・インダストリー社のA－300型、L－1011型の三機種に絞った。その三機種の代理店である三井物産株式会社、丸紅などから資料を提出させるなどして検討を進めた。

ロッキード社は、丸紅と連絡をとりながら、東亜国内航空に、L－1011型航空機の性能などに関する説明をおこなうなど積極的に販売活動をおこなった。

東亜国内航空は、昭和四十八年一月、ダグラス社のDC－19型航空機を購入することを決定した。そのとき、ダグラス社との間に大型ジェット旅客機はDC－10型航空機を採用するとの密約を取り交していた。

コーチャンは、昭和四十八年十一月、その情報を入手していた。そのため、東亜国内航空に、L－1011型航空機を選定させるためには、早期に東亜国内航空社長田中勇と接触し、トップレベルの交渉をおこなう必要があると考えた。再三にわたり田中社長に面会を求めた。が、これを拒絶された。

そこでコーチャンは、四十九年一月になって、小佐野にその事情を説明し、依頼した。

「田中社長に、引き合わせてもらいたい」

小佐野は、田中社長とも昵懇《じっこん》の間柄であった。

小佐野は、一月二十三日の夜、東京都中央区銀座八丁目のクラブ「りえ」に席を設けた。コーチャン、クラッターと東亜国内航空社長田中勇を招き、二人を引き合わせた。

コーチャンらは、福田太郎の通訳で田中社長と歓談し、懇請した。

「東亜国内航空に、Ｌ－１０１１型航空機を採用してほしい」

小佐野は、翌二十四日にもコーチャンが田中社長と面談できるよう取り計らった。

コーチャンは、その日東亜国内航空本社でもふたたび田中社長と懇談し、ふたたび懇請した。

「よろしく、Ｌ－１０１１型航空機を採用してもらいたい」

コーチャンは、Ｌ－１０１１型航空機売り込みのため、その頃小佐野と田中社長に、東京―ロサンゼルス間のファーストクラス往復航空券各一組を贈呈し、要望した。

「ぜひ、ロッキード社の工場を訪問してほしい」

小佐野は、その頃田中社長に勧めた。

「良い飛行機かどうか、工場を見てくればいいじゃないか」

が、田中社長は、航空券を使用しなかった。小佐野は、その航空券を羽田―ホノルル間の往復航空券に変更して使用した。

しかし東亜国内航空は、四十九年四月になって、成田新空港の開港の遅れや四十八年暮の石油ショックによる旅客需要の落ち込みなどから、大型ジェット機の導入時期を延期せざるをえない情勢となり、機種選定作業を、一時中断した。そのままＬ－１０１１型航空機の導入はおこなわれなかった。

アメリカ上院チャーチ委員会でのロッキード社贈収賄の爆弾証言

昭和五十一年二月四日のアメリカ上院外交委員会、多国籍企業小委員会における公聴会、いわゆるチャーチ委員会で、ロッキード社の会計監査にあたった会計士W・フィンドレーが、爆弾証言をおこなった。
「ロッキード社が、トライスターの日本売りこみのために、三十億円以上を支出し、うち二十一億円が、右翼の大立て者児玉誉士夫に渡った」
ロッキード社は、民間の大型旅客機（L－1011）トライスターの売りこみに成功しており、引きつづき、防衛庁へ対潜哨戒機P－3Cを採用させるべく努力中であった。
アメリカでは、二月六日、ロッキード社副会長A・C・コーチャンが、おなじ委員会で、さらに証言した。
「チャーチ　ロッキード社は、一九七二年に児玉に二二四万ドル（約六億七千万円）もやっている。児玉はいったいロッキードで何をしたのか。彼はあなたを、小佐野に紹介したのか。
コーチャン　そうです。
チャーチ　小佐野とは誰か。
コーチャン　日本で非常に影響力のある人物です。
チャーチ　その小佐野は、ロッキード社のためにどんなことをしてくれたか。
コーチャン　児玉氏の紹介をしてくれた小佐野氏は、われわれの売りこみ戦略、どこへ行って誰と会えばよいかといったようなことで、非常に助けてくれた。
チャーチ　小佐野にも金を払ったのか。
コーチャン　いいえ。
チャーチ　児玉にいった七〇〇万ドル（約二十一億円）のうち、いくらを児玉は小佐野に支払ったと思うか。
コーチャン　はっきりとはわからないが、そのようなことがあったかもしれない。わたしは、あったと思います」

この公聴会の模様は、衛星中継で日本のテレビでも同時放送され、蜂の巣をついたような騒ぎとなってしまった。

コーチャンは、さらにつづけた。

「わが社の日本での代理店丸紅の伊藤宏専務に渡った金は、日本政府関係者複数に支払われたもので、そうした支払いの必要性をわたしに示唆したのは丸紅会長の檜山廣《ひやまひろ》か、専務の大久保利春だった」

アメリカのロッキード社のトライスター日本売りこみにからむ、大汚職事件、いわゆる「ロッキード事件」が発覚したのである。

二月六日、衆議院予算委員会では、三木武夫総理が、真相究明についての決意を表明。

二月十六日から、予算委員会で小佐野をはじめ、丸紅幹部、全日空幹部の証人喚問をおこなった。

同時に東京地検と東京国税局、警視庁の合同捜査が開始された。

小佐野の側近によると、喚問の直前である二月十三日、帰国した小佐野は、そのまま弁護士たちと箱根に行き、対策を練った。黒沢長登、竹内寿平ら弁護士たちから、明日の喚問に対してどのように臨むか、考えが出された。

「答弁では、記憶にありません、と答えていただいたほうがいいと思います」

小佐野は悩んだ。

二〇万ドル（約六千百六十万円）をリベートとしてロッキード社から受けとったかどうかが、最大の争点となる。

「引っかかるなら、この件だろ」

小佐野はそう思っていた。

さて、そこを「記憶にありません」と答えて、さらに突っ込まれたらどうすればいいのか。小佐野はそのことを考えているうち、突然、胸が苦しくなった。動悸《どうき》が激しくなった。右手で胸を押さえた。狭心症の発作が出たのである。

付き添っている順天堂大学病院の山口三郎医師が、手当てをした。

ひと息つくと、竹内弁護士が言った。

「国会で、知りません、そのような事実はありません、というのは絶対にまずい。記憶にございません、といっておけば、次にまた調べられるとき『あのときは、記憶にありませんといったが、今度は思い出した』と言えばいいんです」

小佐野は、「勝った」と自信満々に答えた。

二月十六日午前十時、衆議院予算委員会がひらかれた。事件の主役である田中角栄と刎頸の友の登場とあって、傍聴席はぎっしりと埋まり、テレビ、新聞のカメラの砲列がひしめいた。

小佐野は、議院における証人の宣誓、証言などに関する法律第三条により宣誓、証言した。

小佐野は、各党の質問者に対して、打ち合わせどおりの方針でのぞんだ。

自民、社会、共産各党の質問につづいて、公明党の坂井《さかい》弘一《ひろいち》が質問に立った。

「コーチャンといっしょに、日本航空や全日空、あるいは東亜国内航空の関係者を呼んだり、いっしょに会ったことはないか」

「記憶にございません」

「会ったことがあるかないか、記憶にあるはずだ」

「まったく、記憶にございません」

「東亜国内航空の関係者もないか」

小佐野は、しばらく考えて答えた。

「記憶にございません」

「コーチャンに、あなた自身の立場を話したことはないか」

「ないと思う……記憶にないですね」

小佐野は、「記憶にない」を連発した。

つづいて民社党の河村勝《かわむらかつ》が質問に立った。

つづく民社党の永末英一《ながすええいいち》の質問にも、「記憶にございません」を繰り返した。

小佐野は、こうして一貫して「記憶にない」を貫き、この言葉は流行語にすらなった。

喚問を終えたその日の午後、小佐野の再喚問の日程が決められたが、そこへ小佐野は診断書を提出し、「高血圧兼冠不全」で出頭は無理ということを通告した。以後、小佐野は東京・上野毛の自邸に引きこもった。

左翼ばかりか右翼の街宣車まで出た児玉糾弾

ロッキード事件で、児玉の名前があがると、左翼団体、組合関係者、それどころか、右翼の街宣車までもが、児玉邸の周りで児玉を責め立てた。とくに愛国党の赤尾敏は、児玉を最も批判した。二月十四日に愛国者緊急時局懇談会をひらき、児玉を糾弾した。

そして「児玉即右翼ではない」との声明を発表した。さらに、渡米までして、日本には児玉のほかにも「進歩的愛国勢力」があることを主張した。

児玉誉士夫は、二月二十七日、容態が悪化して倒れた。世田谷区等々力にある児玉邸の家人が救急車を呼んだ。ところが、児玉を乗せた救急車が児玉邸を出ようとしたところ、報道陣が、いっせいに取り囲んだ。救急車は立ち往生した。それどころか、周りのカメラマンたちは、われ先にと、救急車内の児玉の様子を撮ろうとする。車体も叩かれ、大騒動になった。

この騒動を聞き知った青思会の高橋正義議長は、青思会会員に号令した。

「邸内で、児玉先生の警護をするように」

児玉は、それまで、青思会の人たちすらいっさい邸内に入れなかった。

しかし、これから何が起こるかわからない。児玉に師事する者たちが、代わる代わる児玉邸に詰めることになった。当初は、日乃丸青年隊、青思会の大幹部が泊まっていた。だが、幹部クラスは、さすがに多忙の身である。一昼夜を児玉邸で過ごすわけにはいかなかった。そこで、若手二人が一組となり、午前十時から翌日の午前十時までの丸一日、児玉邸に詰めることになった。

青思会の高野八郎も、世田谷区にある児玉邸に警備として入ることになった。

児玉邸には、伊藤栄樹《いとうしげき》東京地検検事が取り調べに訪れた。取り調べらしい取り調べはほとんどなかった。ありきたりのことを訊いているだけで、あとは、日常会話を交わすだけであった。

東京地検特捜部の松田昇《まつだのぼる》検事も、定期的に児玉邸を訪れた。初めてきた頃には、さすがに緊張しきっていた。床についている児玉と簡単な取り調べをするうちに、打ち解けた。

二度、三度と通ううちに、リラックスした。

日商岩井副社長の海部八郎《かいふはちろう》が、突然児玉邸を訪れたことがあった。青思会の人たちには、何を話したかはわからなかった。海部は、のちにロッキードと同様の航空機売りこみ疑惑である「ダグラス・グラマン事件」で逮捕される。

戦後最大の疑獄事件といわれたロッキード事件で児玉誉士夫の名があがったとき、稲川会総裁になっていた稲川聖城は、いの一番に児玉邸に駆けつけたい思いにかられた。稲川にとって、ロッキード事件と児玉とのかかわりは、まったく寝耳に水であった。

稲川は、稲川会本部の奥の会長室で、理事長の石井進ともども見舞いにいくべきかどうか、迷っていた。世田谷区等々力の児玉邸に押しかけては、マスコミの餌食《えじき》になる。

〈おれは、ヤクザ者だ〉

そのおれが、このような事件のさなかに真っ先に児玉邸にいけば、マスコミは、児玉とおれとの関係をまるで鬼の首でも取ったように書きたてるにちがいない。児玉にとって、不利な展開になることになる。

〈おれが見舞いにいかないほうが、かえって親孝行になる〉

稲川は、事件のほとぼりが冷めるまで、児玉邸には顔を出すまい、と心に決めた。

ただし、稲川は、児玉邸に電話を入れた。秘書の太刀川恒夫が出た。稲川が昭和三十五年の六〇年安保のあと、児玉邸に単身乗り込んだとき、案内したのが秘書の太刀川だった。

当時は新入りの秘書であった。昭和三十八年から四十一年までの四年間は、のちに総理大臣になる中曽根康弘の秘書として修業し、この当時はふたたび児玉の秘書に戻っていた。

太刀川が児玉に稲川の名を告げると、児玉がすぐに代わって電話に出た。

稲川は、児玉の体の心配をまずし、元気であることを確認すると、児玉に言った。

「オヤジ、世間でオヤジのことをどういおうと、おれは、オヤジを信じています」

稲川は、児玉とは稼業がちがっていた。雲の上でおこなわれている政治の世界のことは、まったくわからなかった。ただ、政治には裏の裏があることはわかっていた。単純にとらえることのできない複雑な世界であることもわかっていた。

児玉は、少し気分の晴れたような声で言った。

「稲川君、心配かけてすまないね……」

稲川は、児玉に言った。

「オヤジ、おれにできることがあれば、何でも言ってください」

これからも、児玉の命をねらう者がいるかもしれなかった。稲川は、児玉にどういうことが起ころうと、体を懸けても守るつもりであった。

「稲川君、本当にありがとう」

稲川は、電話を切るなり、石井に命じた。

「オヤジも、これからは何かと大変だろう。毎週、日を決めて、必ずオヤジのところに何か届けろ」

児玉邸に詰めている十人近い若い衆たちや、弁護士たちの食糧だって大変なものである。稲川は、この週から、毎週土曜日、欠かさず児玉邸に肉や魚を届けた。

児玉の命をねらっているのは、右翼に限らず、博打打ちのなかにもたくさんいた。しかし、「児玉に手を出せば、稲川が黙っちゃいない」ということで、いっさい手を出せなかった。稲川会は、いわば〝無言の圧力〟で児玉を守りつづけたわけである。

芦田均いらいの首相経験者逮捕に謀略説の声

二月二十三日午後二時すぎ、衆議院本会議が開かれた。田澤《たざわ》議運委員長が、まず壇上に上がって決議文を読みあげた。

「いわゆる政府高官もふくむいっさいの未公開資料を提供されるよう、米国上院および米国政府に特別の配慮を要請する」

決議採択のあと、三木首相が壇上に進み、ポケットからメモを取り出した。

三木は、そのメモを一気に読みあげた。

「決議の意を体し、こうした国民的総意をわたし自身からも直接、ただちに書簡で米国政府の資料の提供を、フォード大統領に要請いたします」

この瞬間、議場には、野党席もふくめて軽いざわめきが生じた。みんな、いつものように首相のお決まりの答弁がなされると信じていた。野党はよろこんだが、与党はうろたえた。

この三木発言により「三木は、自民党征伐をするつもりか」の声まであがった。

大平正芳蔵相は、三木の親書問題について、苦々しげに感想を洩らした。

「実務者に任せておけばよいものを、なんで政治のマターにしなけりゃならないのだ」

大平は、このような厄介な問題に関しては、次のような持論をもっていた。

「実務者が厳正中立に真相の究明にあたり、真相が解明されれば、司直の手で処断する。これが一番よい解決の道で、政治はブレーキを踏んでもいけないが、アクセルを踏んでもいけない」

東京地検、東京国税局、警視庁は、合同捜査を本格的に開始した。三月に入ると、アメリカ証券取引委員会にあるロッキード関係記録引き渡しの交渉がおこなわれた。四月、これが日本に持ち帰られると、検察側は、田中角栄前首相を頂点とする事件の骨格をつかんだ。

七月二十七日の朝早く、新潟から東京へ夜行列車でもどった稲葉修《いなばおさむ》法相は、夜の明けたばかりの六時半ごろ、渋谷区南平台の三木邸に電話を入れた。

三木武夫

「じつは、法務省の安原美穂《やすはらよしほ》刑事局長から、田中前首相に対して、外国為替法違反容疑で逮捕したいので許可願いたい旨の電話があり、許可しました」
三木は、「おお、そうか。おお、そうか……」と繰り返すばかりであった。
この日午前八時五十分、ついに田中角栄に対する逮捕状が執行された。
田中は、昭和四十八年八月九日頃から四十九年二月二十八日頃までのあいだ、四回にわたり丸紅会長の檜山廣らから、首相秘書官の榎本敏夫《えのもととしお》と共謀し、ロッキード社のためにする支払いとして、計五億円を受け取ったという疑いである。

戦後の疑獄事件で首相経験者が逮捕されたのは、昭和二十三年、昭電事件での芦田均《あしだひとし》元首相いらいのことである。

なお、ロッキード事件は、エネルギー戦略を展開していた田中が、アメリカの方針を受け入れず、資源外交をおこなったため、田中が狙い撃ちされたものだとの説も根強い。

「ロッキード事件は、アメリカのオイルメジャー（国際石油資本）と東大にやられた」

田中は、そう口にしたことがある。

田中は、ロッキード事件は、アメリカのユダヤ資本による謀略と信じていた。

ロッキード事件当時のアメリカ大統領は、ニクソンである。ニクソン政権は、アメリカのユダヤ資本の肝煎りでつくられた。国務長官のキッシンジャーも、ユダヤ人として有名である。ニクソン政権は、ユダヤ資本の代弁機関だった。

そのユダヤ資本が、田中を失脚させたのは、かつて彼が政権を握っていたとき、精力的におこなった資源外交政策にある。

資源、とくに石油のない日本に、田中は、なんとかもっと多くの石油を持ってこようと、中近東や南米などをまわって働きかけた。ところが、それが、ユダヤ資本にとっては、危機感を抱かせた。石油備蓄政策を進めるユダヤ資本にとって、彼の資源外交政策は、邪魔だった。

そこで、キッシンジャーが日本を訪れ、田中に「資源外交政策をやめるように」と申し入れた。しかし、田中は、突っぱねた。

「それでは、アメリカに頼めば、アメリカは日本が求めるだけの石油をくれるのか」

キッシンジャーは、黙るしかなかった。

ユダヤ資本による田中失脚への謀略は、この日からはじまった、と田中は信じていた。

田中派の石井一は、ロッキード事件のはじまりからしておかしい、と言う。

「ロッキード事件がいわゆるチャーチ委員会で火を噴く直前のある日、突然、一つの段ボール箱が、チャーチ上院議員の事務所に放りこまれた。出所も差出人も不明。郵便物の誤配ということになっている。開けてみると、ロッキード社の秘密資料、政府の文書、売りこみ工作費の領収書などが出てきた。これが事件の発端だ。

チャーチ議員は、三十一歳で米ＣＩＡ（中央情報局）の職員だったとされる人物であり、この段ボール箱の差出人を知っていた可能性が強い。本来、この種の企業問題は上院では証券取引委員会（プロクシマイヤー委員長）で取り上げるのが通例だったが、当時チャーチ委員長は民主党から大統領選を狙っており、この選挙を有利にするため、プロクシマイヤーの要求を蹴って、自分の委員会で取り上げることを強く主張した。

その結果、コーチャン氏ら航空機会社の重役が喚問され、ロッキード社が世界中の高官やロビイストに金をばらまいた実態が明らかとなり、全世界でセンセーションを巻き起こした。いったい誰が、その資料入りの段ボール箱をチャーチ委員長のもとに届けたのだろうか。何者かの非常に強い意図があって、『チャーチならこれをやるぞ』と送りつけたに相違ない。

これは現在もなお謎であり、事件はスタートからまことに不可思議な色彩が濃い。またチャーチ委員会でのこの事件のエネルギッシュな追及と暴露は、単にチャーチ委員長の大統領への野心によるものなのか、それとも別の意思が働いていたのかも謎だという」

このあたりから、アメリカ謀略説が出てくる理由である。

田中の口にした「東大」というのは、学歴がなく毛並みの悪い田中に反発をもちつづける、東大出身の日本の政財官界のエスタブリッシュメントたちが、アメリカから突然降って湧いたように起こったロッキード事件に乗じて、田中を袋叩きの目にあわせたというものである。

ロッキード事件で中曽根康弘は、「灰色高官」として窮地に立たされた。「児玉とは、思われているほどつながりが深くはない」としきりに弁明した。そこに、緒方克行の『権力の陰謀』が出版された。時期が時期だけに、中曽根も頭を抱えこんでしまった。

児玉とのつながりを、ここまで細かく暴かれては、弁解がしらじらしくなってしまう。

それでも中曽根は、弁解した。

「緒方に会ったことはない」

『権力の陰謀』に実名で登場した読売新聞社の渡邉恒雄は、氏家斉一郎とともに新聞記者として苦しい立場に立たされた。ロッキード事件で児玉を追及する立場にある側の社の政治部長が、児玉の盟友というのでは格好がつかない。

読売とライバル関係にある朝日新聞社の『週刊朝日』でも「これが黒幕・児玉誉士夫の手口だ!!――『高官』実名入り手記『権力の陰謀』が明かすその実態」というタイトルで、まるで鬼の首でも取ったように五ページにもわたった大特集を組んだ。

『読売新聞』社会部の若手記者が、語る。

「ロッキードの取材で児玉について取材にいくと、たびたびいわれるんですよ。『わたしなんかに聞くよりは、おたくのアノ人にお聞きになってはどうですか。アノ人が、誰よりもいちばん児玉について知っていますよ』まるで取材にならないので、社会部として、一度渡邉政治部長に事情を聞く会をもうけようか、という声もあがったほどです。しかもロッキード事件にからみ、読売新聞社長で代議士であった正力松太《しょうりきまつた》郎《ろう》はCIAだ、というような記事も出ていたので、社としてもいっそう慎重になり、結局立ち消えになってしまいました」

渡邉は、当時『週刊読売』に「水爆時評」というコラムを執筆していたが、その中で二回にわたって、児玉との関係について、釈明した。

「怪物とか、黒幕といった存在も、日ごろ敬遠していたんでは、ニュースはとれない」

「取材対象には肉迫するが、主体的批判能力を失わないこと。これが、新聞記者という職業の原則である」

邸に航空特攻した者も祀る児玉の情

青思会の高野八郎が児玉邸に詰めていたある日、見知らぬ老婆が児玉邸を訪れた。

「よっちゃん、元気？」

「はあ……」

いきなり「よっちゃん」と言われ、高野は、一瞬とまどった。いったい誰のことか、わからなかったのである。

〈まさか、よっちゃんというのは……〉

高野の脳裏には、児玉誉士夫の顔が浮かんだ。「よしお」ゆえに、「よっちゃん」ではないか。それにしても、児玉を「よっちゃん」呼ばわりするその老婆は、いったい誰なのか。

高野は、古くから児玉邸につとめるお手伝いさんに、不可解な老婆が訪れたことを伝えた。

「玄関に、『よっちゃん、元気？』と訪ねてきたおばあさんがいますよ」

「いったい、どなたかしら」

お手伝いさんも、首をひねった。

高野は、お手伝いさんのあとを追って、ふたたび玄関に出かけた。

お手伝いさんは、老婆の顔を見るなり、歓喜の声をあげた。

「これはこれは、奥さん！　ご無沙汰《ぶさた》ばかりしています」

よほど児玉にとって近しい存在にちがいない。ていねいな挨拶を交わしたあと、急いで二階に上がっていった。児玉のもとに上がっていったのである。

お手伝いさんが上がっていってほどなく、今度は、階段を駆け降りる音が響いた。先ほど上がったお手伝いさんよりもあわてた、いまにも転がり落ちそうな足音であった。

「ああ、これは奥さん、これはどうも。どうぞどうぞ……」

そんなあわてて人を迎える児玉を、高野は初めて見た。児玉は、その老婆を二階へと上げた。高野は、古株のお手伝いさんに、あとで聞かされた。老婆は、大西瀧治郎の未亡人であった。児玉は、一時期、大西の未亡人を、児玉邸の敷地内にある離れに住まわせていた。

高野は、児玉の情の深さに触れた気がした。


児玉の情については、次の例もある。

児玉邸に警備で詰めている青思会の市村清彦《いちむらきよひこ》は、昭和五十一年三月二十三日午前十時前、いつものように児玉邸近くのバス停でバスを降りた。いつもは閑静な高級住宅街である等々力の街中は、異様なほどに騒然としていた。空にはセスナが飛び回り、道には消防のホースが道に伸びていた。

〈これは、非常事態だ……〉

市村の足は自然と歩みを早めた。気づくと、駆け足になった。

児玉邸の近くまできて、愕然《がくぜん》とした。やはり、児玉邸であった。児玉邸の周りには縄が張りめぐらされ、機動隊員が、屋敷にだれも近寄れないように見張っている。

市村は、機動隊員に言った。

「わたしは、この児玉邸の関係者なんです。中に、入れてもらえませんか」

「ここは、立入禁止だ」

機動隊員は、市村が何度頭を下げようともまったく取り合おうとはしない。

市村は、児玉のことが心配なあまり、機動隊員に摑みかかった。市村には、いっせいにほかの機動隊員が群がってきた。

「ちくしょう、入れろってんだ！」

機動隊員たちと、もみ合いになった。

あまりにも騒々しいので、邸内にいた児玉の秘書が飛び出してきた。もみ合っている中心に、市村がいるのを見て、機動隊員に「あの人は、関係者だから」といった。市村は、秘書のおかげで児玉邸に入ることができた。

児玉邸正門から見える、鉄筋二階の東に突き出ているサンルームの屋根が約五メートルにわたって陥没し、鉄製のアコーディオン・カーテンは約三メートルにわたってぱっくりと穴があいていた。

その下に、何かが紙のようによじれていた。それは児玉邸に突っ込んだ小型機パイパーの右翼だった。操縦席で黒く焦げているのは、どうやら、操縦して突っ込んできた操縦者であった。まるで、火事場のマネキンのようであった。あとで知ることになるのだが、突っ込んだのは前野《まえの》光保《みつやす》という二十九歳の青年であった。

前野は日活ロマンポルノを中心に出演する俳優であった。前年十一月に配給された『東京エマニエル夫人・個人教授』では、操縦士の免許を生かしてパイロット役として出演した。そのいっぽうで、禅研究者の鈴木大拙《すずきだいせつ》、作家の三島由紀夫《みしまゆきお》に心酔していた。家宅捜索された渋谷区笹塚のマンションの七階にある前野の住まいには、書籍のぎっしりと詰まった本棚があった。ヘッセの詩集、野坂昭如《のさかあきゆき》、井上靖《いのうえやすし》、司馬遼太郎《しばりょうたろう》らの小説、哲学書、航空学関係の書が並んでいた。児玉の書いた『悪政・銃声・乱世』、三島由紀夫が書いた『金閣寺』『潮騒』など五冊の小説もあったという。実家では、ＮＨＫテレビで「君が代」が流れると直立不動で聞き入っていた。いっしょに見ている父親にも、起立するように求めた。

前野は、じつは、昭和五十年秋に、銀座のバーで児玉を紹介された。それから、児玉には惚れ込んでいた。

「児玉という人は、学校はろくに出ていないが、肚の据わった、立派な人物だ」

だが、ロッキード事件に児玉がかかわっていたことが明るみになると、憤慨するようになった。

「お父さんみたいに中小企業の人は一生懸命に働いても貧乏しているのに、児玉のように、楽をして儲けている者もいる」

児玉に、「裏切られた」との思いが強かったという。

前野は、その日の午前八時五十分、ＰＡ－28－１４０型機（パイパー）を操縦し、カメラマンを乗せた別の小型機セスナとともに調布飛行場を離陸した。新宿上空三〇〇〇メートルで、前野の乗るパイパーの撮影をおこなった。

三十分ほどの撮影の後、前野は、「世田谷のほうに用事がある」と、カメラマンらの乗るセスナと別れた。

前野が操縦するパイパーは、午前九時五十分頃、児玉邸の上空にあった。何度か旋回したのち、「天皇陛下万歳！」の雄叫びとともに、児玉邸に向けて突っ込んだ。前野のねらいは、南面のベランダに面した児玉の寝室であった。しかし、児玉邸には、大きな「しろのき」、いわゆる、白檜《しろひのき》の木が立っていた。そこに機体が引っかかった。目標がずれてしまった。一本の「しろのき」が、児玉を救った。

前野が児玉邸に突っ込んだときには、児玉は、二階の病室で寝ていた。しかし、秘書の太刀川《たちかわ》恒夫《つねお》に背負われて、一階の仏間に避難した。ケガはなかった。

稲川聖城は、児玉邸にセスナが突入した報らせを聞くや、石井進《いしいすすむ》（のち隆匡《たかまさ》）理事長をすぐに児玉邸に走らせた。

石井理事長は、屋敷の外で、義人党の高橋義人に児玉の安否を聞き、無事を聞いて、安心して引き上げた。

児玉邸は半焼し、屋敷内も、消防車の放水で水浸しとなっていた。児玉邸には、さまざまな高価な書画が掲げてあった。それらが、灰塵《かいじん》と化したり、水がかかってボロボロになった。

市村清彦が肩を落としたのは、幕末の水戸藩士で尊皇攘夷論者である藤田東湖《ふじたとうこ》の「正気歌《せいきのうた》」の書もまた焼けてしまった。その書は、市村らが屋敷内を清掃しながら諳《そらん》じていた。それほど、心に刻まれていた。

市村から見て、前野光保は、マスコミの歪曲された報道にかなり影響されていた。

だが、身を挺《てい》してまでも何かを糺《ただ》そうとする前野の姿勢は、市村の胸を激しく打った。

市村は、その夜、いっしょの当番の者と二人で、小型機パイパーの墜落した場所へと向かった。

先輩たちに見つかれば、どのような処罰を受けるかわからない。こっそりと、前野に黙禱《もくとう》を捧げ、線香をたむけた。その翌日も、市村は、黙禱を捧げようと庭先に出た。

驚いた。パイパーが墜落したその場所に、なんと祭壇が供えられていたのである。

児玉が、前野を偲《しの》んで供えさせたものだった。

市村に、あらためて児玉の心の広さが滲《し》み入った。

〈さすがは、児玉先生だ。自分の命を奪おうとした者でも、憂国の士であれば認めることができるのだな〉

児玉は、事件から数日後、高野や市村に語った。

「日本も、捨てたものじゃない」

さらにつづけた。

「ロッキード関連の報道を見て義憤を抱き、おれが悪いということで、怒りをもって突っ込んでくる。その魂は、たいしたものだ」

三島由紀夫が昭和四十五年十一月二十五日、彼の主宰する楯の会会員四人を率いて、東京・市谷の陸上自衛隊総監部を訪れ、バルコニーで演説したのち、総監室で割腹自殺した。隊員森田《もりた》必勝《まさかつ》が介錯《かいしゃく》した。また、森田も三島の隣で切腹した。

児玉は、そのとき、テレビに出演し反省の言葉を口にしていた。

「自分は三島君に恥じなければならぬ。愛国運動四十年間に、自分は一人の死士も養い得なかったが、三島君は四人の青年を死の現場にともなった」

児玉への思いを保持しつづけた稲川と笹川良一

逆な見地からのものも、少しふれておこう。

ロッキード事件が起こってから、児玉邸にはまったくと言っていいほど見舞い客が姿を見せなかった。小佐野賢治はおなじロッキード事件にからんでいるからまだしも、北炭の萩原吉太郎すら、まるで手のひらを返したように姿を見せなかった。

児玉の絶頂期の昭和四十四年十二月六日、東京のホテルオークラ平安の間で、児玉の作詞した「民族の歌」の発表会がひらかれた。岸信介元首相が祝辞を述べた。政界からは、中曽根康弘、財界からは、萩原吉太郎、野村證券《のむらしょうけん》の北裏喜《きたうらき》一郎《いちろう》副社長、富士製鉄の永野《ながの》重雄《しげお》社長、朝日新聞社の村山長挙《むらやまながたか》社主、評論家の大宅《おおや》壮一《そういち》ら二千人を超える日本の実力者が集まった。しめて一億円の費用をかけたという。そのときの華やかさに比較すると、あまりにも寂しいではないか。

いっぽう、稲川会の稲川聖城は、翌昭和五十二年の三月、児玉の調べがひととおり終了したとみるや、

〈もう、オヤジを見舞ってもいいだろう〉

と判断し、石井進を連れ、児玉邸を訪ねた。

応接間に通され、児玉と秘書の太刀川、稲川、石井の四人でなごやかに話し合った。

児玉は、少し痩《や》せたように見えたが、眼光は依然鋭かった。稲川の心の中まで見通すような視線であった。

稲川は、うれしそうに言った。

「オヤジ、案じていたより、はるかに元気そうじゃないですか。オヤジが元気でさえいてくれれば、わたしはなによりうれしいんです」

児玉は、鋭い眼をなごめ、ありがとうよ……というようにうなずいた。

稲川は、児玉にあらためて言った。

「オヤジ、口はばったいようですが、昔の稲川じゃないんです。これまでは迷惑をおかけしましたが、このへんで親孝行をしたいんです。何かあったら、何でもわたしに言ってください」

児玉は、うれしそうに何度もうなずいた。

稲川は、かつて児玉誉士夫に世話になっていながら、今回の事件で手のひらを返すように去っていく者がいることを耳にしていた。

稲川は思っていた。

〈オヤジ、おれは、一度結んだ契りは、自分の命のあるかぎり守ります〉

児玉が、病床にあるとき、定期的に電話をかけてきたのが、日本船舶振興会の笹川良一であった。

「児玉君は、元気かね」

児玉を「君」づけで呼ぶのは、笹川だけだった。

白日の下に晒されたロッキード社から児玉への闇の収入

のちロッキード事件の論告求刑のなかで、検察側は、捜査対象となった昭和四十七年から五十年までの四年内の、ロッキード社からの児玉の収入以外の闇の収入をも白日の下に晒《さら》している。

その内訳は、昭和四十七年分が、約一億二千七百万円、四十八年分が約二億四千七百四十万円、四十九年分が約五億三千四十万円、五十年分が約三千五十万円の合計約九億三千五百三十万円にものぼっている。

児玉は、これまで触れてきた経済事件以外にもからんでいるにちがいない、とささやかれてきた。

昭和二十五年の北海道炭破汽船のトップ内紛の調停、二十八年の「三井不動産事件」「鐘紡内紛事件」、三十年の山崎種二対吉川清の壮絶な仕手戦、いわゆる「赤いダイヤ事件」「白木屋乗っ取り事件」、三十一年の「新立川航空機株買い占め事件」、三十二年の「千葉銀行不正融資事件」、三十八年の「八王子長房土地事件」、四十三年の「日本通運不正事件」「第二次F－X選定事件」、四十四年の古田《ふるた》重二良《じゅうじろう》会頭と反古田派の対立による「日本大学怪文書事件」、四十五年の「六華産業事件」、社長、副社長の対立による「神戸製鋼内紛事件」、四十八年の「新日鉄内紛事件」……と、数えあげればきりがない。が、いったいいくらカネを得ていたのかは謎であった。ロッキード事件でその一端が明るみに出たのだ。

東海興業からは、毎年継続的に盆暮れに各一千万円ずつ現金で受け取っている。中元または歳暮の名目で、支払いを受けていた。

東海興業は、東京都千代田区丸の内三丁目に本店を置き、建築土木工事の請負を業とする東証一部上場の会社である。その代表取締役社長中西小一は、従来から政界筋と幅広く親交をもっていた。児玉とは、昭和三十三年、河野一郎を介して知り合った。その頃、国やソ連に人脈をもつ高碕達之助が、北洋漁業交渉でソ連・中国寄りの外交を推進したとして、右翼団体が反発し、非難攻撃した。その際、児玉がその矛先をそらすのに力を尽くして高碕を援助した。中西は、児玉の働きに感服して、児玉との交際を深めるようになったという。

昭和三十七年からは、児玉を会社の顧問とし、毎月十万円の顧問料を払っていた。児玉は、この顧問料のみを申告していた。

昭和四十七年は、中西小一を受け継いで二代目社長に就任していた中西宏が、直接児玉邸を訪ねて、児玉に二千万円手渡している。

児玉は、昭和四十八年にも、東海興業から前年分とおなじ二千万円を受け取っている。

さらに、東海興業が、当時児玉が社主をしていた東京スポーツ新聞社から千歳国際ゴルフコースの造成工事を請け負った謝礼として、十二月四日に三千万円、十二月十三日に三千万円の支払いを現金で受けたという。

児玉は東海興業から昭和四十九年にも、二千万円、昭和五十年にも、二千万円受け取っている。

児玉と東海興業のつながりは、その後もつづいていたようである。

筆者は、『週刊文春』の記者時代、『週刊文春』昭和五十五年十二月十一日号の「人妻になった元〝秘書〟との『関係復活』を夫に訴えられた一流建設会社社長」というタイトルの無署名記事を書いた。

じつは、この社長というのは、東海興業の中西宏のことである。

その記事のリードにも書いたが、「敢《あ》えて社名、社長名を伏せたのは株主総会を前に反社長派勢力、総会屋などにこの記事が利用されるのを避けたいがためである――」

記事では、告訴されている元秘書を「寝取った『あの男』とは、冷蔵倉庫建設のパイオニアとして知られる、東証一部上場の総合建設大手B株式会社（資本金約三十三億円、従業員二千二十三人）の中田博社長（仮名＝53）。Bという会社、かつてロッキードのとき、児玉誉士夫に献金していたことで、その名がクローズアップされたこともある〝有名企業〟」と、あくまで仮名としている。社長の顔写真も、あえて眼の部分は黒テープを貼って隠した。

ところが、この記事の出た半年後に書かれた『月刊現代』昭和五十六年八月号の恩田貢《おんだみつぐ》の「最後の黒幕・児玉誉士夫」によって知ったのだが、このあと、このスキャンダル潰しのため、児玉の関係者が暗躍したという。

『週刊文春』に、筆者の書いた記事が出てまもなく「東海興業を糾す会」発信による数十ページに及ぶ内部告発書が、一部マスコミ編集長あてに送付された。

中西の横領などの疑惑、女性関係スキャンダル、公私混同などが書かれていた。それも、東海興業の重役でなければ知りえないような詳細な数字までが記述されていたという。

ある大手出版社が、この内部告発書をもとに取材を開始した。ところが、まもなく、強い圧力がかかってきた。児玉の関係者からだという。結局、この取材は中止となった。東海興業と児玉の関係は、このように尋常ではなかった。

ジャパンラインにからんで明るみに出た「児玉機関のダイヤモンド」

児玉が、ジャパンラインからも収入を得ていたことも明るみに出た。

ジャパンラインは、海運不況の建て直しをはかるため、海運業を中核六グループに集約する、政府の海運業の集約政策に呼応して、昭和三十九年四月一日、日東商船と大同海運とが合併して創立された会社である。

ジャパンラインは、昭和四十六年秋頃から、集約政策に与《くみ》しない海運業界の一匹狼といわれる衆議院議員河本敏夫《こうもととしお》を社主とする三光汽船に株式の買い占めを受けた。会社乗っ取りではないか、とその対策に動いた。

買い占め株を放出させるため、その年の暮れ頃からジャパンラインの土屋研一社長が財界有力者を仲介に立て、三光汽船側と交渉を重ねた。

ジャパンラインは昭和四十七年六月からペーパーカンパニーである子会社亜細亜商船に資金を貸し付け、亜細亜商船名義で防戦買いに出た。が、及ばず、その年の夏頃には、発行済株式の約四〇パーセントを三光汽船側の手中におさめられてしまった。交渉も不調に終わっていた。

最終的に三光汽船側の保有株は、昭和四十八年三月当時、ジャパンラインの発行済株式の約四二パーセントの約一億五千万株にも達していた。

いっぽう、専務取締役で昭和四十八年七月十一日より代表取締役社長となる松永壽《まつながひさし》らジャパンラインの幹部は、昭和四十七年十月、経済評論家曽根啓介を通じて、水谷文一にこの問題の解決の協力を求めた。

協議した結果、この種の紛争解決に定評のある児玉に協力を求めるほかないと決まった。

水谷文一は、じつは、上海の児玉機関の一員で、軍との交渉にあたっていた。昭和二十七年から三十二年にかけて、東洋精糖に勤務していた。その当時の横井英樹による株式の買い占めと乗っ取り事件の経験から、東洋精糖側について横井から守った児玉の力を知っていた。

水谷は、さっそく児玉の秘書の太刀川恒夫と連絡をとった。十月末、土屋、土岐廣副社長、松永、曽根とともに児玉を訪ねた。児玉に、事件の経過を説明し、依頼した。

「調停に乗り出してほしい」

が、児玉は、即答を避けた。

その年十一月八日、児玉に着手金一億円を支払って再度依頼することになった。水谷がジャパンラインの用意した現金一億円を児玉邸に持っていき、児玉に手渡した。遅れて到着した土屋ら四人とともに、児玉に重ねて調停に乗り出してもらうよう頼んだ。

児玉は、ようやく引き受けた。

児玉は、土屋から、調停乗り出しについて、その年十二月二十日付の委任状を受け取った。その際、ロッキード社からカネを受け取るときとおなじく、その収入金を秘匿することにした。ジャパンライン側から、わざわざ「特に貴意に因《よ》り一銭たりとも謝礼もしくは報酬の類を差上げざることを前提として引受けていただいたものである」との覚書を受け取っている。

児玉は、調停工作を引き受けたのち、みずから直接三光汽船側との交渉に入った。

デパートそごうの水島廣雄《みずしまひろお》社長にも、仲介を依頼して交渉にあたらせた。

その結果、昭和四十八年四月二十一日、三光汽船側は、その保有するジャパンライン株式のうち一億四千万株を、一株あたり三百八十円で放出することにした。その放出先については、ジャパンラインが協力して、その年五月三十一日までに売買を完了させることとした。以後、両社は友好関係を確立して、業務について提携するとの協定に達した。

五月三十一日、ジャパンラインは、その協力会社に一億四千万株のはめ込みを完了した。

三光汽船問題は、ようやく二年越しの解決をみたわけである。

児玉は、その解決に動いた謝礼として、ジャパンラインから、昭和四十八年六月に四百万円相当の純金の茶釜、その年十二月二十八日に、現金一億円を受け取った。さらにその日、別に百万円を受け取っている。その年十二月中旬には、さらに一千六百万円相当の東山魁夷《ひがしやまかいい》の絵『緑汀』を受け取っている。計一億二千万円にものぼる。

ジャパンラインは、さらにその年十月二日、築地の料亭「金田中」に関係者を招待して謝恩会を開催している。児玉には、感謝状と、一千万円の小切手を贈った。が、児玉は、ことさら謝礼金を受け取らないとの建て前を通すためか、小切手については、「しかるべき団体へ寄付要請してほしい」と、その場で返したという。

なお、それらの児玉への現金や絵の代金は、松永、土岐らが協議して、エスセレンテ保有のジャパンライン株を水谷にひそかに運用させて差益をあげ、その資金から簿外で支払ったという。

ただし、児玉は、三光汽船問題を調停するにあたり、野村證券の瀬川美能留《せがわみのる》会長に、証券業者としての意見を求めている。そごうの水島会長に対しては、三光汽船がジャパンライン株式を放出させる際の買取価格の決定などを依頼している。その謝礼として、二人に、なんと戦時中に児玉機関が取得していたというダイヤモンドの指輪を贈呈している。児玉は、かつて「児玉機関のダイヤモンドは日銀の地下室にある」と大森実との対談で語っていたが、それらは確かに存在していたのである。

水島には、二〇カラットのブルーダイヤモンドの指輪を贈っている。児玉が戦前に手に入れたときの価格は、三十万円くらい。水島に贈ったときの時価は、香取宝飾店香取栄一の鑑定によると、一億円はするという。なお、日本には、二〇カラットを超える大粒のブルーダイヤは、二つか三つしかないという。瀬川には、五カラットのホワイトダイヤを贈っている。戦前は一万七千五百円。贈ったときの時価は、一千百万円はするという。

児玉は、このように野村證券の瀬川会長と親しかったこともあり、逆に野村證券から、毎年継続的に中元として二百万円、歳暮として三百万円の贈与を受けている。

「台糖株買い占め事件」と児玉・横井の確執

製糖メーカーの台糖は、昭和三十九年から、横井英樹に株式買い占めを受けていた。昭和四十八年までに、横井の株式数は一千四百万株で、発行済株式数の三四パーセントに達し、個人筆頭株主となっていた。その発言力たるや、絶大であった。

横井は、この株を背景に、台糖の経営や人事に介入し、次々に要求を出した。

「キューバ糖の輸送は、おれの会社である東洋郵船にやらせろ」

「おれがもっている八戸の山を、ゴルフ用地に買え」

「茅ヶ崎のパシフィックホテルを買収し、経営を任せろ」

その要求に反対した専務の海江田八郎は、昭和四十八年五月の総会で常任監査役に追いやられた。台糖側は、つねにその対策に苦慮していた。

台糖側は、昭和四十九年三月一日、横井の所有株中五百万株が、大阪証券信用から担保流れとなってこれを株の買い占め事件にしばしば登場する河合大介が買い取ったことを知った。この五百万株を入手できれば、横井の影響力は大幅に低下し、台糖への介入もできなくなる。河合の買い取り株を、台糖が譲り受けることとなった。台糖は、これを、関連会社の東食に二百万株、三和企業に三百万株、と分けてはめ込んだ。

これに対して、横井は、当初台糖の武智勝社長、佐藤岩己専務、江戸又次常務らに対し、要求していた。「五百万株は、詐欺横領被害にあったものだ。名義書き換えの請求が出ても、これに応じないように」が、台糖の東食らへのはめ込み完了後は、横井は、「五百万株を関連会社にはめ込むのは、自社株の取得ではないか」と警視庁に告訴した。また、「五百万株は、あくまで贓品故買《ぞうひんこばい》にすぎない」と脅しめいた主張をした。

台糖は、役員に危害が及ぶことを恐れて、警備保障会社にボディーガードを依頼した。

ついには、武智の発案で児玉に支援を依頼することとなった。

その月下旬、武智、江戸が児玉事務所に児玉を訪ね、この問題の解決を依頼した。

児玉は、じつは、武智の訪問を受ける数日前に、横井の訪問を受けていた。横井は、児玉に依頼した。

「台糖から自分の保有株五百万株を強奪されたので、取り返してもらいたい」

が、児玉は、横井に即答を避けた。秘書の太刀川恒夫に調査させたところ、横井の言い分は通らないことがわかった。横井の依頼をはねつけていた。

児玉は、武智の依頼を快諾した。

その年四月、児玉は、秘書の太刀川を通じて、台糖側に申し入れた。

「熱海観光道路株十六万五千株を、一株三千円以上で買い取ってもらいたい」

熱海観光道路は、児玉と親しい北海道炭礦汽船の萩原吉太郎社長が経営していた欠損つづきの会社であった。萩原に頼まれ、児玉は、保有していてもなんら価値のない株十六万五千株の買い取りを、ほとんど一株五百円で引き受けていた。

太刀川と江戸のあいだで話し合った結果、児玉が、台糖を支援することに対する謝礼の意味をふくめて、台糖は、一株三千二百六十円で買い取ることに決めた。児玉が萩原から買い取った約六倍の価格である。

その年五月十五日、その取引がおこなわれた。台糖振り出しの小切手五億三千七百九十万円が、児玉に支払われた。児玉は、五億三千七百九十万円から時価の八千二百五十万円を引いた四億五千五百四十万円を受け取った。

児玉は、保有していてもなんら価値のない熱海観光道路株を台糖に譲渡し、その代金名義で巨額な謝礼を得たわけである。台糖には、業種のまったく違う熱海観光道路と業務提携するメリットはない。台糖は、児玉に巨額なカネを払ったため、のちのち、経営に苦しむことになる。

なお、その年五月二十八日開催された株主総会は、横井一派が騒いで、武智が負傷するという事件が起こった。そのため流会となった。

その報告を受けた児玉は、武智に言った。

「児玉が台糖側についていることを、公表してもよい。次の総会には、特殊警備員を使って警備する」

その結果、その年六月二十二日開催された総会は、無事終了している。

昭和石油は、石油ワックスの総合メーカー日本精蠟《にほんせいろう》の株式を五五パーセント所有し、子会社として支配していた。が、昭和石油社長永山時雄《ながやまときお》と日本精蠟社長矢飼督之《やがいよしゆき》は、かねてから対立していた。じつは、矢飼は、かつて昭和石油の専務であった。矢飼は、昭和石油の持ち株を他へ売却させて、昭和石油の支配からの脱出を策した。平和生命の武元忠義社長を介して、児玉に永山との交渉を依頼した。

児玉は、これを引き受けた。秘書の太刀川恒夫をその交渉にあたらせることにした。児玉は、その報酬として、昭和四十八年十一月十六日、矢飼から太刀川を介して、現金二千万円を受け取った。

昭和四十九年八月、太刀川は、昭和石油の所有する日本精蠟株を、ジャパンラインに売却させた。

上海で児玉機関の一員であった水谷文一は、前述したように一時期東洋精糖に勤務していた。その当時の横井英樹による「東洋精糖乗っ取り事件」、その後の「台糖株買い占め事件」の経験などから、かねがね固い信念を抱いていた。

「横井を、経済界から追放しなければならない」

昭和四十九年春、横井は、大阪証券取引所に二部上場している京都の山科精工所の発行済株式総数の二〇パーセント余を買い占めて、山科精工所の代表取締役に就任。独裁的に会社を経営していた。

水谷は、当面の目標を、山科精工所の株式を買い占めて乗り込み、横井の代表権を奪うことに置いた。

水谷は、その年三月下旬、児玉を訪ねた。支援を依頼し、その謝礼として、児玉に現金五千万円を贈った。

水谷は、その後、三光汽船の買い占めを防ぐためにひと肌脱いだジャパンラインに、資金援助を仰いだ。その年四月頃から五十年十二月頃までのあいだに、山科精工所の株四百十万株を買い集めた。さらに、山科精工所の他の役員と会合するなどして運動を開始した。が、ロッキード事件で児玉が逮捕され、みずからも別件で逮捕されたため、目的を遂げることはなかった。

児玉は、殖産住宅相互の代表取締役であった東郷民安《とうごうたみやす》から、東証二部上場後の初の総会対策を依頼された。その謝礼として、東郷から総会の当日である昭和四十八年五月二十八日に会社の株式二万株を受け取った。その日の東証終値は、一株一千七十円であった。

児玉は、当時、社内の反対派から社長退陣の勧告書を突きつけられていた東郷を、児玉の右腕である岡村吾一に引き合わせた。株主総会に出席させ、総会を無事終了させた。ただし、東郷は、この総会で取締役会長になる。

東郷は、その後、昭和四十八年六月十三日に所得税法違反で逮捕・勾留された。そのため会長を辞任し、取締役となった。が、取締役会は、さらに、東郷に、取締役の辞任を求めていた。

昭和五十年五月の株主総会では、会社側は東郷を取締役に再任しないとの方針を打ち出し、児玉に協力を求めた。

児玉は、今度は会社の方針にのっとり、秘書の太刀川を東郷と交渉させた。児玉は、その謝礼として、殖産住宅から昭和五十年三月二十八日に、一個四百五十万円のパテック懐中時計「海からあがる馬」と、その年十月二十七日、現金五百万円を受け取っている。

児玉は、東郷を守って東郷からカネを受け取り、次に反東郷の会社側につき、また会社側からカネを受け取っている。

第7章　覇権・終焉のとき

田中角栄の保釈と裏腹に偽証で逮捕された小佐野賢治

昭和五十一年（一九七六年）八月十六日、受託収賄・外為法違反で起訴された田中角栄は、翌十七日、二億円の保釈金を払い保釈された。

保釈の日、保岡興治《やすおかおきはる》は、東京拘置所に出迎えに行った。橋本龍太郎ら三、四人の若手議員の姿もあった。東京拘置所の門の前には、多数のマスコミが詰めかけていた。空には、ヘリコプターも飛んでいた。

田中は、東京拘置所から目白の私邸にもどった。車を降りた田中は、ようやくほっとしたような表情を見せた。

田中邸には、田中派の幹部らが待機していた。田中は言った。

「いやあ、拘置所の中は暑かったな」

「取り調べは、どうでしたか」

「ほとんど何も訊かれなかったよ。それに質問されても、身に覚えがないから答えられんよ」

のちに、保岡は検事調書に眼を通すが、調書らしい調書はなかった。

田中は、小沢辰男にも言っていた。

「おれは、法律論ばかりやって、事件のことについて一回もしゃべってない」

弁護士たちは、田中に何度も忠告していた。

「授受を認めて、職務権限で争ったほうが、勝てますよ」

が、田中は、頑強に首を縦には振らなかった。

「日本の総理大臣が、飛行機を買ってやるから便宜をはかれ、というようなことがあってはいけないんだ。それは、おれだけのことじゃない。日本国の総理大臣の尊厳を保つためにも、戦わなければならないんだ」

田中は、佐藤昭にも言っていた。

「おれは、絶対にこの汚名をそそいでやる。百年戦争になってもかまわない」

八月二十日、元運輸政務次官の佐藤孝行《さとうこうこう》が、二百万円の受託収賄容疑で逮捕された。

昭和五十一年十一月二日、衆議院ロッキード事件問題特別委秘密会で「灰色高官」として田中派の元官房長官二階堂進、元運輸大臣佐々木秀世《ささきひでよ》、自民党航空対策特別委員長福永一臣《ふくながかずおみ》、元運輸政務次官加藤六月《かとうむつき》の氏名が明らかにされた。が、起訴はされなかった。

十二月五日、任期満了にともなう第三十四回総選挙がおこなわれた。いわゆる「ロッキード選挙」である。

田中派の議員たちは、世論の集中砲火を浴び、苦戦を強いられた。

選挙の結果、正論を訴えた梶山静六は、落選の憂き目にあう。

この「ロッキード選挙」で、田中派は、梶山のほか、植木庚子郎《うえきこうしろう》、山本幸雄《やまもとさちお》、田村良平《たむらりょうへい》と四人も落選した。

それにより、四十七年の第三十三回総選挙のときの衆議院四十八人に対して、江崎真澄《えさきますみ》、田村元《たむらはじめ》、前田《まえだ》正男《まさお》の加入があったものの、愛知揆一、仮谷忠男の死もあり、差し引き、四十五人に減ってしまった。

自民党全体の票数結果は、惨憺《さんたん》たるものであった。改選前の議席二百七十一から二十二議席も減らす二百四十九議席で、過半数割れとなってしまった。

が、田中自身は、十六万八千五百二十二票をとって、いつものとおりトップ当選を果たした。

三木は、昭和五十一年十二月七日、ついに正式に退陣を決意した。

田中角栄逮捕という事態になり、小佐野の証言は偽証ではないかということが浮き彫りにされてきた。

衆参両院のロッキード問題特別委員会は、それによって小佐野の再喚問を決定した。が、小佐野は「高血圧兼冠不全」でそれに応じなかった。

小佐野は、昭和五十一年九月三十日深夜には、誰にも気づかれず、順天堂大学病院に入院した。十月十五日に退院すると、東京地検特捜部の事情聴取を自邸で受けた。

国会では、小佐野を議院証言法違反で告発するという動きが出ていた。十月二十八日にアメリカから届いたコーチャン尋問調書では、次のようなコーチャンの証言がはっきりと書かれてあった。

「五億円のドル建て小切手は、小佐野に渡してくれと言って児玉にあずけた」

小佐野は、箱根で決めた方針にのっとり、検事にこう述べた。

「あのとき国会のほうでは、記憶がございません、と証言しましたが、今度は二〇万ドルを受けとったのを、思いだしました」

しかし、もはや手遅れであった。国会は、十一月四日午後、小佐野を議院証言法違反の容疑で最高検察庁に告発した。

十二月八日、上野毛の小佐野邸は、東京地検の家宅捜索を受けた。国際興業本社も、受けた。さらには、三人の側近の自宅までも家宅捜査を受けてしまった。

小佐野は、でんぐり返った邸内の惨状を見て、胸をかかえて倒れこんだ。狭心症の発作であった。がっしりとした体軀《たいく》は、もはや見るかげもなく痩《や》せこけていた。ベッドに横たわり、魔の刻がやってくるのを待った。

昭和五十二年一月二十一日、小佐野は議院証言法違反で、ついに起訴された。

重大な三つの事実について、議会で虚偽の証言をしたというものであった。

一つは、児玉誉士夫同席で、ロッキード社社長のコーチャンから、同社の旅客機の全日空への売り込みを頼まれ、全日空副社長の渡辺尚次に購入を依頼したこと。

次に、コーチャンの指示を受けたクラッターから、児玉へのロッキード社の支払金の一部である二〇万ドルを受けとったということ。

そして、ロッキード社の旅客機の売り込みに関連して、コーチャンを東亜国内航空社長の田中勇に紹介したということ……であった。

田中勇は、この件で、検察庁に追いかけ回された。何度も、事情聴取された。小佐野は、コーチャンとクラッターといっしょに会っている、とされていた。田中勇も加え、四人で会談した、ととられていた。

小佐野は、その事実を国会の証人喚問で質問されて、「そんなことありません」と答えた。にもかかわらず、検事は、なお田中勇のところへ調べにやってきたのである。

検察庁の調べ方というのは、じつに執拗《しつよう》だった。田中勇は、合計五回も検察庁に出頭を命じられた。

田中勇は、コーチャンやクラッターと会ったといっても、わずか一回きりであった。そのとき、クラッターとコーチャンはいっしょにやってきたが、その席に小佐野はいなかった。小佐野は、二人に会うよう前もって電話をしてきただけである。二人と会ったのは、田中勇一人であった。

クラッターとコーチャンの会談を、どうして記憶しているかというと、コーチャンという名前がおもしろかったからだという。

茶目っ気のある田中勇は、コーチャンに言った。

「日本にも、タローチャンとかジローチャンとかあるけど、コーチャンなんて、あんたは、おもしろい名前だねえ」

コーチャンが、聞いた。

「あんたは、エンジニアだそうですね」

技術屋あがりだが飄々《ひょうひょう》とした味をもつ田中勇は、にやりとして言った。

「おれは、エンジニアじゃない。ヘンジニアだよ」

そのニュアンスを通訳がうまく伝えることができなくて、困った表情になっていた。

当時、東亜国内航空は、金銭的にとても苦しい状況であった。赤字つづきである。

社内が苦しい、というのに、とても飛行機を買う余裕はなかった。それいらい、田中勇はこの二人には会っていない。

小佐野が、ロッキード裁判で法廷に出たとき、東亜国内航空社長の田中勇は、マスコミから聞かれた。

「小佐野を、いつ辞めさせるんだ？」

小佐野は、東亜国内航空株を取得し、昭和四十八年三月三十一日には取締役に就任していた。が、ロッキード事件に火が点《つ》き、東亜国内航空社長の田中勇とも顔を合わせなくなっていた。

田中勇は、記者の質問に、呆気《あっけ》にとられた。

辞めさせる、といったって、その理由がまったくない。あるのは、ロッキード事件で騒がれているということだけである。自分の知ったことではない。田中勇は、憤然と言った。

「おれが、小佐野さんに、辞めなさい、といって辞めさせたら、いったいどうなるんだ。おれが、ロッキード事件の検事になって、悪いことをしたから辞めさせた、ということになるじゃないか。裁判で有罪になったわけでもないのに、そんなことは言えない」

〝公判後〟への小佐野の帝国ホテル株集めを発端にした内紛劇

筆者が『週刊文春』の記者時代に書いた昭和五十三年八月十七日号の「女優・松尾《まつお》嘉代《かよ》まで登場した小佐野賢治の帝国ホテル乗っ取り劇」は、まるでテレビドラマのような展開であった。

この記事は、次の出だしで始まる。

《ロッキード事件で、すっかり鳴りを潜めたかに見えた小佐野賢治が、どっこい、今や着々と公判後にそなえて手を打っているという。

「次の公判は9月からで、いまは夏休み。上野毛の自宅にいますが、一歩も外へは出ません。われわれが訪ねると、うんざりした顔で、『政治家とつき合うのは、もうこりごりだよ。（事件にからんで）5000万円ぐらいでうんぬんされて、かなわん。こんなことだったら、本業のホテル経営に精力を注いだ方が、よほどましだよ』ともらしていました。おそらく、公判後はホテル経営、とくに帝国ホテルの実権を握るために全精力を注ぐでしょう。昔から、空の日本航空と並んで、世界中に名を知られた〝インペリアル・ホテル〟を掌中に収めることに、異常なほどの執念を燃やしていましたからねえ、あの人は」（小佐野の側近）

あえて帝国ホテルに執着を持つのは、

「あきらかに成り上り者のコンプレックスの裏返しなんですよ。女房も、わざわざ千葉の堀田の殿様の娘を娶《めと》っているでしょう。同じ原理なンですよ」

（某経済評論家）

そしてそのために、小佐野は新たに、250万株もの大量株をごっそりと手に入れ、なんと帝国ホテルの全株約3000万株中の550万株、18％を押さえて筆頭株主に躍り出、いよいよ帝国ホテルの実権を握ろうとしているというのだ》

かつて小佐野はこううそぶいていたことがある。

《「600万株、これだけあれば経営権は移るよ。日本は法治国家だからね。株式会社の鉄則は、株式を持ったものが取るんだからな」》（『財界』昭和45年5月15日号）

その論法からすれば、小佐野は帝国ホテルの経営権を握るのにあと五十万株にまで迫っていることになる（ただし、この数には隠し株は含まれていない。金井《かない》系の某氏によると「小佐野は相当数の隠し株を押さえている」という）。

ところで小佐野が新たに手に入れた二百五十万株とは、戦後三十年、筆頭株主として、陰に陽に帝国ホテルを支配し続けてきた、金井寛人《ひろと》前会長が所有していた株だったのだ。

金井前会長が亡くなったのは、昭和五十二年十一月三十日夜。脳出血による急死で、八十歳だった。じつは、この乗っ取り劇に経済評論家の三鬼陽之助が深くからむのである。その彼がわたしに語った。

「入院してたんですけど、仕事があるのにおちおち寝ておれるか！　と退院を急いだのが悪かった。蹴つまずいて、腰を強く打ったかで、死を早めたんです」

葬儀の喪主は、死の四ヵ月前に正妻に直った、てる夫人がつとめたが、それより参列者の目をひいたのは、女優・松尾嘉代（当時三十四歳）の存在だったという。

金井前会長の古い友人が興味深い証言をしてくれた。

「京都での葬儀のとき、喪服を着て威張って、いろんな人を指揮しているいい女がいた。金井さんは稀代の艶福家で五号までいたと聞いていたので、ハハア、そのうちの一人かナと思ったが、それにしては若すぎる。いったい何者だろう、とそばの者に訊くと、女優の松尾嘉代だヨというんです。へーえ、それにしてもどうしてこんなところで、あんなことしてるんだろうと、不思議でしたねえ」

松尾嘉代は、高校時代、日活映画『にあんちゃん』でデビュー。以後、『肉体の門』で明るい強気な娼婦役、『刺青一代《いれずみいちだい》』で粋《いき》な酌婦《しゃくふ》役、『積木の箱』では近所には娘と称して実は本妻といっしょに同居している二号役……というような、どこか人生を投げ、心の底は醒《さ》めていて、それでいてつとめて明るくふるまい、情の細やかさのわかる女を演じるとじつにうまい、ユニークな女優である。その後は一九七〇年代末から九〇年代前半までTBS等のサスペンスドラマで活躍している。

その松尾嘉代がいったい、なぜ、金井前会長の葬儀に、という疑問は追い追い解いていくとして……。

葬儀の直後から、「金井さんの株がこともあろうに、小佐野に流れたらしい」との噂が飛び交いはじめた。犬丸一郎《いぬまるいちろう》副社長も、しきりに「弱った弱った。困ったことになりました」とこぼし、頭を抱えていたという。

じつは、帝国ホテルはこれまでに何度も乗っ取りの危機にさらされてきた。

もともと帝国ホテルは旧大倉財閥の事業で、大倉二代目の大倉喜七郎《おおくらきしちろう》が経営していたが、戦後の公職追放で支配人だった犬丸徹三《てつぞう》が社長に就任。

そのとき犬丸徹三と〝犬猿の仲〟だった大倉喜七郎が、犬丸に渡るよりはと放出した株を買い取って、帝国ホテルの会長として乗り込んできたのが、戦前に北支で〝煙草王〟とうたわれた金井前会長だった。

金井は昭和二十八年に、帝国ホテル会長として迎えられたが、犬丸は金井をツンボ桟敷においてワンマン経営。その結果、犬丸と金井の熾烈《しれつ》な抗争劇が繰り広げられることになった。金井は東急の五島慶太と組み、帝国ホテル株の買い増しをはかった。しかし、大株主の一人で、当時朝日麦酒の山本為三郎社長が仲裁に入り、いちおうは争いを鎮めた。それに続き〝白木屋乗取り〟で名を馳せた横井英樹が、ねらってきた。昭和三十六年暮から、翌三十七年春までの間に、横井は約百五十万株を買い占めた。が、結局、横井の買い占めた百五十万株は犬丸が引き取ることになり、一件落着。

松尾嘉代

そして次に乗っ取りを策してきたのが、国際興業の小佐野だった。小佐野は、バス、ハイヤー、タクシーだけでなく、国内では富士屋ホテル、箱根ホテル、海外でもハワイのプリンセス・スイカラニなど四つのホテルを経営、隠れた〝ホテル王〟の異名を持っていた。

小佐野は帝国ホテルの株を買い漁り、昭和五十二年九月末までには、国際興業、個人名義合わせて約百八十万株（約六パーセント）を有する四番目の大株主にまでのし上がっている。昭和四十九年以後は、非常勤取締役にも就任。

これに対し、金井は、第一勧業銀行（八・一パーセント）、日本冷蔵（八・二パーセント）など大株主会社と力を合わせ、懸命に防戦につとめてきた。

ところが、死の直前に、その金井の二百五十万株が、こともあろうにごっそりと小佐野の手に移っていたというのだから、帝国ホテルの大株主筋は、あわてふためいた。

しかも、帝国ホテル某役員がささやくように打ち明けた。

「金井さんは、第一勧銀から送り込まれた原正雄社長、日本冷蔵から送り込まれた木村鉱二郎監査役にも、ひと言の相談もしていない。二人とも裏切られたと烈火のごとく怒っている」

危機を感じた経営陣は、金井前会長の死後わずか二週間にして、木村監査役を急遽、会長に。いち早く〝反小佐野・マジノライン〟をつくりあげた。

それにしても、金井の株がどうして小佐野に、またどのような経緯で流れたのか。

松尾嘉代は金井帝国ホテル前会長と小佐野の橋渡し役⁉

じつはその鍵が、女優の松尾嘉代にある、との声がある。

帝国ホテルに詳しい総会屋が教えてくれた。

「信じられないかもしれないが、金井さんと松尾嘉代とは〝奇妙な愛人関係〟にあった。しかしあくまで松尾は韓国人実業家・安王錫さんの妻（今年に入って離婚）だからね、その彼女と深くつきあうことは、決して明るみに出せることじゃない。そこで、児玉誉士夫系の右翼のAが、スキャンダルとして、金井さんを脅した。そして最終的に、金井さんがそれまで絶対に手放さなかった株を、慰謝料的な意味で松尾に渡すようにさせた。四億円近いものだったらしい。その株が小佐野に流れた。

松尾はそれで二億円くらいは儲けたはずだ。あるいは、Aや小佐野がはじめから青写真を書き、松尾を送り込んだのかもしれん」

たしかに松尾は、金井前会長が存命中は安王錫と結婚していて（ただし同棲生活八年、結婚生活二年、別居生活一年という奇妙な結婚生活）、金井の死とほとんど同時にはっきり別れている。

この証言、いかにもうがった見方のようだが、五味武《ごみたけし》の『国会タイムズ』（昭和53年7月26日号）は、

《「（遺産の配分に関し）問題は金井氏と愛人関係にあった女優K・Mの存在であった。京都ホテルの元役員某氏によれば、金井氏は亡くなる前に、そのMに〝4億円〟の手切れ金を払ったという。巨額の資産（ざっと125億円といわれる）を持つ金井氏であってみれば、愛人に4億円の手切れ金を払うくらいは何でもなかったかも知れない」》

と、四億円の手切れ金を払ったことを裏づけるような証言を載せている。

それにしても、はたして八十歳の老経営者と三十四歳の女優との間に、いわゆる〝愛人関係〟が成立しうるのであろうか？

しかも金井前会長は「五年前から、好きなゴルフもしていなかった」（金井系の側近筋）ほど、体力が衰えていたというのに。

金井系の某氏が語る。

「会長は、嘉代さんがテレビに出演すると、必ずジッと見ていましたネ。たまには洋服なんかも買ってやっていたようですが、世間でいう〝愛人関係〟なんていうもんじゃなかった。むしろ嘉代さんの大ファンでしたね」

帝国ホテルの某役員も苦笑いしながら、語った。

「会長は、よく帝国ホテルのロビーでもどこでも、構わず彼女を連れて歩いていました。松尾嘉代をそばに置いたのは四年そこそこだが、どの重役連も〝帝国ホテル〟の名を恥かしめるようなことにならなければ……と内心冷や冷やしていたことはたしかです。それ以上のことは、会長のプライバシーですから、知りません」

二人のあまりの仲睦まじさから、帝国ホテルの会長室の隣りには、松尾嘉代の部屋があったとの噂もある。

いったい、金井前会長は、松尾嘉代のどこに心魅《こころひ》かれたのだろうか。

三鬼陽之助が語る。

「じつは、松尾さんは、亡くなった何号さんかに瓜二つだったんです。その息子さんに会ったとき、言ってました。『親父が松尾さんを私の前に連れてきて、おい、この顔だよ、これが早く亡くなったお前のお母さんの顔だヨ、と、親父はじつにうれしそうだった』とシミジミ語っていましたね」

いっぽう松尾嘉代も、離婚直後のインタビューで、

「わたしが恋をしているときは、自分でもわかるほど生き生きとしています。わたしから恋愛がなくなれば、枯れた植物も同然です。わたしはそのことでさえも、わたしがそれだけ自分に正直に生きている証しだと思っています。彼と別居中にも恋はありました。精神的にですが……」

と暗に金井前会長を指すような言葉をもらしている。

老いてなお、かつて愛した女の幻を求める老経営者と、マリアのような気持で老人を慈しむ女優——とくれば、何もやっかむ必要はないけれど、これが公私混同されはじめたから、話は別の様相を帯びてきた。

じつは、金井前会長、昭和五十年から、松尾嘉代を、自分が社長をしていた日本で最も古い老舗《しにせ》ホテル

である京都ホテルの常務の座に据えたのである。しかも、十二万五千株を持つ四番目の大株主に。年に配当だけで一千万円弱。

これには帝国ホテルの役員もさすがにヘキエキしたらしい。

「本当に驚きました。名門のホテルの品位を汚す行為ではないか、と悲しくなりました。それなのに彼女は、テレビに出て、『わたし、京都でホテル経営もやってます』としゃあしゃあと言っている。いいかげんにしてくれ、と言いたくなりました」

京都ホテルの元役員も、シニカルな笑いを浮かべ、語った。

「金井さんは経営者としては優れた方ですが、女のほうはどうもねえ……秘書に手をつけて、部長にしたり、二号さんだった方のお嬢さんを筆頭株主にして、いまは会長に据えたりしています。今度も松尾嘉代に四億円の手切れ金を渡したとの噂だ。長くつとめた私の退職金が五百万円だというのに……」

ただし、昨年暮、金井前会長が亡くなったあと、松尾は、すぐに解任されているとはいうものの、こういう金井、松尾、二人の関係から判断すると、松尾が小佐野、金井の橋渡し役になったという話もニワカに信憑《しんぴょう》性を帯びてくる。

しかし、松尾を直撃すると、目くじら立てて反論した。

「会長とわたしが愛人関係ですって？　非常に俗っぽい、下らない噂を流す人もいるものね。会長との関係は、そんな噂によって汚されるような、下らぬものではありません！　男とか女ということに関係なく、人生と仕事の師であり、上司でした。あのようなすばらしい人間関係はまたとないかもしれません。肉体は衰えてらしても、精神力は若々しく、ある意味で純粋で、生一本《きいっぽん》な方でした。わたしも足もとにも及ばないながら、頑固でクソ真面目なところがあり、会長は認めてくださったようです。わたし、女優と仕事の両方をやりたいけど、会長は、体が弱いのに無理はするナ、いまは女優に専念しろと、優しく忠告してもくださいました」

ま、いちおう、信じておきましょう。だが、京都ホテルの件は？

「わたし、インテリアのセンスがいいんです。それでよく京都ホテルへ行くと、あれこれ批評していたんです。それを認めてくだすって、みなさんがぜひとおっしゃるので、常務に就任したんです。株は、わたしが汗水流して貯めた金で買ったものです」

インテリアのセンスがよくて重役になれれば世話はない。

最後に手切れ金について触れると、いっそうキッとなった。

「まったく事実無根です！　誰がそのような噂を流しているか、見当はついてます。大の男がそんな暇《ひま》があるなら、もっと汗水流して、すばらしいホテルをつくるために努力したらどうですか！」

しかし、松尾自身知らぬ間に、利用されていたことも十分ありうる。

いずれにせよ、金井、小佐野を仲介し、より大量の株を動かすよう働きかけたフィクサーがいるのはまちがいない。

誰か？　驚くことに『財界』の三鬼陽之助だと某経済評論家が言う。

「いま小佐野がロッキード公判で表立って動けないから、三鬼が手足となって株集めに動いてるんです。今回の二百五十万株の受取り人も、小佐野でなく三鬼になっているはずです。そのためかなりの金が三鬼のフトコロに転がり込んだともいわれてますよ」

そういえば三鬼氏、ロッキード事件の最初の頃、『夕刊フジ』紙上で、しきりに「小佐野氏はシロだ」との論陣を張っていた理由が、うなずける気がする。

三鬼陽之助を直撃した。

「たしかに、金井さんと小佐野さんを会わせたのは私です。昭和四十六年頃でした。私は二人とも、古くからのつきあいでしたからね。二人は会うなり、意気投合しました。どちらも一商、東大のエリートコースとはちがう、叩き上げの人物ですからね。それで亡くなったあとは、金井さんの全株を、小佐野さんに譲る密約を交わしたんです。そもそも金井さんは、先代の犬丸さんと争った大倉さんの株を譲り受けたわけですから、犬丸一派と終局的には和合できなかったんですね、それからつきあいは深くなり、ロッキード事件後も、金井さんは堂々と陣中見舞いに行ってましたからね。そして、『小佐野さんは真実の人だ』としみじみ言ってましたよ。小佐野氏も、帝国ホテルで点滴を受ける金井さんのところにきて、励ましていました。で、今回約束どおり遺族の株もすべて、私が取りまとめて小佐野さんに渡した。遺言もありましたからね」

しかし、やはり金井前会長をよく知る別の経済評論家は言う。

「金井は守銭奴ですからね。そんな小佐野に惚れたとかいう次元で、株を渡したりしませんよ。昔、東京光学の株を手放すときも、べらぼうに吹っかけていました。少なくとも小佐野には犬丸さんらより、金がある。ま、敵だと思えば味方、味方だと思えば敵、帝国ホテルも、三国志の世界ですよ」

金井が亡くなると、あわてて三鬼のところに犬丸一郎副社長が駈けつけてきた。

「金井さんの株がぜひほしい、なんとかなりませんか、というので、すでに小佐野さんのところに行くことに決まっていると、三鬼さんはきっぱり断りました。第一勧銀（現・みずほ銀行）首脳部もきましたが、やはり断りました」

金井と松尾嘉代の関係、彼女も三鬼とともに小佐野に株を橋渡しするのにひと役買ったのではないかと確認すると、

「松尾さんと金井さんの関係は愛人関係とみていいでしょう。しかし、株集めには、彼女はからんでいないと思いますがね」

『週刊文春』のこの記事のあと、わたしは独立して『梟商《きょうしょう》―小佐野賢治の昭和戦国史』を上梓《じょうし》するが、そのとき、金井寛人の長男の金井秀人が、寛人と松尾嘉代との関係について、打ち明けた。

「親父は、死の二年前から、川崎市溝口の虎の門病院の分室に、腎臓を患って入院していました。そこには松尾がよく顔を出し、献身的に看病していました。松尾自身病気の経験があるので、病人のつらさがよくわかったのでしょう。親父も、松尾の献身ぶりを見て、いっそう心が動いたのでしょう。松尾をぜひ入籍させ、遺産を譲ろうと本気で考えていたようです。しかし松尾には、別居しているとはいえ、まだ夫がいたわけですからね。結局、入籍の問題は、うまくいかなかった。六号目にあたるてる子という女が、松尾に入籍されては一大事と、親父が亡くなる三ヵ月前に強引に入籍してしまった」

金井秀人が、株の動きについても証言する。

「生前に一株六百三円で百五十万株。死後に二百五十万株と、結局、計四百万株を小佐野に渡してしまった。一度、わたしも親父に忠告したことがあるんです。小佐野に株が流れている、との噂がありましたのでね。

『いやしくも渋沢さんのつくられた伝統あるホテルだから、その株を小佐野にだけは、渡さないほうがいいですよ』

するとと親父がカンカンになって怒りましてね。金の靴ベラの棒でめった打ちされました。

『おまえに、なんの関係があるのか！　おれ一人で築いた財産を、おれがどうしようと勝手だ！』」

小佐野は、のち昭和六十年の六月二十八日、ついに念願の帝国ホテル会長に就任する。

対照的な児玉と小佐野の公判対応

児玉が世間に最後に姿をあらわしたのは、昭和五十二年六月二日、東京地裁七階七〇一号法廷でひらかれた初公判であった。児玉は、日本の首領にふさわしく、黒の背広、右手に杖をつき悠然と廷内に入り、礼儀正しく深々と一礼している。

児玉の起訴事実は、ロッキード社からコンサルタント料十億二千八百五十万円を受け取りながら、所要の許可を受けなかった（外為法違反）と、総額十九億一千九百五十万円を脱税した（所得税法違反）というものである。

児玉は、公判では、ロッキード社から受け取った金の一部六億円は認めたが、成功報酬については否認した。政界工作については、ついに証言しなかった。

昭和五十三年十一月、東京地裁午前十時、裁判長の半谷恭一があらわれると、被告席の小佐野賢治は深々とおじぎをした。この裁判を傍聴した記者によると、小佐野は、胸を張る児玉誉士夫の秘書太刀川恒夫とは、対照的であった。リラックスした雰囲気の半谷裁判長が、

「検事側、今日は、どれくらいかかりますか」

などと身を乗り出して検事に話しかけた。

検事のコーチャン調書の朗読がはじまった。小佐野は両手を膝の上に置き、背を丸めて動かなくなった。ときおり、上目づかいにあたり見回す。が、視線ははっきりしない。

堀田力検事が、コーチャン調書でクラッターとの関係のくだりを読みあげはじめるや、小佐野はかすかに顔をしかめ、しきりに右手でワイシャツの上から右胸をもみだした。付き添いの山口医師が、心配そうに耳もとでささやいた。

「大丈夫ですか」

小佐野は首をふって、大丈夫という仕草をした。だが、胸をもむのはやめない。眼を閉じ、いまにも胸がつぶれそうだとでもいうような、苦しそうな顔を見せる。

裁判長は、まったくそれを無視して、まるで、いつものことだとでもいうようであった。初めて見た者は、まるで、本当に悪いのではないかと思ってしまう。

十一時すぎ、休憩に入った。

廊下に出てきた小佐野は、うって変わって、晴々とした表情になっていた。訪れてきた人たちと、笑顔で語り合った。

いかにも商人らしい腰の低さで、一人ひとりに話しかける。廷内の表情にくらべ、すっかり血の気が戻ったようである。

裁判が再開されるや、小佐野はとたんに病人に変身して入廷した。淡々とした検事の朗読を前に、ふたたび胸をもみはじめた。眼を閉じ、うなだれて眉間に皺を寄せた。

午後三時、半谷裁判長が小佐野に声をかけた。

「小佐野被告、今日はお疲れになったでしょう。もうお帰りになってくださって結構ですよ」

小佐野の頬が、わずかにゆるんだ。ゆっくりと立ち上がり、深々と、裁判官、検事に礼をした。そして出口にきて、もう一度深々と頭を下げた。弱々しく、みじめったらしい光景であった。

たしかに小佐野は、心臓が悪かった。ひどく緊張したり、興奮すると、心臓が縮んだ。血圧も高かった。親しくしている、おなじ山梨出身のジャーナリストに言っていた。

「出廷の前日には、二百七十も血圧が上がるんだ。ま、血圧計は二百六十までしか測れないが、それを超えちゃうんだから」

さらに、ロッキード事件が発覚した直後に、苦りきった表情で洩《も》らした。

「三十八度線でやめとけばよかったものの、中に突っ込みすぎたなあ……」

つまり、田中角栄に肩入れしすぎた、と言っているのである。

昭和五十六年三月、東京地検は小佐野に懲役一年を求刑した。それから七ヵ月後の十一月五日、懲役一年の実刑判決が下った。

小佐野は、翌六日、ただちに控訴した。すると、新聞記者がまた東亜国内航空の田中勇社長のところにやってきて言った。

「判決が出ましたよ。辞めさせせないんですか？」

新聞記者のあまりの執拗さに、田中勇は、半分怒ったように言った。

「小佐野は、辞めさせない。裁判というのは、大審院（最高裁）まであるんだ。大審院までいって、罪が確定になったら、その時点で考えればいいじゃないか。殺人罪だって、無罪になるときがあるんだ。いまからうろちょろして辞めてくれ、なんてみっともない。そんなことは、どうだっていいじゃないか」

田中勇は、失礼だ、と思った。それは、自分に対してではなく、小佐野に対して失礼だ、と思った。

小佐野は、結局、死ぬまで東亜国内航空の取締役であった。

小佐野と妻の英子の結婚後の関係は、どうであったか。

小佐野は、妻に金を渡さないため、妻の英子は、小遣いに不自由をした。小佐野は、妻に金のないのを知っていて、夜寝る前に、妻に金を抜かれないように、そっと自分の財布の中身を数えて寝ていたといわれる。

彼女は、金のために結婚したのに、金が使えないことで、夫を憎みはじめたとさえいわれている。

なぜ、小佐野と英子のあいだが、このように冷えきってしまったのか。それには、わけがあった。英子の弟、正治の引き起こした一件である。

ロッキード事件のあとだ。小佐野は、上野毛の自邸にこもり、一歩も外に出なかった。

ストレスもたまる。側近たちが訪ねてみると、それまでの小佐野とはうって変わっていた。脚《あし》が目もあてられぬほど痩せ細っている。うまく歩けない。家の中を歩くにも、杖を使わなければならなかった。もともと猜疑心《さいぎしん》は強いのだが、それに輪をかけて疑い深くなった。ねたみ、嫉妬も異常なほどであった。執拗なほど質問を浴びせてくる。そして、どのような回答も、受けつけなかった。

小佐野は、側近たちにうそぶいた。

「おれが家から一歩も出ないのも、戦略なんだ。おれは血圧が普段でも高い。証人喚問するとなれば、前の晩外に出て、酒でも飲んで夜ふかしすれば、すぐに血圧がぱっと上がる。病気を理由に、喚問には出なくてすむじゃねえか」

そんな小佐野を尻目に、英子の実弟である正治は、とんでもないことを吹いてまわっていた。

「小佐野が死んだら、おれが社長になるんだ。死ねば財産の大半は、姉が受け継ぐけれども、どうせ女だから、おれにその大半はまわってくる」

そういっては、小佐野の名を借りて、銀行に金を借りまくっていた。

小佐野の側近によると、それを聞きつけた小佐野の実弟の政邦が、小佐野の耳に入れた。小佐野の禿頭《とくとう》からは、湯気どころか火が噴き出そうだったという。

英子に詰めよる。英子も気が強い。「そんなこと知らないわよ」と言い返す。

神経が病的なほど研ぎすまされた小佐野は、英子も知ったうえで、正治の行動を黙認しているのだ、と攻撃の手をゆるめない。この一件で、夫婦の信頼関係は引き裂かれてしまったという。

小佐野が語った事業哲学と女哲学の実相

小佐野は、三鬼陽之助によく言っていた。

「なぜ、おれが、事業に乗り出すのか。それは、事業に競争者がたくさんあらわれてくるからだ。競争者があらわれるからこそ、事業は伸びるんだ」

　小佐野は、事業哲学に加え、女哲学も三鬼に語っていた。

「女の場合も、おなじですよ。競争者がたくさんいるからこそ、その女の価値があるんだ。そんな女でなけりゃ、手を出す気にならないですよ」

　小佐野は、結婚してからも、のち田宮二郎《たみやじろう》と結婚した女優の藤由紀子《ふじゆきこ》、日航のチーフパーサー永島玉枝《ながしまたまえ》、銀座のクラブ「りえ」のママなどとの艶聞《えんぶん》に事欠かなかった。

「りえ」のママとは、第一次オイルショックの昭和四十八年秋頃からの仲であった。

　彼女は、小佐野好みの清楚な美人であった。女優の三田佳子によく似ていた。小佐野は、清楚《せいそ》な女性しか好まない。しかも、従順な女しか好まない。

　ジャジャ馬の女をおもしろがる男もいるが、小佐野は、仕事にさしつかえるような、精神衛生に悪い女は、好まなかった。この意味では真の女好きとはいえまい。

　彼女は、初めは銀座のクラブ「じゅん」のホステスであった。小佐野が彼女に惚れ、並木通りの裏の福田ビルの二階に三十坪あまりのクラブを持たせた。

　ホステスが二十五、六人いた。ホステスの契約金をふくめ、開店資金には当時の金にして七千万円いった。

　小佐野は、この資金を、現金では払っていない。小佐野の側近によると、彼女に儲かる株をあたえて、その株の儲けで七千万円を用立てた。

　彼女は、一年もたたぬうちに、銀座八丁目のポルシェビル四階のより広い店に移った。今度は、保証金は三千九百万円であった。広さも、三十九坪で、ホステスも三十二、三人に増えた。

　このオープンのときには、小佐野ファミリーがずらりと駆けつけ勢ぞろいした。田中派を中心とする政店の入口で、クラブのボーイよろしく「いらっしゃいませ」と出迎え役をしていたのが、自民党の青嵐会のメンバーとして名を馳せていた浜田幸一《はまだこういち》であった。

小佐野にとって、彼女も、初めのうちは好みの従順なタイプと映っていた。ところが、つきあううちに、まったくちがうタイプであることがわかった。性格は、このうえなくきつかった。

小佐野が浜田幸一代議士といっしょにラスベガスに行ったときのメンバーに、彼女も加わっている。彼女は、その飛行機の中で、小佐野といさかいを起こした。ついには、小佐野にコーラの瓶を投げつけた。

深夜、何度も、小佐野の自宅に電話を入れることがあった。打算的な女ならそこまでの情熱はあるまいが、抑制がきかないのである。そのぶん情熱的であった。

彼女の運転するベンツで箱根にドライブに行ったとき、途中で喧嘩になってしまった。彼女は、頭に血をのぼらせ、猛スピードを出した。あげくのはて、崖にわざとぶつけようとした。

小佐野も、さすがに肝を冷やした。自分一人の体ではない。

ちょうどその頃、三鬼陽之助が、小佐野に意見した。

「小佐野さん、『りえ』に行けば、必ずあなたに会える。そういうことで、みんながあの店に寄ってくる。こうなると、マスコミが、小佐野さんとママとのことを書き立てる。いまのうちに、ママとは切れなさい」

小佐野も、ふんぎりがついたのであろう。彼女との関係を切った。慰謝料は、五千万円を超えたという。

小佐野の女性のなかで、彼女は長つづきしたほうである。小佐野は、それほどどの女性とも長つづきはしなかった。その点、田中角栄の女性関係とは対照的である。

田中角栄は、妻のはなとも不仲とは聞かないし、二人の子供をもうけている神楽坂の芸者であった辻和子にしろ、「越山会の女王」佐藤昭にしろ、長い関係である。

田中角栄の妻はなも、佐藤昭も、離婚歴のある女性である。辻和子は、芸者である。ほかにも、田中がコンプレックスを抱くような女性との噂は、まったくない。小佐野が華族の妻を持ち、銀座で一流の女たちを狙いつづけたのとは対照的である。

そのうえ、田中は、辻との子供を認知どころか養子にしている。が、小佐野には、子供を認知するような形のつきあいはない。

小佐野は、言っていた。

「二十五、六歳のとき睾丸炎《こうがんえん》を患い、子供ができなくなったんだよ」

が、小佐野には、二人の子供がいる、というのが国際興業の社員のあいだでは常識となっている。

「小佐野が二十代のときの子でしてね。その母親が、よく会社に顔を出していましたが、小佐野は、それは冷たく扱っていた。認知どころではありません。自分の子であることも、あくまで認めないんじゃないですか」

小佐野と田中の差は、女性といわず、他人を信じるか信じないかにあらわれているのであろう。小佐野は、もし、かりに愛する女性がいたとしても、田中のように金庫の鍵を預けっぱなしにして信じていた佐藤昭のような存在はつくらなかったろう。

小佐野は、側近に、繰り返しこう語っていた。

「おれは、人間なんか信じられんねえ。信じられるのは、金だけだ」

〝闇将軍〟田中の力と執念の終わり

三木武夫政権のあとは、角福戦争でライバルであった福田赳夫政権、その後は、田中角栄の盟友の大平正芳内閣が、さらに田中の力で鈴木《すずき》善幸《ぜんこう》内閣を誕生させた。

大平正芳、鈴木善幸と、二代つづけて〝闇将軍〟の執念と力で首相をつくりあげていくと、田中派の意気はますます上がっていった。昭和五十六年十月のロッキード公判で、榎本敏夫の前妻三恵子《みえこ》が、田中の五億円受領の裏づけとなる新事実を暴露した。「ハチの一刺し」と騒がれたこの証言も、田中派膨張の勢いを止めることはできなかった。

鈴木善幸

「一致結束、箱弁当」という言葉こそ、田中派にふさわしく、彼らの団結力を象徴するものであった。これは自民党の反田中である他派閥の議員も認めざるをえなかった。この精神を育んだのが、田中角栄の親分としてのカリスマ性と、「角栄学校でおなじ釜の飯を食ってきた」という強烈な仲間意識であった。

田中は、昭和五十七年十一月二十七日、次の中曽根康弘政権をもつくった。新聞は「田中曽根内閣」と批判を浴びせた。

田中の中曽根への肩入れは、盟友・大平正芳を首相の座に就けたときの友情とは、まったく異なる、キングメーカーとしての生き残りの戦いであった。

昭和五十八年一月二十六日、ロッキード裁判丸紅ルートの論告求刑。検察側は、田中に対し受託収賄罪で懲役五年、追徴金五億円を求刑した。目白の田中邸に詰めかけた田中派議員は、「田中軍団は微動だにしない。派を割って結束を乱すようなことはしない」と怪気炎をあげた。同年十月十二日、東京地裁は田中に第一審判決を下す。懲役四年、追徴金五億円。求刑とさして変わらぬ判決だった。

田中への実刑判決が下りると、中曽根も野党の議員辞職勧告要求を無視することはできず、「田中・中曽根会談」がおこなわれるが、中曽根の力では田中を辞職させることはできなかった。

野党の内閣不信任案上程を受け、中曽根は解散・総選挙にのぞむ。だが十二月十八日の第三十七回総選挙で、自民党に議席の大幅減という厳しい審判が下り、与野党伯仲が再現されてしまった。自民大敗のなか、ひとり田中角栄は自己最高の二十二万票を獲得し、その力を誇示した。

大敗の責任を問われた中曽根だったが、党最高顧問会議で田中問題にけじめをつけることを条件に、からくも政権続投を許された。

〝闇将軍〟田中の存在の是非と、その圧倒的な力をめぐって、自民党は揺れつづけた。

そうしたなか、児玉は、昭和五十六年三月の論告求刑では、懲役三年六ヵ月、罰金七億円が求刑された。昭和五十六年十一月には、判決言い渡しがおこなわれることになっていたが、病気のため延期になったままとなる。

児玉は、昭和五十九年一月十七日、ふたたび発作を起こし、世を去った。

なお、ロッキード裁判は、児玉の死によって、公訴棄却となった。

児玉の死によって、Ｐ－３Ｃの売り込みや政界工作など密室でおこなわれていた疑惑は謎のまま残された。

児玉は、ロッキード事件に関しては、青思会の高野八郎に言っていた。

「きみたち、悪いな、新聞などで騒がれているが、真実はおれしか知らないんだ。読売も、毎日も、新聞はコーチャンから訊いた話を書いているだけだ。おれは、真実を、いつかしゃべる。そのときには、日本の政界や世論がひっくり返りぐしゃぐしゃになる。これは、自民党や社会党、共産党、全部の党に関係していることなんだ。おれが真実を知っていて黙っていれば、それですむことなんだ。ただし、きみたちには、本当に申し訳ない」

が、児玉は、ついに語ることなく、秘密を墓場まで持っていった。

かつて、政財界の大物たちが押しかけていた東京・世田谷区等々力の児玉邸は、ロッキード事件での税金の支払いのため売られ、現在は高級マンションが建っている。そこには歴史的怪物児玉誉士夫の屋敷があったことすら、忘れ去られようとしている……。

他方、田中派の中堅・若手議員は、さすがに危機感を覚えた。かりに田中の身に何かが起これば、派は四分五裂になってしまう。そうならないためにも、田中派の長男格である竹下登《たけしたのぼる》を、なんとか総裁候補として認知してほしいと願っていた。が、田中に面と向かって直言する勇気のある者は誰もいなかった。

昭和五十八年十二月二十五日夜、今度は築地の料亭「桂」で、極秘の会合が開かれることになった。

竹下、金丸のほか、衆議院からは、小渕恵三、橋本龍太郎、小沢一郎、羽田孜、梶山静六、田原隆《たわらたかし》、中《なか》島衛《じままもる》、保利《ほり》耕輔《こうすけ》、額賀《ぬかが》福志郎《ふくしろう》、参議院議員から遠藤要《えんどうかなめ》、井上孝が出席していた。計十四人の中核隊であった。

出席した竹下に、司会役の梶山が、挨拶をうながした。

竹下は、どんなときでも内心をのぞかせない顔をひときわ厳しくさせて言った。

「竹下登のすべてを燃焼し尽くして、六十五歳までにすべてを終え、政界を引退する覚悟です。この身を、みなさんにおあずけしたい」

短いながら、竹下の政権獲得への決意表明であった。

会の名称は、「創政会」と決定した。設立総会の日取りも、二月七日と決められた。

竹下は、昭和六十年一月二十七日、目白の田中邸の応接間で田中に会うと、伝えた。

「勉強会をつくりたいんですが」

田中は、ウイスキーのオールドパーの水割りを飲みながらあくまで機嫌よく言った。

「そりゃあ、いいことじゃないか。大いにやれ。ただ、早稲田のＯＢ会のように、自分につながりの濃い者ばかり集めるな。ウチの連中と選挙区が重なるのがいるから、田中派として組織的な応援ができなくなる。いろんな連中を入れて、幅広くやれよ」

「わかりました。いまのところ、八十人くらい集まるということなんですが」

竹下の眼には、田中の顔が一瞬曇ったように思われた。八十人といえば、田中をのぞく木曜クラブ百二十人の三分の二にも及ぶ。

田中は、声を高くして言った。

「勉強会としては、多すぎはしないか。勉強会なら、三、四十人が適当じゃないか。変に動くなよ。マスコミがよろこぶだけだ。泡を食うと、ひょっとしたらなれるかもしれんものもなれなくなるぞ」

「別に、焦ったりはしていません」

「十年ぐらい、待てんのか」

「…………」

「いまは、飛び出すんじゃないぞ。チャンスがまわってきたら、教えてやる。鈴木善幸や、中曽根を見ろ。自分の力で政権を取ったのではない。あきらめた頃にチャンスがまわってきたんだ。そこを、よく考えろ。慎重にやれよ」

「わかりました」

「きみが天下を取れば、県議出身では、太政官《だじょうかん》制度いらいのことだ。まあ、しっかり勉強することだ」

話が終わると、田中は、わざわざ玄関まで竹下を見送った。

竹下は、緊張のあまり、靴を右左履きまちがえそうになったという。

運命の日――昭和六十年二月七日の朝を迎えた。

竹下は、千代田区平河町にある砂防会館別館三階の田中派事務所に集まったメンバーに眼を走らせ、入会届けのあった八十四人中、四十人しか出席していないことを確認した。正確には、衆議院議員二十九人、参議院議員十一人である。総裁選立候補に必要な推薦五十人に、十人も足りない。

竹下は、苦々しく思っていた。

〈オヤジの切り崩しに、思った以上にやられたな〉

田中角栄の恐ろしさを、まざまざと見せつけられていた。

田中は、昔から酒好きである。が、ロッキード裁判第一審判決直前の五十八年十月三日、「一過性の高血圧」で自宅に救急車を呼ぶ騒ぎがあってから、主治医の忠告により、酒はひかえていた。

ところが、二月七日に創政会が旗揚げしていらい、ふたたび酒を浴びるように飲みはじめていた。一日にオールドパーを一本空けるまで飲んでいた。夕方あたりから夜の十時頃まで飲んで寝て、真夜中の二時か三時頃に起き、また飲んで……の繰り返しであった。

田中は、表面的には強気にふるまっていたが、精神的には、ひどく脆《もろ》い面を秘めていた。酒に頼らざるをえなかったのである。重なる心労に、この七、八年、肉体的にもボロボロになっていた。

田中は、酔っぱらっては、竹下と金丸をののしりつづけていた。

「竹ヤリで、トラ退治ができると思っているのか！」

「黒幕は、金丸だ。竹下なんか、まるで度胸がないが、金丸が裏で絵を描いている。梶山も、A級戦犯だ！」

夜は夜で、眠っていても悪夢にうなされる。そのため、この頃では、毛糸の手袋をはめて寝ていた。創政会のメンバーだけでなく、絶対に裏切らないと信じきっている幹部まで裏切る夢にうなされると、自分の手で顔や頭をかきむしり、顔中血だらけにしてしまう。怒りを発散することができないと、自家中毒を起こしてしまうタイプなのであった。それを防ぐための手袋であった。

角栄の緊急入院と佐藤昭子、早坂茂三の切り捨て

田中は、昭和六十年二月二十七日は体調が悪く、外出をひかえていた。二十四日に、寒さの中で一ラウンド半のゴルフをしたことや、連日の深酒がたたっていた。それなのに、午後には新潟からの陳情客が来て、また酒を飲んだ。

疲れて、自邸の寝室で昼寝をした。

夕方の五時をまわった頃、田中は、気分が悪くなり、トイレに行こうと思い、立ちあがろうとした。ところが、右手足に力が入らずよろめいて立ちあがれない。

「おーい」

四十三年近く連れそってきた妻のはなを、呼んだ。

あわてて駆けつけたはなに、訴えた。

「ちょっと、腕がしびれる」

田中は、首をかしげた。体が思うように動かなかった。顔にも麻痺《まひ》がきていることが自分でもわかった。

田中は、顔をゆがめ、歯を食いしばった。

〈この程度のことで、倒れてなるものか〉

その状態を見た秘書が、あわてて東京逓信病院《ていしんびょういん》に電話を入れた。

五時四十分、田中の主治医で、彼のバセドー病を診断した医師、加嶋政昭ら三人が駆けつけた。血圧百五十～百八十、脈拍九十、顔面に紅潮が見られ、起きあがることはできなかった。

田中を診断した加嶋医師は、「軽い脳卒中」だと診断した。

「ただちに入院が必要です」

このとき、長女の田中眞紀子ら田中家の者に加え、そばには早坂茂三秘書がいた。

田中眞紀子、早坂を中心に、どこに入院させるか、いかに隠密裡《おんみつり》にやるかが話しあわれた。まだ、このときには、田中の病状は田中派議員には知らされていなかった。

早坂茂三

話しあいの最中、早坂が強調した。

「東京逓信病院に、入院をさせましょう」

東京逓信病院は、一般病院とちがい、郵政省、日本電電公社、国際電電の共済組合に入っている職員と、その家族を診察するための病院である。一般の者は、原則として入院できない。が、田中は、かつて郵政大臣をつとめており、ＯＢの資格で入院できる。

早坂の意見に対し、眞紀子は乗り気ではなかった。

「東京逓信病院は、公立病院よ。元首相だからといって、優先的に診察してもらえるとは限らないわ。共産党員や創価学会員が医師や看護婦にも多いので、共産党や公明党に、父の病状がバレる可能性も高いわ」

が、早坂は、逓信病院を強く推した。眞紀子もしぶしぶ早坂の意見にしたがうことにした。ただし、このことが、のちに早坂が眞紀子に首を切られる原因にもなる……。

早坂茂三と田中眞紀子が付き添い、田中の車で、夕方から降りはじめた雨の中を、夜八時半に飯田橋の東京逓信病院に入っていった。田中は、最上階である九階東病棟特別個室三六〇号室に入った。

田中角栄は、四月二十八日、目白の自宅に帰った。

自民党担当の記者クラブである平河クラブに、一枚の紙が貼り出された。

「佐藤昭子と早坂茂三は、田中家とは何の関係もありません」

なお、秘書の佐藤昭は、ロッキード事件で田中が有罪になって以来、佐藤昭子と改名していた。

〝梟商〟小佐野の死から角栄の死までの一時代の終わりの感慨

小佐野は、昭和六十一年十月二十七日、癌で死んだ。六十九歳の生涯を閉じた。昭和は、その二年後に幕を閉じる。小佐野は、まさに昭和とともに歩み、昭和とともに人生を終えた〝梟商《きょうしょう》〟であった。事の善悪はおくとして、今後、彼のようにスケールの大きい「政商」は二度とあらわれまい。

そろってロッキード事件にからんだ、昭和をさまざまな意味で動かした児玉、小佐野の超怪物は、平成を待たず、まるで昭和の終焉に合わせるかのように、そろって自分たちの生涯の活躍の幕を引いた。

しかし、田中は、その後も選挙には立候補し、政界を引退するのは、倒れて五年後の秋である。さすがに田中は怪物といえよう。

昭和六十二年七月四日、竹下派「経世会」が発足。百十三人を擁する党内最大派閥の誕生であった。

十月二十日、中曽根康弘は竹下を指名裁定する。

十月三十一日、竹下は自民党大会で第十二代総裁に選出され、十一月六日、竹下内閣が発足した。

その後、宇野宗佑《うのそうすけ》政権、海部俊樹《かいふとしき》政権、宮澤喜一政権と続き、平成五年八月、自民党は野に下り、自民党を飛び出した田中角栄がもっともかわいがっていた小沢一郎が細川護熙《ほそかわもりひろ》政権を誕生させる。

田中は、平成五年十二月十六日、静かに息を引きとった。享年七十五であった。

十二月二十五日午後一時から、港区にある青山斎場では、田中家と自民党による田中角栄の合同葬が営まれた。

さすがに「政界の闇将軍」とまで呼ばれ、一時代を築きあげた田中角栄の葬儀である。その列席者は、与野党を問わない。総理大臣細川護熙、新生党党首羽田孜、自民党党首河野洋平、梶山静六、小渕恵三、橋本龍太郎、中曽根康弘、竹下登、社会党元委員長で衆議院議長の土井たか子といった顔ぶれがそろっていた。用意された席に座れない議員が百人近くいたほどである。その数は、一般弔問客も入れて、のべ五千人にも達した。

信じられないことだが、じつは、小佐野の死を、田中角栄は知らないまま死んでいったという。田中角栄の側近の一人が、さびしそうに語る。

「小佐野さんの死をオヤジに知らせると、ショックがあまりに強すぎる。オヤジの病にもひびく。そのため、オヤジには伝えられていないと思います。万が一、オヤジに伝えられても、オヤジには、すでにそれを理解する能力があまりない。いずれにせよ、オヤジは、小佐野さんの死を知らずに生きつづけていたんです……」

著者略歴

一九四四年、広島県に生まれる。広島大学文学部仏文科を卒業。「週刊文春」記者をへて、作家として政財官界から芸能、犯罪まで幅広いジャンルで旺盛な創作活動をつづけている。

著書には『十三人のユダ　三越・男たちの野望と崩壊』（新潮文庫）、『昭和闇の支配者』シリーズ（全六巻、だいわ文庫）、『トップ屋魂　首輪のない猟犬』（イーストプレス）、『安倍官邸「権力」の正体』（角川新書）、『高倉健の背中　監督・降旗康男に遺した男の立ち姿』（朝日新聞出版）、『孫正義に学ぶ知恵』（東洋出版）、『落ちこぼれでも成功できる　ニトリの経営戦記』（徳間書店）、『逆襲弁護士　河合弘之』『専横のカリスマ　渡邉恒雄』『激闘！闇の帝王　安藤昇』『永田町知謀戦』（1・2・3・4）『百円の男　ダイソー矢野博丈』『日本のドン　血と弾丸の抗争』『田中角栄最後の激闘』（以上、さくら舎）などがある。

日本《にほん》を揺《ゆ》るがした三巨頭《さんきょとう》
——黒幕《くろまく》・政商《せいしょう》・宰相《さいしょう》

二〇二〇年三月一〇日　第一刷発行

著者　大下英治《おおしたえいじ》

発行者　古屋信吾

発行所　株式会社さくら舎　http://www.sakurasha.com

東京都千代田区富士見一-二-一一　〒一〇二-〇〇七一

電話　営業　〇三-五二一一-六五三三　ＦＡＸ　〇三-五二一一-六四八一

編集　〇三-五二一一-六四八〇　振替　〇〇一九〇-八-四〇二〇六〇

装丁　石間　淳

印刷・製本　中央精版印刷株式会社

ISBN978-4-86581-240-4